新时代高质量发展丛书

缩小城乡收入差距
路径

史晓红　陈　磊◎著

THE PATH TO MINIMIZE
THE INCOME GAP BETWEEN URBAN AND RURAL AREAS

本书出版得到安徽高校人文社会科学研究重点项目（SK2021A0273）和安徽省哲学社会科学规划项目（AHSKY2022D092）资助。

经济管理出版社
ECONOMY & MANAGEMENT PUBLISHING HOUSE

图书在版编目（CIP）数据

缩小城乡收入差距路径/史晓红著 . —北京：经济管理出版社，2023. 7
ISBN 978-7-5096-9150-2

Ⅰ . ①缩…　Ⅱ . ①史…　Ⅲ . ①居民收入—城乡差别—研究—中国　Ⅳ . ①F126. 2

中国国家版本馆 CIP 数据核字（2023）第 142033 号

组稿编辑：王光艳
责任编辑：王光艳
责任印制：黄章平
责任校对：徐业霞

出版发行：经济管理出版社
　　　　　（北京市海淀区北蜂窝 8 号中雅大厦 A 座 11 层　　100038）
网　　　址：www. E-mp. com. cn
电　　　话：（010）51915602
印　　　刷：北京市海淀区唐家岭福利印刷厂
经　　　销：新华书店
开　　　本：720mm×1000mm/16
印　　　张：15. 75
字　　　数：274 千字
版　　　次：2023 年 8 月第 1 版　　2023 年 8 月第 1 次印刷
书　　　号：ISBN 978-7-5096-9150-2
定　　　价：88. 00 元

序

改革开放以来特别是党的十八大以来，我国农业的综合生产能力大幅提高，农村民生显著改善，乡村面貌焕然一新，农民生活质量得到大幅提升，取得了脱贫攻坚战的全面胜利。但是，相对于农业农村取得的重大历史性成就，农民收入仍是"三农"工作的短板和痛点，特别是城乡收入差距依旧明显，发展不平衡不充分的问题仍然比较突出，面临诸多困境。党的二十大擘画了全面建设社会主义现代化国家、以中国式现代化全面推进中华民族伟大复兴的宏伟蓝图。全面建设社会主义现代化国家，最艰巨、最繁重的任务仍在农村，而关键问题之一是如何在中国式现代化进程中，通过乡村振兴，增加农民收入，缩小城乡收入差距，逐步实现共同富裕。在这样的背景下，根据我国城乡收入差距的历史演变历程，结合我国的现实状况，探寻缩小城乡收入差距、逐步实现共同富裕的有效途径和措施，具有重要意义。

史晓红博士一直跟踪农民收入、农村发展和城乡发展问题并进行了深入研究，特别是在城乡收入分配理论和实践问题研究方面，做了许多探讨，并提出了一些有益的见解。

本书以"缩小城乡收入差距路径"为题进行谋篇布局，立足中国实际，通过比较研究，对已有的国内外相关研究成果进行文献梳理和评析，并描述了改革开放以来我国城乡收入差距的历史演变轨迹，在历史回顾、问卷调查和实地调研的基础上，全面解读了2009~2021年中国城乡收入差距实现12连降的原因及其影响，并系统分析了新时代新发展阶段缩小城乡收入差距所面临的困境与机遇。在深入分析的基础上，以中国化时代化的马克思主义为指导，结合中国历史文化背景及经济社会发展实际，构建具有中国特色的城乡发展一体化理论。同时，提出了颇具思想性和可操作性的思路与措施，指出未来进一步缩小我国城乡收入差距，必须注重理论与具体实际相结合，注重发挥市场和政府的双重作用，冲破困境、抓住机遇，促进城乡统筹发展和加快形成城乡发展一体化新格局。

本书为我国实施乡村振兴战略，促进城乡融合，找到了重要突破口，也为破解城乡收入差距这一影响高质量发展的主要症结提供了一定的解决方案，对指导实践发展具有重要的参考价值。

诚望本书能够为学术界研究农村问题提供启发，也望史晓红博士以本书为起点，拓展研究的广度和深度，为中国的城乡融合发展和乡村振兴做出更多的贡献。

2023 年 5 月

前　言

在我国居民收入差距中，城乡收入差距一直是主要的构成部分，在整个收入差距中的贡献率为40%~60%。城乡收入差距持续处于高位，已成为社会分配不公的重要体现，更成为一系列社会矛盾的焦点。1978~2021年，农民人均纯收入由1978年的133.6元提高到2021年的18930.9元，增加了18797.3元，增加了140.7倍，年均增长率达12%以上。但是，我国城乡收入差距在很长一段时间里呈现出不断扩大的趋势，城乡收入比由1978年的2.57：1扩大到2007年的3.33：1的历史最高水平。

这种状况引起了最高决策层的重视。自1978年开始，每年发布的中央一号文件中有18年与提高农民收入有关，2004~2023年连续20年发布以"三农"（农业、农村、农民）为主题的中央一号文件，强调"三农"问题在中国社会主义现代化建设时期"重中之重"的地位。尽管相关政策不断出台，但城乡收入差距在很长一段时间内不但没有缩小，反而呈现扩大的趋势，直到2010年才进入下降通道，实现12年连降，城乡收入比由2009年的3.33：1下降到2021年的2.50：1，这是一个良好的趋势，应该深入剖析其内在原因，为进一步缩小我国城乡收入差距提供借鉴和思考。

我国经济已由高速增长阶段转向高质量发展阶段，发展具有多方面优势和条件，但同时发展不平衡不充分问题仍然突出，特别是农民增收面临一些新情况、新挑战，多元收入分配差距交织等致使进一步缩小城乡收入差距面临诸多困境。缩小城乡收入差距，对我国经济社会稳定发展、走好中国式现代化新道路、实现第二个百年奋斗目标、实现中华民族伟大复兴具有重要意义。党的十八大、党的十九大、党的二十大都强调改革成果人民共享、缩小城乡收入差距和统筹城乡发展的重要性。联系我国城乡收入差距的历史演变规律，结合我国的现实状况寻找缩小城乡收入差距的有效途径和措施，是理论工作者义不容辞的使命和责任。

本书通过描述我国城乡收入差距的历史演变轨迹，并在历史回顾、问卷调查和实地调研的基础上，全面解读我国城乡收入差距的现状，深入剖析 2009~2021 年我国城乡收入差距实现 12 年连降的原因，并对城乡收入差距的未来变动趋势作出预测，系统分析缩小我国城乡收入差距面临的困境与机遇。本书以马克思主义和中国特色社会主义理论体系为指导，立足我国历史文化背景及经济社会发展实际，尝试构建具有中国特色的城乡一体化发展理论，并基于此进一步提出缩小我国城乡收入差距的思路和措施。

本书的主要观点和结论可归纳为以下几个方面：2009~2021 年，城乡收入差距实现 12 年连降，在我国城乡收入差距变动历史上具有里程碑意义，但是政府重视"三农"并致力于缩小城乡收入差距的政策效果并不明显；未来进一步缩小我国城乡收入差距面临诸多困境和隐忧，同时也具备一定的战略与机遇；必须坚持马克思主义、毛泽东思想和中国特色社会主义理论体系中有关城乡收入差距的理论的指导地位，注重理论与中国具体实际相结合，注重发挥市场和政府的双重作用，冲破困境、抓住机遇，有效解决我国城乡收入差距问题，促进城乡统筹发展和加快形成城乡发展一体化新格局。

目　录

导　论

一、选题背景和意义

（一）选题背景

改革开放以来，我国经济发展取得了巨大成就，国民经济总量跃居世界第二位，国家综合实力大大增强，城乡居民收入翻倍增加，城乡面貌发生了很大改变。1978~2021 年，农民人均纯收入由 1978 年的 133.6 元提高到 2021 年的 18930.9 元，增加了 18797.3 元，是 1978 年的 140.7 倍，年均增长率达 12% 以上；城镇居民人均可支配收入由 1978 年的 343.4 元提高到 2021 年的 47412 元，增加了 47068.6 元。[①] 但与此同时，城乡收入差距在很长时间内呈现出持续扩大的趋势，成为制约我国经济社会健康发展的突出问题之一。根据国家统计局所界定的城乡居民收入范围计算的城乡居民收入比（城镇居民人均可支配收入与农村居民人均纯收入的比），1978 年为 2.57∶1，之后下降明显，1983 年下降到 1.82∶1，这是改革开放后的最低点。而 1985 年后城乡收入差距不断攀升，尽管在某些特定年份出现过下降的情形，城乡收入比已由 1985 年的 1.86∶1 扩大到 2007 年的 3.33∶1 的历史最高水平（李实，2013）。

虽然，国家制定了一系列政策，例如，2004~2023 年连续 20 年发布以"三农"为主题的中央一号文件，强调了"三农"问题在我国社会主义现代化建设时期"重中之重"的地位，加大农村改革力度，大力发展农业和农村经济；党

[①]　资料来源：《中国统计年鉴 2022》。

的十九届五中全会审议通过的《中共中央关于制定国民经济和社会发展第十四个五年规划和二〇三五年远景目标的建议》提到，我国目前仍存在城乡区域发展和收入分配差距较大的问题，并将"基本公共服务实现均等化，城乡区域发展差距和居民生活水平差距显著缩小"作为 2035 年要基本实现的社会主义现代化远景目标之一。而且，据统计，2012 年以来，农民收入增幅连续 12 年超过城镇居民，城乡收入比呈连续下降趋势，从 2012 年的 3.10∶1 下降到 2013 年的 3.03∶1，又下降到 2014 年的 2.92∶1，并于 2021 年下降到 2.50∶1。但是，从城镇居民与农村居民五等份收入分组来看，城镇居民高收入组人均可支配收入与农村居民低收入组人均可支配收入的差距的绝对值仍然较大。同时，我国城乡收入差距至今仍处于较高的水平，高于发达国家的平均水平（1.5∶1），也高于发展中国家的平均水平（2∶1）。政府旨在缩小我国城乡收入差距的政策没能取得预期的效果，这说明我国的城乡收入差距可能还存在某些深层次原因，是难以依靠收入分配政策解决的。这些问题如得不到有效解决，将对促进我国经济社会和谐发展、以中国式现代化全面推进共同富裕、实现第二个百年奋斗目标和中华民族伟大复兴产生不利影响。

农业是国民经济的基础，农民也是社会的主人，城乡收入差距过大会侵蚀人们心中的社会公平正义。党的十八大报告提出，解决好农业农村农民问题是全党工作重中之重，城乡发展一体化是解决"三农"问题的根本途径。要加大统筹城乡发展力度，增强农村发展活力，逐步缩小城乡差距，促进城乡共同繁荣。① 习近平总书记在党的二十大报告中强调："全面推进乡村振兴。坚持农业农村优先发展，坚持城乡融合发展，畅通城乡要素流动。扎实推动乡村产业、人才、文化、生态、组织振兴。"② 当前，我国经济发展步入新常态，经济下行压力大，农民增收面临一些新情况、新挑战，持续增收难度加大，如受成本"地板"和价格"天花板"的双重挤压，农户种粮收益有限；农民持续增收的基本路径较为单一，亟须多措并举拓宽增收渠道、挖掘增收潜力、培育增收动能；亟须促进基本公共服务均等化，筑牢民生保障底线，为农民持续增收创造良好社会环境；坚持中国人的饭碗任何时候都要牢牢端在自己手中，全力抓好粮食生产和重要农产品供给；持续推进农业生态文明建设，推动农业现代化，有效防范应对农业重

① 党的十八大报告辅导读本［M］. 北京：人民出版社，2012：23.
② 党的二十大报告［EB/OL］. ［2022-10-25］. https：//www.gov.cn/xinwen/2022-10/25/content_5721685.htm.

大灾害，强化现代农业基础支撑等。同时，多种收入分配差距交织强化着城乡收入差距，使进一步缩小我国城乡收入差距面临诸多困境。分析困境、探索机遇、思考对策，对我国进一步缩小城乡收入差距和促进城乡融合发展，推动城乡共同富裕具有重要的理论和现实意义。

今后应如何挖掘潜力保证农民收入稳定增长？我国的城乡收入差距能否进入真正意义上的倒"U"形持续下降阶段？今后应采取什么措施来进一步缩小城乡收入差距，达到城乡融合发展并最终走向一体化？这些问题都是亟待研究解决的重大理论问题和实践问题。基于此，本书在对我国城乡收入差距进行历史回顾的基础上，以我国城乡收入差距实现 2009～2021 年连续 12 年下降的现实情况及其原因为切入点，对继续缩小我国城乡收入差距面临的困境进行分析，同时揭示其具备的战略机遇，通过对中国特色城乡发展一体化理论的探索与构建，采用理论联系实际的方法，为进一步缩小我国城乡收入差距、推动城乡共同富裕提出有针对性的建议。

（二）研究意义

收入分配在整个经济系统中是一个非常重要的子系统，收入分配的状况不仅关系着生产效率和公众的切身利益，还涉及社会的和谐与稳定。目前，我国正处于新型工业化、信息化、城镇化和农业现代化加速发展的关键阶段，让农村居民与城镇居民公平合理地共享改革开放成果，是经济和社会实现包容性发展的内在要求。本书拟为解决我国城乡收入差距问题，促进城乡融合，进而推动城乡共同富裕尽一份绵薄之力。

1. 理论意义

（1）探索构建具有中国特色的城乡发展一体化理论。本书结合我国国情，以马克思主义、毛泽东思想和中国特色社会主义理论体系为指导，探索构建符合中国城乡发展实际的中国特色城乡发展一体化理论框架，为有关我国城乡收入差距问题的研究提供科学而坚实的理论基础。

（2）澄清有关城乡收入差距的模糊认识与分歧。本书通过一系列的逻辑演绎与实证分析，对我国城乡收入差距"合理论""过大论""两极分化论"作出分析判断；对有关我国城乡收入差距的倒"U"形假说的存在性作出分析判断；对我国城乡收入差距未来的变动趋势等做出理论上的回应，提出自己的见解。

（3）为制定缩小城乡收入差距的政策提供一定的理论依据。本书通过系统、深入实际的调研分析，提出有利于进一步缩小我国城乡收入差距的思路与措施。尤其是关于全国31个省份（不含港、澳、台地区）以及东、中、西部和东北地区的城乡收入差距区域分析结论，为缩小各地区城乡收入差距和促进城乡一体化发展提供有价值的理论支撑。

2. 实践意义

（1）为我国城乡统筹发展事业献策献力。本书通过问卷调查的反馈和深入农村实际的调研分析，提出的有关我国农业发展、农民增收和农村建设的具体对策措施，将会对乡村振兴、城乡互动和城乡融合发展格局的形成起到一定的积极作用。

（2）有利于新时期农民增收的实践探索。在我国经济下行压力大、农业经营成本上升的背景下，实现农民增收是一个重要而现实的问题。本书以构筑提高农民收入增长的长效机制为主线来研究并提出解决对策，通过深入农村进行实地调研，提出关于农民增收的措施建议，对农民增收具有现实意义。

（3）是构建社会主义和谐社会不可或缺的内容。当社会的分配关系不适应占统治地位的生产关系时，可能会导致这一经济关系的毁灭。如果在分配问题上长期违背按劳分配原则，就会反过来影响生产资料公有制，甚至会动摇社会主义的根基——公有制。党的十八届三中全会提出，让发展成果更多更公平惠及全体人民，以促进社会公平正义、增进人民福祉为出发点和落脚点。[①] 党的二十大报告提出，完善分配制度，坚持按劳分配为主体、多种分配方式并存。坚持多劳多得，鼓励勤劳致富，促进机会公平，增加低收入者收入，扩大中等收入群体。规范收入分配秩序，规范财富积累机制。[②] 进一步缩小我国城乡收入差距会让人们感受到社会发展成果分配的公平性，普惠民众，提升国民幸福感，使其为构建社会主义和谐社会而努力奋斗。

（4）符合以中国式现代化持续推动共同富裕的实践方向。缩小收入差距是共同富裕的本质要求之一，将收入差距缩小到一定水平，实现发展与共享的统一、效率与公平的和谐，这也是"共同"的要义所在。党的二十大报告系统阐述了中国式现代化的历史进程、中国特色、本质要求、战略安排和目标任务，强调有效贯通共同富裕与社会主义现代化进程，在高质量发展中推进全体人民共同

---

① 中共中央关于全面深化改革若干重大问题的决定［M］. 北京：人民出版社，2013：1.

② 党的二十大报告［EB/OL］.［2022-10-25］. https://www.12371.cn/2022/10/25/ARTI16667050 47474465. shtml.

富裕。本书将通过理论与实践的结合对进一步缩小我国城乡收入差距进行全面和深入的研究，将会为如何增加农民收入，促进城乡融合发展，以中国式现代化持续推动共同富裕作出努力和贡献。

二、国内外研究综述

关于中国城乡收入差距这一重要问题，国内外学者和研究机构进行了大量的研究。分别从经济学、社会学、人口学、政治学等学科及交叉学科的角度进行了研究和探讨，收获了丰硕的研究成果。

（一）国外研究综述

国外专门针对我国城乡收入差距的研究概括起来主要有以下三个方面。

1. 关于城乡收入差距的测度和现状

Kuznets（1955）最早对收入不平等进行探讨，发现经济增长对收入差距的影响经历由扩大到缩小的转变，即著名的库兹涅兹倒"U"形理论。Theil 和 Uribe（1967）构建泰尔指数测度城乡收入差距，泰尔指数可将收入差距在组内和组间进行分解，且可以分解收入差距的变动幅度。Khan 等（1998）指出了住户收入度量方法的缺陷，一是它排除了自有住房的估算租金；二是低估了消费补贴，尤其对于城镇家庭来说。Kanbur 和 Zhang（2005）计算得出，虽然中国城乡收入差距在 1983~1995 年对居民总体收入差距的贡献率有所下降，但是到 1995 年，城乡收入差距对居民总体收入差距的贡献率仍然在 70.65% 的高水平上。Khan 等（1998）指出，中国的城乡收入差距在居民总体收入差距中起着关键作用，这主要是因为中国城乡居民基尼系数与城镇居民以及农村居民基尼系数相比，都高出很多。Knight 和 Song（1999）用国际标准来衡量中国的城乡收入差距，指出与其他国家相比，中国的城乡收入差距较大，1992 年以来城乡收入比一直波动在 3.0 左右的高水平上。就能找到的数据来看，印度、孟加拉国、印度尼西亚、马来西亚等国家的城乡收入比均小于 2.0；泰国、菲律宾的城乡收入比为 2.2∶1~2.3∶1；只有少数国家超过了 3.0，如南非、津巴布韦。

2. 关于城乡收入差距的成因

在城乡收入差距的成因方面，已有学者从经济增长、城镇化进程、金融发展、制度因素等角度展开研究。亚当·斯密（1776）指出工、农业两个部门之间存在生产率差异，都市的产业报酬和劳动工资必然比农村的高。相关实证研究发现，收入差距与经济增长之间存在稳定的负相关关系（Alesina and Rodrik，1994；Frank，2005）。Duzhu Rob（2015）利用 VAR 模型，实证检验了经济增长、产业结构和城乡收入差距之间的作用机制。劳动力市场的分割与扭曲也被普遍认为是城乡收入差距形成和扩大的原因（Knight et al.，1999；Whalley and Zhang，2004）。在城镇化进程中，城乡劳动力的流动会通过促使城乡要素报酬均等化来缩小城乡收入差距（Lewis，1954；Todaro，1969）。但若缺乏有效的政策支持，发展中国家的城市化可能使城乡收入差距出现长期扩大的情况。Kanbur 和 Zhang（2005）研究了亚洲国家城镇化对收入差距的影响，结果显示两者存在倒"U"形关系。此外，也有研究发现，城镇化对城乡收入差距的影响表现出显著的门槛特征和区域差异性。Panudulkitti（2007）从减贫视角出发，发现城镇化对减少贫困有积极的作用，且这一作用会因城镇化水平的差异表现出显著的地区差异。大卫·李嘉图（David Ricardo，1817）认为，工业部门和农业部门在生产方式和生产效率上不同，工农业产品的需求弹性也存在差异，农产品的需求弹性低于工业产品，因此，城乡居民收入不同，必然会产生城乡收入差距。中国金融系统在金融资源的分配上表现出明显的城市倾向，进而带来了城乡收入差距。金融发展对城乡收入差距的影响会随着产业结构、经济体制和金融市场结构的不同而存在差异，两者在大部分情况下呈现倒"U"形的影响特征（Matsuyama，2000）。Park 和 Sehrt（2001）认为，中国在信贷和金融支持上明显向城镇国有部门倾斜，这导致城乡收入差距不断扩大。所以，加入世界贸易组织（WTO）后的自由主义贸易政策将使我国农民的收入水平下降，从而拉大城乡收入差距。Becker（2003）把造成城乡收入差距的城市倾向政策归结为三种：一是政府把资金主要用在城市的基础设施建设上，而很少考虑农村地区的基础设施建设；二是政府人为干预价格，将本国非农产业附加值提高到世界平均值以上，使农民的经济剩余被剥夺。三是城乡劳动力市场分割、城市偏向的社会福利体系及政府对农副产品价格的控制等，使城乡二元结构进一步固化。

Chan（1996）对城乡收入差距进行了组间分解，发现对城乡收入影响最大的是户籍制度，其通过阻碍劳动力的自由流动来扩大城乡收入差距。Barro（2000）实证研究发现，在不发达国家收入不平等对经济增长具有阻碍作用，而在发达国家则相反，收入不平等可以促进经济增长。Ding（2002）发现，限制劳动力城乡自由流动不利于缩小城乡收入差距。Whalley 和 Zhang（2004）研究证明，在当前中国收入差距的成因中户籍制度分割发挥了重要作用。Shi 等（2007）根据中国 9 个省份的调查数据分析得出，户籍制度贡献了城乡收入差距的 28%。Sicular 等（2007）认为，城乡收入差距 77% 是由户籍歧视引起的城乡分割造成的。Waleed 和 Selod（2017）通过梳理政府各类政策发现，政府具有亲近城市的政策制定倾向，这种倾向会使社会资源加速向城市聚集，从而进一步扩大城乡收入差距。Ciutacu 等（2015）将罗马尼亚的农业部门与其他欧盟成员国的农业部门进行了比较，认为没有适当的政策支持，农业就无法在欧盟市场中竞争。城乡收入差距的扩大导致了农村劳动力的重新分配和农村人口的减少。

3. 关于城乡收入差距的对策

Rains 和 Fei（1961）主张，应充分重视农业，工业和农业之间实现均衡增长对避免经济增长停滞和促进经济健康发展非常重要。由于农业向工业提供剩余，现实中政府更应给予农业足够的支持和保护。Fan（2002）及 Lin（2004）认为，放开户籍制度，允许农村人口自由流入城市，将使城市内部、城乡之间和农村内部的收入差距不断缩小。Ceroni（2001）研究了人力资本累积中的贫困陷阱发现，在教育经费为私人筹资的情况下，可能会出现贫困陷阱，穷人所需的教育投资更高，要想跳出贫困陷阱需要有外部技能的冲击。Greenwood 和 Jovanovic（1990）建立模型讨论了经济增长、金融发展和收入分配三者的关系，指出了农村可以通过追赶效应发展金融，最终实现城乡收入差距缩小。Jalilian 和 Kirk-patrik（2001）利用 42 个发展中国家的面板数据探讨了金融发展、经济增长和消除贫困之间的关系，将经济增长作为中间目标，研究结果显示，金融发展促进经济增长，经济增长有利于消除贫困，缩小城乡收入差距，由此推出金融发展有利于缩小城乡收入差距。Shankar 和 Shah（2003）发现，分权制或联邦制国家因有较高的政治风险、较大的公共支出规模、较完善的福利投资机制，使减少区域间收入差距和减少贫困更能取得成效，更有利于缩小城乡收入差距。Qian 和 Wein-gast（1997）也认为，财政分权可以提高行政效率，但集权式在收入分配调节和公共服务方面更有利于缩小城乡收入差距。Ravallion 和 Chen（2007）利用 H、PG、SPG 指数衡量了贫困的情况，并对此进行了分解，认为贫困的减少主要是由于农村经济的增长，不平等的增加也造成了贫困的减少，不同省份有不同的增长模式，经济政策对贫困的减少具有混合作用，因此经济政策对农村经济的促进作用缩小了城乡收入差距。

国外关于中国城乡收入差距问题的文献缺乏针对性与系统性，加上国情的不同，还不能完全作为我国缩小城乡收入差距的主要依据。所以，本书只能通过参考和借鉴国外的有益研究成果，从我国的实际国情出发研究我国的城乡收入差距问题。

（二）国内研究综述

城乡收入差距问题早就引起了我国学术界的关注，20 世纪 90 年代以来，许多学者对我国城乡收入差距进行了深入探讨，围绕我国城乡收入差距问题提出了一系列理论观点。在解释中国城乡收入差距问题时，早期的文献主要有赶超论、管理体制论、城乡分割论、利益集团论、物质投入论等几种具有代表性的观点。近年来，大量的研究开始从城市化、要素流动、金融政策、人力资本以及分工程度等角度展开。

总结起来，有关我国城乡收入差距的研究成果主要体现在以下三个方面：一是城乡收入差距的演变过程、发展趋势和影响，二是城乡收入差距的成因，三是缩小城乡收入差距的对策和措施。

1. 城乡收入差距的演变过程、发展趋势和影响

（1）我国城乡收入差距的演变过程，黎德福、陈宗胜等（2006）认为，改革开放以来，我国城乡收入差距的变动呈现先缩小后扩大的趋势，以 1985 年为转折点，城乡收入差距在 1985 年之前逐渐缩小，在 1985 年之后趋于扩大。2003 年后，我国城乡收入差距水平一直保持在 3 倍左右，但是 2009 年后出现了持续缩小的趋势。国家统计局（2022）的统计数据显示，10 年来我国城乡居民收入相对差距持续缩小，2021 年全国居民人均可支配收入为 35128 元，比 2012 年增加了 18618 元，年均名义增长 8.8%，扣除价格因素，年均实际增长 6.6%。其中，2021 年城乡居民收入比为 2.50∶1，比 2012 年下降了 0.38，比 2009 年的 3.33∶1 下降了 0.83，城乡居民收入相对差距持续缩小。

国内外学者对中国城乡收入差距的演变过程和现状的判断基本一致，得出了相似的结论，即中国城乡收入差距仍然过高，已经超过了国际上公认的"警戒线"。他们划分的城乡收入差距变动的阶段不尽相同，是因为划分的细致程度不一。本书将把我国城乡收入差距变动划分到最细致的程度（与当前已有的研究相比），同时找到每次波动背后的具体原因。

（2）我国城乡收入差距的发展趋势。在对我国城乡收入差距发展趋势的研

究中，陈宗胜（2002）支持我国城乡收入差距"先扩大、后缩小"的倒"U"形变化趋势，并提出了倒"U"形曲线理论。曾国平、王韧（2006）也赞成这一观点。王小鲁、李实、汪三贵（2007）发现，我国城乡收入差距在今后很长一段时间内还会继续上升，不排除有陷入"拉美增长陷阱"的危险。李实（2008）研究得出，如果把城镇居民享受的社会保障计算在内，城镇居民人均可支配收入水平会上升，城乡收入差距自然也会上升。孙宁华、堵溢、洪永森（2009）发现，我国城乡收入差距并不会持续扩张或持续缩小，而会渐渐收敛于一个稳定的水平。李实（2013）认为，2010年和2011年我国城乡收入差距出现缩小的主要原因是玉米、小麦和水稻等主要农产品价格提高，农业补贴增加和农民外出务工的收入增加，但这一下降趋势不具有长期的稳定性。蔡昉（2013）认为，在"刘易斯转折点"到来之际，改善收入分配状态的条件已经具备，从理论上看，这是一个城乡收入差距从峰顶开始下降的转折点，但现实中这一转折点不会自动到来。张延群、万海远（2019）分析了我国城乡收入差距的长期决定因素，并对其未来走势进行了预测，发现在宏观经济增长进入"新常态"、城镇化水平继续提高的背景下，未来我国城乡收入差距将继续缩小，但仍处于较高水平。

（3）城乡收入差距对中国总体居民收入差距的影响。城乡收入差距对中国总体居民收入差距有重要的影响，这一观点得到了很多学者的论证和认可，他们认为城乡基尼系数在整体基尼系数中起主导作用。陈宗胜（1998）用"基尼系数分步分解法"对1981~1988年的数据进行了测算，结果表明城乡收入差距可以解释整体居民收入差距的40%。王少国、王镇（2009）通过对1985~2004年的数据进行测算得出，城乡收入差距对总体居民收入差距的贡献率高达56%，而且1999年以来更是达到了60%以上。国家发展和改革委员会宏观经济研究院（2009）分析得出，2007年我国总体居民收入差距中64.45%是由城乡收入差距造成的。李琼（2015）得出了类似结论，即我国城乡收入差距对总体居民收入差距的贡献率在 63.66% ~ 65.24%，远远高于区域收入差距的贡献率（22.15%~23.73%）。

由于采用的测算方法和选取的数据年限不同，学者所测算出来的关于中国总体居民收入差距中城乡收入差距的影响度的数值肯定不完全相等，但是大家一致认同城乡收入差距是构成整体居民收入差距的主要因素这一观点。为了更好地研究收入分配这个最重要的经济学课题，对城乡收入差距的研究必须进一步深入。

关于统计方法，随着时间的推移和统计手段的不断进步，将会取得一种被大家一致认可的方法。

2. 城乡收入差距的成因

对城乡收入差距成因的研究比较多，相关文献比较丰富。以下分别从二元经济结构、经济发展阶段、政府的制度和政策、体制改革、城镇化、教育和人力资本六个主要角度进行分类总结。

（1）二元经济结构。陈宗胜（1998）认为，我国城乡收入差距扩大的最主要原因是二元经济结构，二元经济结构导致了众多城乡不平等。国家统计局农调总队课题组（1994）研究显示，对于1992年的相关数据，二元结构系数可以解释城乡收入差距变化的50.67%，影响水平显著。蔡昉、杨涛（2000）认为，在改革开放前的计划经济时期，政府推行的重工业优先发展战略是城乡收入差距形成的根源。李实（2013）认为，户籍制度不仅带来了不同社会人群在政治、经济和社会权利等方面的差异，而且使农民和农民工受到了不公平待遇，影响了农民收入增加，扩大了城乡收入差距。厉以宁（2013）提出，在中国城乡分割的二元户籍制度下，初次分配使农村居民获得的收入明显低于城镇居民，二次分配又向城镇居民倾斜，促使城乡收入差距进一步扩大。

（2）经济发展阶段。赵人伟、李实（1997）认为，农业生产的发展速度和生产效率与城市工业部门相比都相对较低，这是形成城乡收入差距的一个重要原因。张红宇（2004）认为，在一定发展阶段上，工业代表着先进的生产力，农业代表着落后的生产力，生产力上的差距决定了城乡居民收入差距。张建辉、靳涛（2011）研究证实，城乡收入差距与经济转型之间有明显的相关关系，我国的经济转型对城乡收入差距的扩大起到了一定的助推作用。郭道虎（2015）研究表明，党的十六大以来，我国的经济增长有效地缓解了城乡收入差距。艾文卫、王家庭（2016）提出，随着经济的发展，城乡第二产业就业比重上升对城镇居民收入增长的带动作用明显，因而会拉大城乡收入差距；吸收农民就业最多的第三产业就业比重上升，则会缩小城乡收入差距。

（3）政府的制度和政策。蔡昉（2000）通过考察城乡人均消费差距和人均收入差距，认为消费和收入在城乡居民之间存在显著不同，这表明国家针对城市和农村的不同政策和制度产生了严重的部门分割效应。彭文生等（2013）指出，中国家庭金融调查显示，2010年农村户籍人口养老保险的覆盖率仅有34.5%，而城镇的覆盖率为87.0%，二次分配进一步拉大了城乡收入差距。刘乐山、胡灵莹（2014）认为，二元分割的就业制度、不合理的工农产品价格、城乡迥异的社会保障制度都会拉大城乡收入差距。吕炜、许宏伟（2015）实证分析表明了土地出让收入与出让面积会在短期内加剧城乡收入差距。谢冬水、周灵灵（2016）通过构建二元经济模型分析得出，农村劳动力流动能够缩小城乡收入差距。李永友、王超（2020）发现，"乡财县管"改革通过赋予县级政府统筹全县乡镇财政资源的权力，显著缩小了城乡收入差距，"乡财县管"改革通过农村道路、电力两类基础设施的显著改善，以及教育、医疗卫生和农村科技服务三类公共服务的显著提高，增强了农村居民的增收能力，使农村居民收入显著提高和乡镇企业就业人数显著增加。

（4）体制改革。赵人伟、李实（1997）从经济改革或体制变化视角研究了其对城乡收入差距的影响，他们提出，内部控制、垄断和腐败以及寻租活动等因素扩大了城乡收入差距。陈美衍（2006）认为，市场经济体制导致了城乡收入差距扩大。周云波（2009）计算得出，非法收入是城乡收入差距的一个重要影响因素。杨宜勇、池振合（2014）认为，国有企业负责人薪酬制度改革和反腐败斗争的坚决进行使城镇居民收入增长率明显下降，这会促使城乡收入差距持续缩小。万晓萌（2016）通过实证研究1990~2013年的省级面板数据发现，农村剩余劳动力向城镇转移能直接缩小城乡收入差距，还可以间接影响相邻地区的居民收入，显著缩小城乡收入差距，因此改革户籍制度势在必行。

（5）城镇化。城镇化是一个非常重要的影响城乡收入差距的因素。陆铭、陈钊（2004）对我国1978~2001年城乡收入差距的相关数据进行了分析，研究表明，城市化可以比较明显地缩小城乡收入差距。姚耀军（2005）认为，城镇化水平与城乡收入差距之间呈明显的负相关关系，城镇化水平低是城乡收入差距大的重要原因。曹裕、陈晓红、马跃如（2010）得出了同样的结论。程开明、李金昌（2007）的实证研究表明，城市化的推进，重视城市而忽略农村的政策导向是我国城乡收入差距不断扩大的重要原因。彭文慧（2014）的实证研究表明，城市化扩大了城乡收入差距。李子叶（2016）发现：第一，加入WTO后，中国城市化进程的加快显著扩大了城乡收入差距，但这种影响效应呈现先提高后降低的倒"U"形趋势；第二，经济新常态下，城市化进程对城乡收入差距的负面影响效应开始弱化，但"鱼和熊掌不可兼得"的矛盾依然存在；第三，若能充分注重发挥城市化与研发创新、外商直接投资、政府财政支出等因素的综合效应，则能够有效缩小城乡收入差距。李丽忍、陈云（2016）通过分析1985~2012年城乡收入差距的相关数据发现，我国城镇化水平和城乡收入差距之间呈现出与美国、日本、韩国情况一致的倒"U"形变动关系。穆红梅（2019）实证分析发现，城镇化率和国内生产总值的环比增速都会对城乡收入差距产生显著的影响，且城镇化率对城乡收入差距影响最大。

（6）教育和人力资本。赵满华（1997）认为，劳动者的文化素质和农业经营能力是影响城乡收入差距的主要因素。郭剑雄（2005）认为，农村居民与城市居民在人力资本上的差距大，进而导致收入的差距大，其是城乡收入差距不断扩大的根源之一。陈斌开、张鹏飞、杨汝岱（2010）发现，教育能够解释城乡收入差距的43.92%，而城市偏向的教育经费投入政策是城乡收入差距扩大的制度性根源。陈玮任（2014）指出，未来对城乡收入分配差距影响最大的因素是城乡教育差距。马磊（2016）分析得出，城乡人力资本的投入差异会带来城乡居民文化水平差异，进而带来职业能力差异，是形成城乡收入差距的重要原因，这种影响在中西部地区更加显著。李昕、关会娟（2018）发现，教育投入是缓解我国城乡居民收入差距的有效手段，教育投入再分配带来的劳动力转移既减少了城乡居民收入差距，也有利于缓解就业结构转型滞后带来的矛盾，是实现兼具公平的包容性增长目标的重要保障。赵强、朱雅玲（2021）对人力资本在城乡收入差距中的贡献度和相对解释度进行了分解与分析，发现无论是总收入还是要素收入，人力资本均是扩大城乡收入差距的关键因素。

研究中国城乡收入差距持续扩大原因的文献是最丰富的，除以上因素外，学者还研究了收入结构、金融发展、区域发展、房地产、对外开放、外商投资、财政支出、产业结构、人口流动和生育率等对城乡收入差距的影响。

对于影响因素的分析无论是从整体上还是从单个因素上都已基本全面。国内很多学者对城乡收入差距的影响因素进行了实证分析，但忽视了各种致因与城乡收入差距之间更深层次的生产关系分析，而且实证分析得出的关于两者之间关系的结论，既有正相关，也有负相关。本书将对2000年以后的国家农业政策，尤其是对近10年来的惠农政策的实施进行梳理，比较其对缩小城乡收入差距的影响，探讨我国2009年以来城乡收入差距连续下降的深层次原因，分析我国农民增收面临的现实困境和机遇，提出进一步缩小我国城乡收入差距的对策建议。

3. 缩小城乡收入差距的对策和措施

在如何缩小城乡收入差距的对策上，国内学者作出了很多的努力。研究者在分析导致城乡收入差距原因的基础上，结合中国实际提出了许多调节措施。

（1）改革城乡二元体制。李实等（1998）认为，打破城乡壁垒是缩小城乡收入差距的一个有效方法，让劳动力等生产要素在城乡间享有充分的自由，城乡劳动力拥有同等的就业机会。蔡昉、杨涛（2000）和杨宜勇等（2005）认为，推动我国城乡二元经济结构努力向一元结构转变是缩小城乡收入差距的重要策略。李实（2013）提出，应尽快打破城乡分割的户籍制度，提高劳动力的配置效率，缩小城乡收入差距。贠菲菲、薛蒙林（2014）认为，取消对流动人口的严格限制，完善城乡有别的二元户籍管理制度是缩小城乡收入差距的重要措施。和云（2014）认为，缩小城乡收入差距应着力深化改革多重城乡二元体制，包括城镇化的推行、农村土地确权、促进公共资源在城乡间均衡配置以及加快户籍制度改革等措施。厉以宁（2013）提出，农村强者迁移、弱者沉淀导致土地利用率低、农业生产率低。要解决拉大城乡收入差距的二次分配问题，一定要加快城乡社会保障的一体化。王丰、张鑫（2016）通过实证分析得出，培育公平、公正、公开的市场交易环境，优化农村金融生态环境有助于缩小城乡收入差距。宋建、王静（2018）发现，人口迁移能够显著缩小城乡收入差距，且通过户籍城镇化机制发生作用，迁入人口若能顺利转变为城镇人口则可缩小城乡收入差距。

（2）加快农村经济发展。赵满华、窦文章（1997）认为，农业增长方式转变、农业产业化发展、非农产业振兴等措施都能够缩小城乡收入差距。赵人伟、李实（1997）认为，经济发展特别是农村经济发展是促进二元经济向现代经济转换、城乡协调发展的重要途径。刘志强、谢家智（2014）通过计量模型分析得出，政府应引导农业技术进步，弥合工农生产率差异，充分释放农产品价格上涨导致的城乡收入差距缩小的效应，应推动工业部门中无效率的投资流向农业，扭转城市偏向的投资模式。视卫东（2015）认为，在农业生产成本攀升、国内外主要农产品的价格倒挂的"双重挤压"下，增加农民收入的唯一途径是加快转变农业发展模式，强化农业科技创新驱动作用，积极推动农村一二三产业的融合发展。郭道虎（2015）分析得出，加快农村经济增长可以有效缩小城乡收入差距。李政、杨思莹（2016）认为，应鼓励农业科技创新和劳动偏向型技术进步，提高农村劳动生产率，缩小城乡收入差距。汤文华等（2016）通过分析财政支农支出对城乡收入差距的影响得出，增加财政支农支出无论是短期的还是长期的都有利于缩小我国城乡收入差距，应不断提高财政支农的力度，并提升资金的实际使用效率。孙学涛（2021）发现，提升农业机械化水平能够促进农民增收、缩小城乡收入差距，并存在显著的空间差异。该研究还发现，农业机械化不仅能够直接缩小城乡收入差距，还能够通过农村劳动力转移间接地缩小城乡收入差距。

（3）调整相关政策。赵人伟、李实（1997）认为，应通过社会保障政策、教育政策和劳动力流动政策等来缩小城乡收入差距。张贵先、胡宝娣（2006）研究得出，1985~2003年我国农民收入增长的根本原因在于农村劳动力的非农就业，促进农民转移就业会缩小城乡收入差距。匡远配、汪三贵（2006）在分析政策对农民收入的影响机制的基础上，提出政策是农民增收的灵魂。沈坤荣、张璟（2007）认为，应积极引导社会资金进入农村基础设施建设领域，改变公共支出的城市倾向，促进"三农"健康发展。李普亮（2012）提出，通过增加财政支农支出来促使农民增收，进而缩小城乡收入差距。厉以宁（2013）指出，农民的人力资本弱是由教育资源配置不均衡造成的，必须均衡城乡教育资源配置，让农村的孩子拥有公平的教育资源和教育机会。祝卫东（2015）认为，在当前条件下，提高农业补贴政策效能，优先保证农业农村投入，完善农产品价格形成机制是增加农村收入的首要战略。吕炜、许宏伟（2015）提出，应重视土地流转问题，增加农民的财产性收入，进而缩小城乡收入差距。艾文卫、王家庭（2016）提出，应该重视城乡一二三产业的融合发展，需要高度注重农村非农产业的发展以吸收农村剩余劳动力转移，为农民就地增收创造条件。杨晶等（2018）发现，产业结构升级和财政支农支出在城乡居民收入差距变动过程中存在"极化效应"和"涓流效应"，财政支农力度加大有利于缩小城乡居民收入差距，产业结构升级在整体上对城乡居民收入差距的扩大产生了"抑制作用"。

（4）完善各项制度。诺斯认为制度是增长的源泉。农民收入总是一定制度安排下的产物，必然会受到相关制度选择和制度安排的影响。赵人伟、李实（1997）认为，要从根本上解决由垄断和腐败等无序因素以及非自然因素带来的城乡收入不平等问题，唯有进行深化改革。于祖尧等（1999）提出，通过调整城乡收入分配的混乱状态、规范分配制度、理顺分配关系来缩小城乡收入差距。陆铭、陈钊（2004）认为，城市倾向的政策造成城乡收入差距，政府有必要采取一些相应政策来抵消这种作用，如将更多的财政支出用于支持农村发展、改革户籍制度等。李琼（2015）提出，大力发展农村经济，壮大新型农村养老保险制度是缩小城乡收入差距的长期关键举措。和云（2014）认为，要缩小城乡收入差距必须进行深化改革，提供制度公平、权利公平、机会均等的体制、机制、政策和法律保障。谭飞燕、李孟刚（2015）提出，加快城乡金融机构效率改革能够缩小城乡收入差距。陈工、何鹏飞（2016）实证分析得出，民生财政分权可以缩小城乡收入差距，政府应注重促进民生财政分权改革。谢冬水、周灵灵（2016）提出，缩小城乡收入差距的前提之一就是赋予农民完整的土地转让权，更好地促进农村劳动力举家进城安家落户。葛继红等（2022）发现，农村三产融合能够通过缩小城乡居民收入差距来促进城乡居民消费。

（5）加速城镇化进程。刘耀森（2013）通过实证研究得出，非农劳动力的波动对农村居民家庭人均纯收入波动的影响是显著的，非农劳动力每增长1%，会引起农村居民家庭人均纯收入波动0.95%。彭竞、谢地（2014）基于吉林省统计数据的经验分析表明，"非农就业转移比"每增长1%，城乡收入差距就会缩小0.85%，说明非农就业转移在缩小城乡收入差距方面具有可以挖掘的潜力。许静等（2015）分析表明，提高城镇化水平、加快农村劳动力流动、促进经济平稳增长可以缩小城乡收入差距。王丰、张鑫（2016）认为，在城镇化过程中要充分考虑"以人为本"的思想，减少城乡劳动力流动障碍，不断提高农村居民的劳动参与能力，增加农民收入。高远东、张娜（2016）认为，城镇化在发展初期会有拉大城乡收入差距的作用，但是后期将促进城乡收入差距的缩小。李丽忍、陈云（2016）提出，我国城乡居民收入差距变动趋势的拐点出现在城镇化率为51.4%的时候，即2011年，自此之后，城乡居民收入比开始缩小。今后，要继续加快推进城镇化进程，重点关注中西部城镇建设，继续缩小城乡收入差距。万广华等（2022）指出，城镇化不但能够显著提高生产率，还能够拉动国内消费需求，从而助力"双循环"、推动经济增长。同时，城镇化是有效消除城乡差异、解决"三农"问题的根本出路。周心怡等（2021）发现，当新型城镇化率超过13.2%后，新型城镇化将有助于显著缩小城乡收入差距。并进一步指出，为有效缓解城乡收入差距，在实施城镇化的进程中，应着力促进城乡一体化和基本公共服务均等化，确保农村进城务工人员能够同等分享城镇公共服务。

4. 推进城乡融合、城乡一体化发展

随着城乡一体化发展已经取得了重大突破，但城乡关系未达到最优状态，2017年党的十九大报告首次提出"城乡融合发展"，即要"建立健全城乡融合发展的体制机制和政策体系"。2017年中央经济工作会议提出"重塑城乡关系、城乡融合发展"，城乡关系的处理从二元分割角度下的"统筹"转变为"融合"。都阳（2016）指出，城乡融合阶段已初见成效，如农产品市场机制的建立、劳动力市场一体化程度的提高。林万龙（2007）指出，城乡融合阶段是城乡关系的最高阶段。城乡融合是城乡一体化的升华，是国家和区域现代化的重要标志，其实质是推进城乡全面一体化发展。刘彦随（2018），张克俊、杜婵（2019），魏后凯（2023）通过分析得出，城乡融合突出表现为政府和市场的互动耦合作用日益凸显、乡村和城市成为互动共生的有机整体、要素从单向流动转向双向流动、工农城乡关系实现根本转变、农业农村将置于优先发展地位、更加注重改革探索的系统集成推进。城乡融合以人口在城乡间自由流动加快和城乡资金流动密切为主要特征（李爱民，2019）。在城乡融合阶段，城乡面貌和综合服务功能得到全面提升，市政基础设施建设得到全面延伸，村村通得到全面实现。城乡基本公共服务均取得了全面突破，城乡居民基本养老保险、新型农村合作医疗等实现全覆盖（陈钊，2015；黄天弘，2020）。党的二十大后，继续深入城乡融合发展，持续缩小城乡差距，进而促进共同富裕，这就提出了明确路径选择、基础制度、空间格局和生态本底等要求（孙博文，2023），不断健全城乡融合发展体制机制。

许多学者从城乡融合的内涵、测度、影响因素、机制、路径等方面进行了探索。

（1）城乡融合的内涵研究。姜作培（2004）提出，城乡融合是一种新型城乡关系，是一种全方位的融合，具体表现为城乡在人口、政治、经济、文化与生态等诸多方面的融合。张琳等（2015）认为，城乡融合是一种理想状态，表征为城镇与乡村两个子系统的优势互补，以及社会的整体协调。部分文献指出，明晰城乡融合的科学内涵，需从要素整合、空间融合和机制协同等角度，梳理中国城乡关系与要素流动的演变特征（宁志中、张琦，2020；许彩玲、李建建，2019）。因此，处理好中国式城镇化与中国式现代化建设之间的辩证关系，进而为城乡融合寻求最佳路径就显得十分必要（方创琳、赵文杰，2023）。

（2）城乡融合的测度研究。从城乡融合测度的相关文献（李京，2019；刘荣增、赵亮等，2020；王乔乔等，2020；韩建民，2020；张宇雄等，2022）及文献中选取的相关指标来看，学者使用城乡经济融合和生态融合指标的次数最多，说明城乡融合主要的测度指标是经济和生态环境，体现了城乡融合发展的实质是实现"人的充分发展"，以及自然与人类的和谐发展。城乡空间融合、城乡社会融合、城乡人口融合指标的使用次数也较多，相关学者基于逻辑机制，进行多维城乡融合的测度（徐雪、王永瑜，2023），之后，产业融合（田野等，2022）、社会融合（叶超等，2021）、生态融合（张海朋等，2021）等维度不断被引入城乡融合发展评价指标体系中。

（3）城乡融合的影响因素研究。在相关研究中，学者运用计量模型（龚勤林等，2020；黄永春等，2022）、均方差决策法、耦合协调度模型和趋势面分析（张子珍、邢赵婷，2023；黄禹铭，2019；程叶青、邓吉祥，2010）、灰色关联度分析（邵贝贝等，2021）、超效率 EBM 模型和 BML 指数分析（王大超、赵红，2022）等研究方法，指出影响城乡融合发展的主要因素包括城乡收入差距、农村经济发展现状、农村生产力发展水平、政府的宏观政策、财政分权和支出偏向等（苏春红、李真，2022）。

（4）城乡融合的机制研究。受我国发展战略和制度安排的影响，我国的城乡融合与国外有很大的不同。孙健夫等（2019）从逻辑、演进、问题与对策的视角来分析中国的城乡经济关系，指出通过城乡"对流"式的互动和交流，实现城乡一体化，实质性地打破城乡融合壁垒。有学者指出，以城乡融合理论为基础构建城乡融合发展共享体制是协调推进新型城镇化与乡村振兴战略的关键性对策（邹一南，2020；蔡翼飞等，2020；刘爱梅、陈宝生，2019）。城乡融合的充分实现需要建立城乡统一要素市场、加快推进农业转移人口市民化、统筹城乡一体化治理、持续提高农民收入、构建农村适度偏向政策体系（年猛，2020；杨发祥等，2020；李华胤，2020）。

（5）城乡融合的路径研究。新型城镇化建设可以将城市和乡村的优质要素结合起来，实现城乡融合并改善城乡关系。推进城乡融合发展，要处理好政府和市场的关系，在城镇化的大格局下重塑城乡关系，实现城乡功能互补、协调发展，共同推进整个国家的现代化进程（金三林等，2019；任路，2020）。推进农业农村现代化、新型城镇化、农村信息化，提高城乡流动人口的文化适应、城市认同，发展数字经济、数字乡村（高帆，2021；邹辉，2021）等路径对城乡融合发展进程也可起推动作用。张明皓、叶敬忠（2022）基于不同县域类型探索了城乡融合发展促进共同富裕的差异化实践模式。

此外，学者的研究还包括农村人力资源开发、农业产业化经营、产业结构变动、优化财政支出等缩小城乡收入差距的对策。国内学者对城乡融合问题已经进行了系统、翔实的研究。顺应历史发展的潮流，在突破原有发展桎梏的基础上，探寻实现城乡之间全面融合的新机制与新路径，具有重要的理论价值与实践意义。

近年来，有关城乡收入差距问题的研究取得了丰硕的成果。但是在现有的研究成果中，以下三个方面还没有得到足够重视和系统研究。第一，系统分析 2009

年以来我国城乡收入差距实现连续 12 年缩小的原因。第二，充分论述现阶段进一步缩小我国城乡收入差距所面临的困境和机遇，这是研究我国城乡收入差距问题非常关键的一点。第三，关于收入满意度的调查问卷和实践调研，这给我们提出了新的课题。以上存在的不足正是本书需要进一步拓展和提高的地方。

三、研究思路与方法

（一）研究思路

本书在阐述了选题背景、选题意义、研究内容、创新点和研究综述基础上，首先，从我国城乡收入差距的历史演变波动阶段入手，剖析我国城乡收入差距的致因和影响。其次，全面解读我国城乡收入差距的现状并探讨 2009～2021 年城乡收入差距连续 12 年缩小的原因，剖析在经济发展新常态背景下进一步缩小我国城乡收入差距面临的现实困境和机遇。再次，在此基础上，以马克思主义、毛泽东思想和中国特色社会主义理论体系中有关缩小城乡收入差距的理论为指导，同时借鉴西方经济学中的有益成果，构建本书的理论基础；同时，通过问卷分析和调研总结形成本书的实践支撑。最后，在经济发展新常态的大背景下，从市场行为路径和政府政策路径两大维度提出进一步缩小我国城乡收入差距的路径。本书的技术路线如图 1-1 所示。

（二）研究方法

本书在坚持辩证唯物主义和历史唯物主义的基础上，采取的具体研究方法如下。

1. 多学科交叉

城乡收入差距问题引起了许多不同学科学者的共同关注。本书坚持以经济学分析为主，从社会学、公共管理学和政治学等多学科角度，对我国城乡收入差距问题进行了全面分析和探讨。在经济学研究中坚持以马克思主义政治经济学基本原理为指导，同时借鉴福利经济学、发展经济学、西方经济学、农村经济学、城市经济学、区域经济学等学科中的理论进行分析。

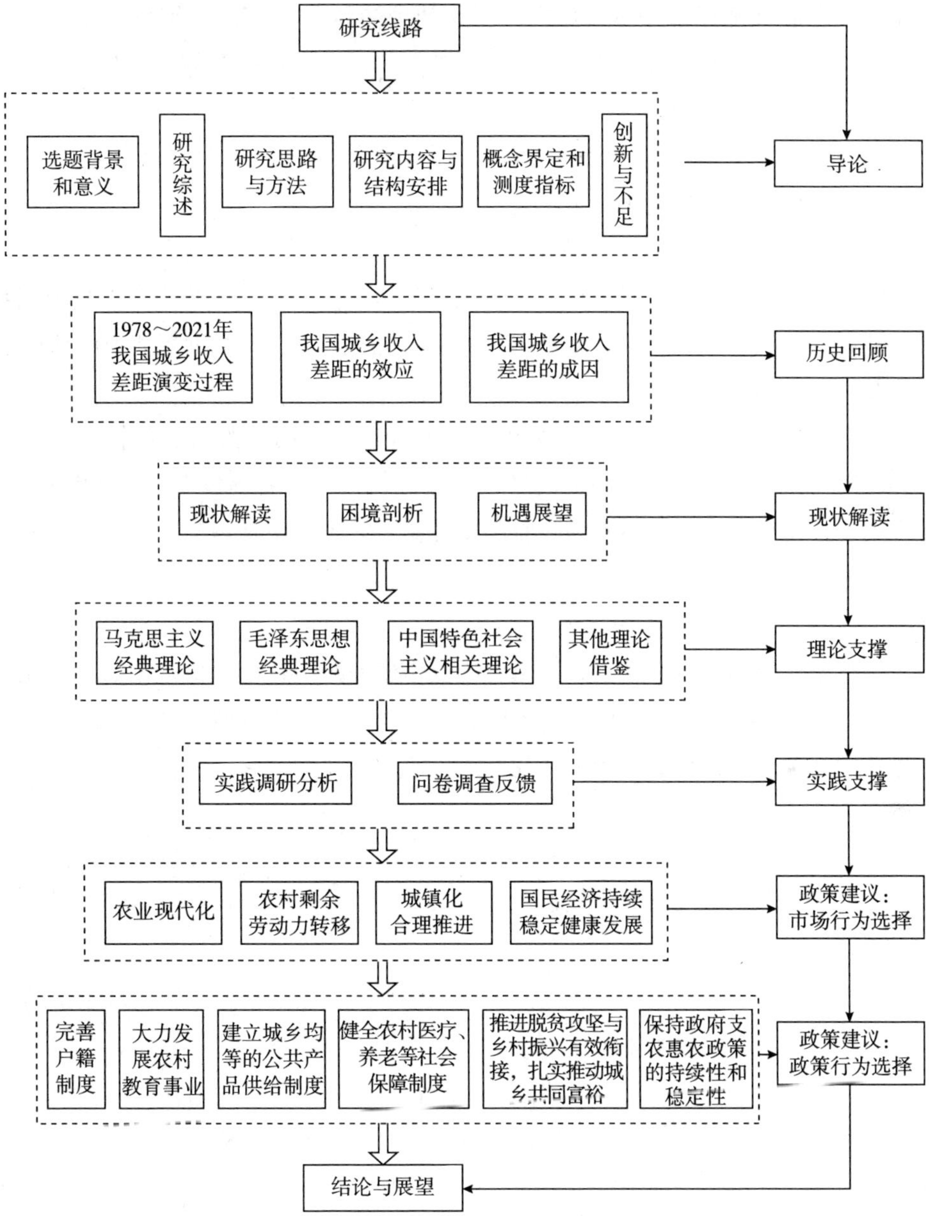

研究线路

| 选题背景和意义 | 研究综述 | 研究思路与方法 | 研究内容与结构安排 | 概念界定和测度指标 | 创新与不足 |

导论

1978～2021年我国城乡收入差距演变过程 ｜ 我国城乡收入差距的效应 ｜ 我国城乡收入差距的成因

历史回顾

现状解读 ｜ 困境剖析 ｜ 机遇展望

现状解读

马克思主义经典理论 ｜ 毛泽东思想经典理论 ｜ 中国特色社会主义相关理论 ｜ 其他理论借鉴

理论支撑

实践调研分析 ｜ 问卷调查反馈

实践支撑

农业现代化 ｜ 农村剩余劳动力转移 ｜ 城镇化合理推进 ｜ 国民经济持续稳定健康发展

政策建议：市场行为选择

完善户籍制度 ｜ 大力发展农村教育事业 ｜ 建立城乡均等的公共产品供给制度 ｜ 健全农村医疗、养老等社会保障制度 ｜ 推进脱贫攻坚与乡村振兴有效衔接，扎实推动城乡共同富裕 ｜ 保持政府支农惠农政策的持续性和稳定性

政策建议：政策行为选择

结论与展望

图 0-1　本书的技术路线

2. 理论与实践相结合

在现有的有关城乡收入分配和城乡统筹理论的基础上，重视调查研究，从实

践中吸取营养，把握第一手资料。为了使研究更加符合实际，笔者先后到内蒙古、安徽、天津、河北等地的农村进行实地调研，并通过访谈的形式与农村种田大户、家庭农场主、合作社带头人等进行交流，收获颇丰，受到了很大启发。同时设计发放有关"城乡居民收入与满意度"的调查问卷，共回收有效问卷 2006份，收获了丰富而宝贵的第一手资料。

3. 计量方法和多元统计分析方法

本书分析中采用了计量方法和多元统计分析方法，对改革开放以来我国城乡收入差距的演变特征和影响因素进行了实证研究，得出了一系列规律上的认识。

4. 归纳、总结与比较分析方法

在现有资料的基础上，对我国城乡收入差距在不同阶段的变化特征进行分析，同时与世界上其他国家和地区进行比较分析，为研究提供有益启发和借鉴。在本书中，笔者非常注重借鉴和吸收历史经验，并紧密结合现实，得出了一些适用性较强的结论。

5. 历史分析与逻辑演绎相统一

历史是逻辑的起点和基础，逻辑由历史衍生而来。在我国城镇化和工业化进程中，出现的城乡收入差距属于历史问题。同时，当前我国城乡收入差距过大仍然是各种社会矛盾的焦点，牵引着我们深入研究，化解矛盾，又存在着逻辑上的必然。

四、研究内容与结构安排

围绕进一步缩小我国城乡收入差距的困境与路径这一研究主题，本书进行了深入的分析，研究内容主要包括四个部分，具体安排如下。

第一部分为导论。本部分概述本书选题背景和意义，对国内外的研究成果进行梳理和评述，确定本书的研究思路与方法、研究内容与结构安排，界定本书涉及的概念和测度指标，提出拟努力实现的创新与不足之处。

第二部分是对我国城乡收入差距进行具体分析。主要是对我国城乡收入差距的演变过程进行历史回顾，对城乡收入差距的现状进行全面解读，提出本书需要解决的主要问题。包括第一章"我国城乡收入差距历史演变、效应及成因"、第二章"我国城乡收入差距的现状分析"。

第一章"我国城乡收入差距历史演变、效应及成因"。本章对 1978~2021 年我国城乡收入差距的历史演变历程进行了回顾，根据波动周期将我国城乡收入差距变动划分为六个波期，并对城乡消费差距变动也进行波期划分，发现两者呈现了区间基本一致的波动特征；阐述我国城乡收入差距过大导致的消极效应，也阐述了适当的城乡收入差距的积极效应；全面剖析我国城乡收入差距的成因。本章以城乡收入差距的历史演变过程为基础，结合客观准确的数据分析与验证，为研究提供经验事实和历史借鉴。

第二章"我国城乡收入差距的现状分析"。本章全面解读我国城乡收入差距的现状，重点分析2009年以来我国城乡收入差距实现连续12年缩小的趋势和原因，在肯定成绩的同时深刻探讨了继续缩小我国城乡收入差距面临的六个现实困境和具备的六个机遇，为进一步缩小我国城乡收入差距提供参考和借鉴。

第三部分为缩小我国城乡收入差距提供理论支撑和实践支撑，为进一步缩小我国城乡收入差距的路径选择和具体对策的提出奠定基础。包括第三章"缩小我国城乡收入差距的理论基础"、第四章"我国城乡收入差距的问卷分析和调研总结"。

第三章"缩小我国城乡收入差距的理论基础"。本章在坚持马克思主义、毛泽东思想和中国特色社会主义理论的基础上，系统阐述有关缩小我国城乡收入差距的理论，同时对西方经济学中的相关理论如二元经济发展理论、制度变迁理论、收入差距理论等进行评析和借鉴，尝试构建具有中国特色的城乡发展一体化理论，为缩小我国城乡收入差距奠定了理论基础。

第四章"我国城乡收入差距的问卷分析和调研总结"。本章针对城乡收入差距所进行的问卷调查与问卷分析给我们带来很多现实的启发，聆听大众的声音让本书的研究更加实用，具有生命力；对深入农村与合作社带头人、家庭农场主、种田大户、普通农户进行的访谈和交流进行总结，实践的反馈给本书的研究带来了更加真实的内容。尊重客观实际，民声大于天，本章为缩小我国城乡收入差距奠定了实践支撑。

第四部分是进一步缩小我国城乡收入差距的对策措施，注重发挥市场和政府两个主体对城乡收入差距的双重调节作用。包括第五章"进一步缩小我国城乡收入差距路径之一：市场行为选择"、第六章"进一步缩小我国城乡收入差距路径之二：政府政策选择"。

第五章"进一步缩小我国城乡收入差距路径之一：市场行为选择"。本章坚持把党的"成果共享"和"公平正义"融入城乡统筹和缩小城乡收入差距的策略构建之中。注重从市场角度挖掘缩小城乡收入差距的因素，提出发展农业现代化、转移农村剩余劳动力、合理推进城镇化、持续稳定健康发展国民经济等路径。

第六章"进一步缩小我国城乡收入差距路径之二：政府政策选择"。本章从政府政策角度提出进一步缩小我国城乡收入差距的路径，包括完善户籍制度；大力发展农村教育事业；建立城乡均等的公共产品供给制度；健全农村医疗、养老等社会保障体系；推进脱贫攻坚与乡村振兴有效衔接，扎实推动城乡共同富裕；保持政府支农惠农政策的持续性与稳定性等。

五、概念界定和测度指标

（一）城乡居民的划分标准

根据我国 2013 年及以后实行的城乡一体化住户收支与生活状况调查的新口径，城镇人口是指居住在城镇范围内的全部常住人口，城镇人口以外的为乡村人口。常住人口是指全年经常在家或在家居住 6 个月以上，而且经济和生活与本户连成一体的人口。外出从业人员在外居住虽然超过 6 个月，但是收入带回家中，经济与本户连成一体，仍被视为家庭常住人口。在家居住，生活和本户连成一体的国家职工、退休人员也计算在家庭常住人口范围内。

（二）城乡居民收入的划分标准

根据国家统计局的通用标准，城乡居民收入分别为城镇居民人均可支配收入和农村居民人均纯收入两个指标。根据城乡一体化住户收支与生活状况调查，在计算城镇居民人均可支配收入时分母包括在城镇地区常住的农民工，在计算农村居民人均可支配收入时分母不包括在城镇地区常住的农民工。

1. 城镇居民人均可支配收入

居民可支配收入是指居民能够自由支配的收入，即从居民家庭总收入中扣除各项税费，以及缴纳的医疗保险、养老保险、失业保险等各项社会保险后余下的收入。计算公式为：

可支配收入＝家庭总收入-缴纳的个人所得税-个人缴纳的社会保障支出-记账补贴

城镇居民人均可支配收入即按城镇人口平均的城镇居民可支配收入。对于城镇居民收入来说，1993 年以前，国家统计局使用生活费收入指标来表示城镇居民收入；1993 年以后，用城镇居民可支配收入指标来表示。

2. 农村居民人均纯收入

农村居民的总收入是指调查期内农村住户和住户成员从各种渠道得到的收入的总和。农村居民纯收入指的是农村居民当年从各个来源得到的总收入相应地扣除所发生的费用后的收入总和。对于农村居民收入来说，国家统计局在 20 世纪 80 年代初首次使用这个指标。计算公式为：

纯收入 = 总收入−家庭经营费用支出−税费支出−生产性固定资产折旧−赠送农村内部亲友

农村居民人均纯收入指的是按农村人口平均的农村居民纯收入，反映的是一个国家或地区农村居民收入的平均水平，与城镇居民人均可支配收入相对应。

3. 农村居民人均可支配收入

从 2013 年开始，国家统计局正式实施了城乡一体化住户调查，统一发布全体居民可支配收入和按常住地区分的城乡居民人均可支配收入，与过去口径存在差别。为了满足政策制定的需要，在"十二五"时期仍推算发布农村居民纯收入，但自 2016 年开始，不再推算发布农村居民纯收入。

农村居民可支配收入是指调查户在调查期内获得的、可用于最终消费支出和储蓄的总和，即调查户可以用来自由支配的收入。可支配收入既包括现金，也包括实物收入。按照收入的来源，可支配收入包含四项，分别为工资性收入、经营净收入、财产净收入和转移净收入。计算公式为：

可支配收入 = 工资性收入+经营净收入+财产净收入+转移净收入

农村居民人均纯收入与人均可支配收入的主要区别是，从纯收入中扣减了缴纳的社会保险费用等转移性支出和生活、贷款利息等财产性支出。

（三）城乡收入差距的测度

1. 城乡居民收入比

为了测度城乡收入差距的水平，国内通常采用的最重要的指标是城乡居民收入比，即城镇居民人均可支配收入与农村居民人均纯收入（2014 年起使用农村居民人均可支配收入）的比值。城乡居民收入比可以衡量城乡收入的相对差距。用 Y_u、Y_r、R_1 分别表示城镇居民人均可支配收入、农村居民人均纯收入、城乡居民收入比，则计算公式为：

城乡居民收入比＝城镇居民人均可支配收入/农村居民人均纯收入

$$R_1 = Y_u / Y_r \tag{1}$$

式中，以农村居民人均纯收入为1，表示城镇居民人均可支配收入与农村居民人均纯收入之间的倍数关系。

2. 城乡居民人均收入差

另一个测度城乡居民收入差距的指标是城乡居民人均收入绝对差，它是城镇居民人均可支配收入减去农村居民人均纯收入得到的绝对差额。城乡居民人均收入差可以衡量城乡居民人均收入的绝对差距。用 R_2 表示城乡居民收入差，则计算公式为：

城乡居民人均收入差＝城镇居民人均可支配收入–农村居民人均纯收入

$$R_2 = Y_u - Y_r \tag{2}$$

式（2）表示城乡居民人均收入的绝对差距，代表着城乡居民之间富裕程度的差异。

3. 城乡人均消费比

城乡人均消费比用城镇居民的人均消费水平与农村居民的人均消费水平的比值来表示，它可以反映居民相对的生活福利水平。

虽然比较人均消费水平是反映城乡居民相对福利水平的一个重要方法，但是它忽略了储蓄的因素，不能完全反映实际购买力。因此，人均收入差距通常是解释城乡之间差距的更好指标。而采用城乡收入比（R_1）来衡量城乡居民之间的收入差距是最简单、最适当、最直观的，其也是本书采用的核心指标。本书所用的"城乡收入差距"这一概念，在没有特殊说明时都是指"城乡收入比"。但采用该指标存在两个方面的不足：其一，城镇居民人均可支配收入未包括城镇居民享受的各种补贴、福利以及主要集中于城镇居民的非正常收入，因此会低估城镇居民的收入，进而低估城乡居民收入差距。其二，一般来说，农村地区的物价水平低于城镇，名义收入没有考虑物价水平，因此会高估城乡收入差距。

六、创新与不足

（一）本书的创新

本书的创新如下。

1. 探索构建具有中国特色的城乡发展一体化理论

有学者主张用西方的城乡发展理论指导我国城乡收入差距的缩小问题，这完全忽视了我国与西方经济、政治和文化的差异，实属本末倒置，后果是严重的。本书立足于我国历史文化背景及经济社会发展实际，坚持以马克思主义和中国特色社会主义理论体系为指导，尝试构建具有中国特色的城乡发展一体化理论来指导我国的城乡统筹发展问题。

2. 拓展和丰富了我国城乡收入差距的研究内容

本书深入分析了 2009~2021 年我国城乡收入差距实现连续 12 年下降的原因，提出了进一步缩小我国城乡收入差距所面临的困境和机遇，为今后进一步缩小我国城乡收入差距提供了有价值的参考，进一步拓展和丰富了相关理论研究。

3. 通过问卷调查和实际调研的方式，为缩小城乡收入差距提供了坚实的实践支撑

通过问卷调查获得第一手的资料，同时深入农村进行实地调研，与家庭农场主、合作社带头人、种田大户以及普通农户进行深入交流与讨论，使本书关于缩小我国城乡收入差距的研究和提出的建议建立在坚实的实践基础上。

4. 在缩小城乡收入差距的路径上注重发挥市场和政府的双重调节作用

以往关于缩小城乡收入差距的对策论证，大多集中在政府的政策调整方面。本书通过实地考察和分析，提出了要发挥政府和市场的双重作用，着力从农业内部挖掘潜力，创新农业经营方式、发展农业现代化；倡导农业企业下乡，以工促农；注重"三次分配"的调节机制等观点。

（二）存在的不足

城乡收入差距问题几乎涉及我国经济发展和体制改革的各个方面，很难全面准确把握，因此本书的研究难免有疏漏和不足的地方。

第一，在研究过程中最难解决的是如何选择度量城乡收入差距的数据指标。目前可以获得的国家统计局公布的权威数据还有较大的局限性，因此本书数据的选择和修正还需要不断提升。

第二，城乡收入差距问题在世界范围内广泛存在，所以，本书通过对我国城乡收入差距的研究，以期能够对其他国家提供一些借鉴，但是由于国情不同且复杂，其产生的作用不能够确定。此外，受篇幅限制，本书没有对世界上一些在缩小城乡收入分配差距上有经验和教训的典型国家进行深入的分析，今后会增加对

这一方面内容的探讨。

第三，未对我国一些农村地区收入较高，基本不存在城乡收入差距，甚至农村居民收入高于城镇居民的地区进行分析，有待专门研究。

第四，调研范围和调研深度还有待提升，调研中还需要增加与普通农民交流的机会，调查问卷的设计还有进一步优化的空间，问卷数量还需要增加，发放范围还需扩大。

第一章
我国城乡收入差距历史演变、效应及成因

自 1978 年以来，我国城乡收入差距呈现出在波动变化中不断扩大的趋势，对其波动周期进行划分，可以清楚地看到其变化的轨迹，有利于深入探讨每个波动周期背后的原因。城乡收入差距的现实存在已成为制约我国社会稳定和经济发展的主要因素。我国的城乡收入差距是多种因素共同作用的结果，分析其原因和影响机制可以为制定缩小城乡收入差距的措施提供启发。回顾城乡收入差距历史演变过程、效应及成因是对我国城乡收入差距问题进行深入研究的起点。

第一节　1978~2021 年我国城乡收入差距的
历史演变过程

自 1978 年以来，我国城乡居民收入实现了快速增长，2021 年我国城镇居民人均可支配收入达到 47411.9 元，是 1978 年的 138.07 倍；农村居民人均纯收入达到 18930.9 元，是 1978 年的 141.7 倍，但是我国城乡居民之间的收入差距在长期波动中持续扩大。2021 年城乡收入比为 2.50∶1，虽然较 2009 年的 3.33∶1 呈现出连续下降的趋势，但是差距仍然很大，2021 年城乡收入绝对差额达到

28481 元。① 自 1978 年以来，我国城乡居民收入差距的变动情况可以在表 1-1 和图 1-1 中得到全面展示。

表 1-1　1978~2021 年我国城乡居民收入差距的变动情况

年份	城镇居民人均可支配收入/元	农村居民人均纯收入/元	城镇居民人均可支配收入增长率/%	农村居民人均纯收入增长率/%	收入差/元	收入比
1978	343.40	133.60	—	—	209.80	2.57
1980	477.60	191.30	23.41	19.41	286.30	2.50
1981	500.40	223.40	4.77	16.78	277.00	2.24
1982	526.60	270.10	7.05	20.90	256.50	1.95
1983	564.00	309.80	7.10	14.70	254.20	1.82
1984	651.20	355.30	15.46	14.69	295.90	1.83
1985	739.10	397.60	13.50	11.91	341.50	1.86
1986	899.60	423.80	21.72	6.59	475.80	2.12
1987	1002.20	462.60	11.41	9.16	539.60	2.17
1988	1181.40	544.90	17.88	17.79	636.50	2.17
1989	1373.90	601.50	16.29	10.39	772.40	2.28
1990	1510.20	686.30	9.92	14.10	823.90	2.20
1991	1700.60	708.60	12.61	3.25	992.00	2.40
1992	2026.60	784.00	19.17	10.64	1242.60	2.58
1993	2577.40	921.60	27.18	17.55	1655.80	2.80
1994	3496.20	1221.00	35.65	32.49	2275.20	2.86
1995	4283.00	1577.70	22.50	29.21	2705.30	2.71
1996	4838.90	1926.10	12.98	22.08	2912.80	2.51
1997	5160.30	2090.10	6.64	8.51	3070.20	2.47
1998	5425.10	2162.00	5.13	3.44	3263.10	2.51
1999	5854.02	2210.30	7.91	2.23	3643.72	2.65

---

① 根据《中国统计年鉴 2022》和《中华人民共和国 2022 年国民经济和社会发展统计公报》中的数据计算得出。

续表

年份	城镇居民人均可支配收入/元	农村居民人均纯收入/元	城镇居民人均可支配收入增长率/%	农村居民人均纯收入增长率/%	收入差/元	收入比
2000	6280.00	2253.40	7.28	1.95	4026.60	2.79
2001	6859.60	2366.40	9.23	5.01	4493.20	2.90
2002	7702.80	2475.60	12.29	4.61	5227.20	3.11
2003	8472.20	2622.20	9.99	5.92	5850.00	3.23
2004	9421.60	2936.40	11.21	11.98	6485.20	3.21
2005	10493.00	3254.90	11.37	10.85	7237.90	3.22
2006	11759.50	3587.00	12.07	10.20	8172.50	3.28
2007	13785.80	4140.40	17.23	15.43	9645.40	3.33
2008	15780.80	4760.60	14.47	14.98	11020.20	3.31
2009	17174.70	5153.20	8.83	8.25	12021.50	3.33
2010	19109.40	5919.00	11.27	14.86	13190.40	3.23
2011	21809.80	6977.30	14.13	17.88	14832.50	3.13
2012	24565.70	7916.60	12.64	13.46	16649.10	3.10
2013	26955.10	8895.90	9.73	12.37	18059.20	3.03
2014	29381.00	9892.00	9.00	11.20	19489.00	2.97
2015	31195.00	10772.00	8.20	8.90	20423.00	2.90
2016	33616.20	12363.40	7.76	14.77	21252.80	2.72
2017	36396.20	13432.40	8.27	8.65	22963.80	2.71
2018	39250.80	14617.00	7.84	8.82	24633.80	2.69
2019	42358.80	16020.70	7.92	9.60	26338.10	2.64
2020	43833.80	17131.50	3.48	6.93	26702.30	2.56
2021	47411.90	18930.90	8.16	10.50	28481.00	2.50

注：城镇居民人均可支配收入增长率和农村居民人均纯收入增长率均为环比增长率。

资料来源：1978~2021年的城镇居民人均可支配收入和农村居民人均纯收入（2014年起使用农村居民人均可支配收入）来自《中国统计年鉴2022》；城乡居民人均可支配收入（人均纯收入）增长率、收入差、收入比均根据统计数据计算得出。

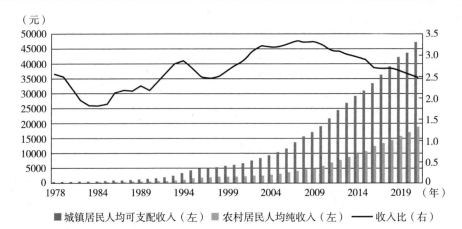

图 1-1　1978 年以来我国城乡居民收入情况对比

资料来源：根据表 1-1 中的相关数据计算得出。

从表 1-1 和图 1-1 可以看出，自 1978 年以来，我国城乡居民收入较快增长；衡量城乡收入差距的城乡收入比在周期性波动中不断扩大，呈现出明显的阶段性特征；同时，城乡收入绝对差呈一直加速扩大的趋势。以下内容是对我国城乡收入差距历史演变过程的详细分析。

一、从城乡收入比看城乡收入差距的波动演变

1952~1978 年，我国实行了农产品的统购统销制度、人民公社制度和户籍制度，这些被称为"三套马车"的城市偏向制度造成了城乡分割局面和城乡收入差距。1959 年和 1960 年，我国城乡收入差距高达 3.2，其余年份城乡收入比也维持在 2.5 左右的高水平上。但是，本书主要探讨改革开放以来我国城乡收入差距波动问题。根据表 1-1 和图 1-1 可以看到，我国城乡收入差距的波动呈现周期性，具体来说，可以划分为以下六个波动周期。

（一）第一波期（1978~1983 年）：重点在农村的改革初期——弱化

这一时期的城乡收入比由 1978 年的 2.57∶1 下降到 1983 年的 1.82∶1，达到改革开放以来的最低水平。这一阶段的城乡收入差距不断缩小是由于这一时期我国改革重点面向农村。1978 年我国农村改革开始，实行家庭联产承包责任制

和提高农产品价格两大政策为改革的第一步。改革使农村居民人均纯收入在这 5 年里迅速增长,由 1978 年的 133.60 元增加到 1983 年的 309.80 元。虽然以后的改革也继续增加了农民收入,但收入效应在这一改革初期最为显著。改革初期的家庭联产承包责任制作为一种"自下而上"的制度变迁,打破了过去"一大二公"的管理模式,使农业生产中的潜力得到极大解放,农民生产经营的积极性得到充分调动,农业生产效率得到大大提高,农业得以快速发展。农产品收购价格的大幅度提高,缩小了工农业产品的价格"剪刀差",使农民收入获得了超常的增长,城乡收入格局得以改变。

(二)　第二波期(1983~1994 年):城市改革和再分配政策——强化

在农村改革发挥了巨大潜力后,中央政府公开宣布了加快城市改革步伐的改革方向。这一时期以城市为中心的城市改革和再分配政策拉开了帷幕,我国针对城市改革实施了许多政策,如机关、事业单位工资改革,城镇职工的养老、医疗、失业保险制度改革等。这些政策诱发了城市经济连续数年的高速增长,明显提高了城市居民的收入。而农村家庭联产承包责任制的增收效应减弱,导致这一时期农业产值份额下降和农业剩余劳动力转移速度下降。在这一时期城乡收入比由 1983 年的 1.82∶1 持续扩大到 1994 年的 2.86∶1,城乡收入差距扩大态势明显。虽然 1994 年农民人均纯收入首次突破 1000 元大关,达到 1221.0 元,但是城镇居民人均可支配收入为 3496.20 元,城乡居民收入绝对差额达到 2275.20 元,我国城乡收入差距扩大这一事实已经毋庸置疑。

(三)　第三波期(1994~1997 年):重农政策起步实施——弱化

中国经济进入全面转型时期,各种制度相对放开,我国经济发展速度加快,城镇化进程逐步推进。随着城镇化的发展,对劳动力的需求明显增加,农村剩余劳动力开始向乡镇企业或城市转移,农民到城镇务工,收入明显增加。另外,这一时期农产品价格也有所上涨,城乡收入差距呈现出微微下降的趋势,城乡收入比由 1994 年的 2.86∶1 下降到 1997 年的 2.47∶1,是自 20 世纪 80 年代中期以来难得的城乡收入差距下降。这是国家倡导地区发展平衡,提高农产品收购价格,推进劳动力流动,促进户籍改革等政策带来的结果,城乡收入差距扩大趋势得到了暂时的抑制,城乡二元结构转型加快。

（四）第四波期（1997～2003 年）：城市偏向的积极财政政策——持续强化

1997 年以后，由于城市倾向政策加强以及农产品收购价格下降，我国城乡收入差距再次呈现扩大态势，出现了自 1978 年以来非常罕见的物价持续下跌和生产相对过剩现象，经济下滑造成了城市下岗失业人员增加。此时为了维护社会的稳定，实施积极的具有明显城市偏向的财政政策，加大对城市经济的扶持，各项保障制度也明显向城市倾斜。而农业生产和出口则受到了国际金融危机和加入WTO 的双重冲击，农产品出口困难，农民收入受到重创，城乡收入差距不断扩大，这一阶段我国城乡收入比已经突破 3 倍，2003 年高达 3.23 倍，为世界之最。

（五）第五波期（2003～2009 年）：政策错综复杂——短暂弱化后持续强化

此时城乡二元矛盾的日益激化已经引起我国政府的高度重视，政府也意识到城乡收入差距过大带来了严重的社会和经济影响，因此出台了一些政策来协调城乡关系。城乡关系努力向协调方向发展，不过政策效果非常有限，城乡收入比只是略有下降，2004 年为 3.21，2005 年为 3.22。尽管国家对"三农"问题的重视程度不断加大，但是农村发展依然缓慢、农业生产率依然低下、农民增收效果依然不明显。2006 年以后城乡收入差距持续扩大，城乡收入比一直攀升到 2009 年3.33 的历史最高水平，这主要是国家实施有利于城镇居民的收入分配政策以及大力发展房地产的结果。这一时期城乡收入差距的变动表明缩小，城乡收入差距是一项长期而艰巨的任务，始终是需要重点关注的课题。

（六）第六波期（2009～2021 年）：更多聚焦"三农"的惠农政策——持续弱化

随着国际金融危机对我国经济的影响逐步减弱，国家财政支持"三农"的力度进一步加大。政府对城乡收入差距和城乡统筹发展问题的重视程度不断提高，中央一号文件连续聚焦"三农"问题，党的十八大和党的十八届三中全会等都提出了缩小城乡收入差距的重要性和路径指向。新型农村合作医疗、新型农村养老保险等更多惠农政策的实施，脱贫攻坚与乡村振兴政策的有效衔接，促使我国农村居民经营性收入和转移性收入增加明显，截至 2021 年底，我国粮食产量实现"十八连丰"，农民人均纯收入实际增长率连续 12 年超过城镇居民人均可支配收入的增长率，2010 年我国城乡收入差距开始进入下降通道，实现了连续12 年下降的良好趋势。2021 年城乡收入比下降为 2.50∶1。

二、从城乡收入差看城乡收入差距的绝对扩大趋势

城乡收入差用来衡量城乡居民之间的绝对收入差距，反映城乡居民生活富裕程度差异。自改革开放以来，我国城乡收入绝对差额呈现出持续扩大的发展趋势，如图1-2所示。

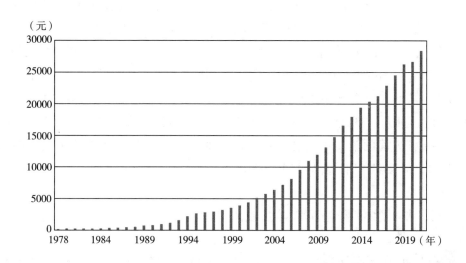

图1-2　自1978年以来我国城乡居民收入绝对差额变化趋势

资料来源：《中国统计年鉴2022》。

从图1-2中可以看出，我国城乡居民收入绝对差额非常大，并呈持续扩大趋势。城乡居民收入绝对差由1978年的209.80元扩大到2008年的11020.20元，绝对差超过1万元。2015年城镇居民人均可支配收入达到31195.00元，农村居民人均纯收入达到10772.00元，城乡居民收入绝对差达到20423.00元，迈过2万元大关。这种扩大趋势持续发展，2021年城镇居民人均可支配收入达到47411.90元，农村居民人均纯收入达到18930.90元，城乡居民收入绝对差达到28481.00元。值得注意的是，以上数据有可能被低估或高估了。

城乡收入差距被低估的理由通过以下学者和权威机构给出。李实（2003）提出，如果将城镇居民享有的实物收入和补贴都计算在内，中国的城乡收入差距应该为世界之最。李实、罗楚亮（2007）对我国城乡收入差距进行了重新估计，结

果发现，虽然 2002 年国家统计局公布的城乡收入比为 3.11：1，但是如果加上城镇居民享有的隐性补贴，我国城乡收入比将高达 4.35：1；如果在加上城镇居民享有的隐性补贴的同时，再加上农村居民自有住房的估算租金，城乡收入比约为 4.28：1，仍然明显高于官方数据。中国社会科学院的研究报告指出，如果将城镇居民享有的各种补贴和社会保障等隐性收入考虑进来，并考虑到农民纯收入中还需扣除用于生产支出的部分，那么我国城乡收入实际差距为 4~6 倍。①

以上是我国城乡收入差距被低估的理由，以下为城乡收入差距被高估的理由。其一，我国农村居民较低的生活费用在估计时没有被考虑到。如农村居民日常消费的米由自己耕种提供，蔬菜等由自己种植的也较多，其他消费价格也相对较低。其二，国家现行的调查制度不能很好地覆盖"常住流动人口"这个群体的收入，从而在计算城乡收入差距时低估了这个群体的收入，进而高估了城镇居民人均收入水平，低估了农村居民人均收入水平。其三，城镇地区在教育、医疗等公共服务方面的消费可能高于农村。如 2002 年城乡收入差距的名义差距为 3.11：1，但按实际值计算后缩小到 2.27：1。②

三、从城乡消费差距看城乡收入差距

居民的收入水平作为居民消费的基础，其增长速度、规模以及分配状况直接影响了居民的消费能力和消费结构，因而城乡居民在消费上的差距在一定程度上是反映城乡居民收入差距的另一个重要指标。

（一）从城乡消费比看城乡消费水平差距

从图 1-3 中可以看出，我国城乡居民消费无论是从相对差距还是从绝对差距上看都存在很大差距。我国城乡消费比自 1978 年以来呈现出和我国城乡收入比几乎一致的周期性波动，接下来对自 1978 年以来我国城乡居民消费差距的演变过程进行详细描述。

---

① 中国社会科学院．城市蓝皮书：中国城市发展报告 [M]．北京：社会科学文献出版社，2009：102.

② 薛进军．中国的不平等 [M]．北京：社会科学文献出版社，2008：7.

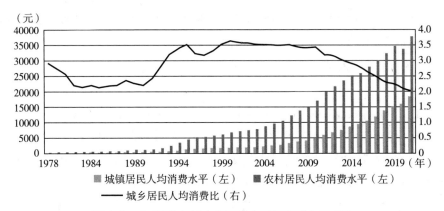

图1-3　自1978年以来我国城乡居民消费水平对比

资料来源：《中国统计年鉴2022》。

1. 第一波期（1978~1983年）：城乡消费比下降，城乡消费差距弱化

改革开放初期，城乡消费比由1978年的2.93下降至1983的2.17，达到历史最低水平。而这一时期的城乡收入比由1978年的2.57∶1下降到1983年的1.82∶1，也达到历史最低水平。城乡消费差距在这一阶段的波动与我国城乡收入差距演变的第一波期（1978~1983年）：重点在农村的改革初期——弱化阶段相对应。

2. 第二波期（1983~1995年）：城乡消费比上升，城乡消费差距强化

1983年以后城乡消费差距持续扩大，1995年达到3.55∶1的高水平。这一时期的城乡收入比也持续扩大到1994年2.86∶1的高水平，城乡收入差距扩大态势明显。城乡消费差距在这一阶段的波动与我国城乡收入差距演变的第二波期（1983~1994年）：城市改革和再分配政策——强化阶段相对应。

3. 第三波期（1995~1997年）：城乡消费比下降，城乡消费差距弱化

1995年以后城乡消费比明显下降，1996年下降为3.25∶1，1997年继续下降为3.19∶1，是自1993年以来的最低水平。而1997年我国城乡收入比降至2.47∶1，也是自1992年以来的历史最低水平。城乡消费差距在这一阶段的波动与我国城乡收入差距演变的第三波期（1994~1997年）：重农政策起步实施——弱化阶段相对应。

4. 第四波期（1997~2000年）：城乡消费比上升，城乡消费差距持续强化

1997年以后城乡消费比明显上升，1998年上升为3.32∶1，1999年上升为3.54∶1，2000年上升为3.65∶1，达到自1978年以来的历史最高水平。城乡消

费差距在这一阶段的波动与我国城乡收入差距演变的第四波期（1997～2003年）：城市偏向的积极财政政策——持续强化阶段相对应。

5. 第五波期（2000～2009年）：城乡消费比波动中下降，城乡消费差距波动中弱化

在这一时期内，城乡消费差距除在2005年、2007年出现小幅上升外，基本保持了弱化的大趋势，由2000年的3.65∶1下降到2009年的3.44∶1。城乡消费差距在这一阶段的波动与我国城乡收入差距演变的第五波期（2003～2009年）：政策错综复杂——短暂弱化后持续强化相对应。

6. 第六波期（2009～2021年）：城乡消费比持续下降，城乡消费差距不断弱化

2009年以后城乡消费比出现明显下降趋势，2014年的城乡消费比下降到2.91∶1，恢复到1978年的水平，2021年下降到2.04∶1。2010～2021年农村居民人均消费增长率连续12年快于城镇居民，城乡居民人均消费比连续12年下降。而这一时期，我国城乡收入差距进入下降通道，实现了连续12年下降，2021年城乡收入差距下降为2.50∶1。城乡消费差距在这一阶段的波动与我国城乡收入差距演变的第六波期（2009～2021年）：更多聚焦"三农"的惠农政策——持续弱化相对应。

（二）从城乡消费差看城乡消费水平差距

近年来，我国城乡消费相对差距呈持续弱化的趋势，但是城乡消费的绝对差距仍然持续扩大，具体的变化趋势如图1-4所示。

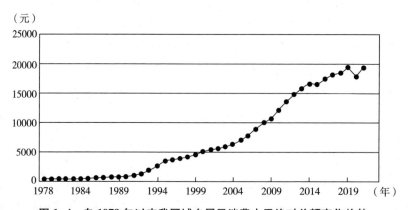

图1-4 自1978年以来我国城乡居民消费水平绝对差额变化趋势

资料来源：《中国统计年鉴2022》。

1978 年我国城镇居民人均消费为 405 元，农村居民人均消费为 138 元，城乡居民消费绝对差为 267 元。随着城乡收入差距的不断扩大，城乡居民消费绝对差也在扩大，2009 年城镇居民人均消费为 15127 元，农村居民人均消费为 4402 元，城乡居民消费绝对差为 10725 元，超过 1 万元大关。城乡消费绝对差额持续扩大的趋势一直延续到现在，2021 年城镇居民人均消费为 37994 元，农村居民人均消费为 18601 元，城乡居民消费绝对差扩大到 19393 元，可以看出农村居民与城镇居民在消费水平上的差距仍是巨大的。

（三）从城乡恩格尔系数看城乡消费水平差距

恩格尔系数（Engel's Coefficient）是指居民食品支出总额占个人消费支出总额的比重，比值越大表示消费水平越低，比值越小表示消费水平越高，随着人们生活水平的提高，恩格尔系数不断降低。而城乡收入差距直接体现出城乡居民生活水平的差距。恩格尔系数可以从结构层面反映居民的生活水平，恩格尔系数之差可以反映出城镇居民与农村居民的生活水平的差距。自 1978 年以来我国城乡居民恩格尔系数的变化情况如图 1-5 和图 1-6 所示。

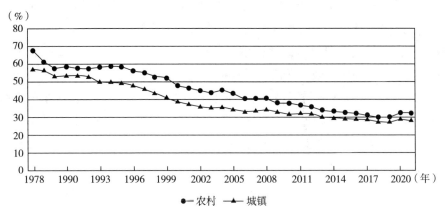

图 1-5 自 1978 年以来我国城乡居民恩格尔系数①

资料来源：1978~2021 年数据来源于《中国统计年鉴 2022》。

根据图 1-5 和图 1-6 可以看出，自 1978 年以来，我国城乡恩格尔系数不断下降且进一步趋同，根据联合国的标准，② 我国已经属于国际公认的富裕型消费

---

① 1978~1990 年间的部分数据缺失。

② 根据国际惯例，按照恩格尔系数划分富裕程度的标准如下：恩格尔系数>59%属于贫困，50%~59%属于温饱，40%~50%属于小康，30%~40%属于富裕；<30%属于最富裕。

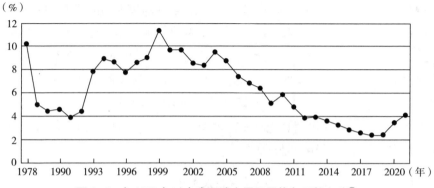

图 1-6　自 1978 年以来我国城乡居民恩格尔系数之差①

资料来源：1978~2021 年数据来源于《中国统计年鉴 2022》。

结构。近几年，农村居民生活改善的速度相对更快一些，城乡之间的消费差距在不断缩小。1978 年我国农村居民恩格尔系数为 67.7%，城镇居民恩格尔系数为 57.5%，全国居民恩格尔系数超过 60%，我国处于贫困国家行列，温饱还没有解决，城乡恩格尔系数相差 10.2 个百分点，城乡消费差距很大。2003 年，我国农村居民恩格尔系数下降到 45.6%，城镇居民恩格尔系数下降到 37.1%，全国居民恩格尔系数约为 40%，表明我国已经达到小康水平，城乡恩格尔系数相差 8.5 个百分点。2013 年我国农村居民恩格尔系数进一步下降到 37.7%，城镇居民恩格尔系数下降到 35.0%，城乡恩格尔系数相差 2.7 个百分点，城乡居民共同进入富裕阶段，② 2021 年我国农村居民恩格尔系数进一步下降到 32.7%，城镇居民恩格尔系数下降到 28.6%，但城乡恩格尔系数之差扩大到了 4.1 个百分点。需要说明的是，虽然一些统计数据表明我国农村已进入富裕社会，但这些数值均为平均数，并没有普遍的意义。

第二节　我国城乡收入差距的效应

城乡收入差距是全国居民整体收入差距的主体。李实（2012）研究得出，我

---

① 1978~1990 年间的部分数据缺失。

② 以上数据来自《中国统计年鉴 2014》。

国收入差距约50%来自城乡之间的差距，还有约50%来自城镇和农村内部的收入差距，并且城镇内部收入差距小于农村。[①] 在市场经济中，人们的收入存在差距是必然的，问题在于这种收入差距是否违反了公平正义的原则，是否影响了社会和谐和经济发展。在城乡收入差距的效应分析上，学者的观点主要分为积极效应和消极效应两种，但是消极效应占据主导地位。城乡收入差距扩大，在短期内可以促进投资，从而促进经济增长，但从长期看，城乡收入差距将限制低收入家庭增加收入的能力，不利于低收入家庭人力和物质资本的积累，不利于社会的稳定和经济的健康发展。因此，在我国社会发展和经济建设中，城乡收入差距对社会和经济的影响不容忽视。

一、过大城乡收入差距的消极效应

在城乡居民初次分配和再次分配上都还缺乏调节力度，导致城乡收入差距长期处于高水平，给社会和谐稳定与经济健康发展带来不利影响。

（一）消极的社会效应

1. 社会心态扭曲，存在强烈的不平等感

有关城乡收入差距的问卷调查的结果显示，认为我国城乡收入差距不太合理的占53.79%，认为很不合理的占14.81%。城乡收入差距过大会导致农村居民产生不满情绪，带来不良影响。马克思、恩格斯看到了分配对生产的反作用，提出当社会的分配关系不适应于占统治地位的生产关系时，可能会导致这一经济关系的毁灭。蔡昉、杨涛（2000）针对36个国家的研究得出，世界上绝大多数国家的城乡收入差距都低于1.5的水平，而中国一般都在2~3波动，甚至超过3。尽管国土、人口等具体客观条件不一样，但中国城乡收入差距过大是客观现实。[②]由收入差距带来的强烈不平衡感，对整个社会的影响是非常严重的。拉美"二战"后经历了二三十年经济的高速增长，但是由于收入调节不利成为世界上收入

---

① 李实. 我国居民收入差距的短期变动与长期趋势 [J]. 经济社会体制比较，2012（4）：186-194.

② 蔡昉，杨涛. 城乡收入差距的政治经济学 [J]. 中国社会科学，2000（4）：11-23.

差距最大的地区之一,① 政府又没有及时采取措施来缩小差距,丧失了良好的发展机会而陷入"中等收入陷阱",至今发展仍然停滞不前,经济萧条、人民贫困。

2. 导致社会的不安定,削弱社会的凝聚力

公平一直都被视为现代社会的首要价值。合理的收入分配政策和分配格局是社会和谐稳定的基础。城乡收入差距是影响社会不同阶层,尤其是农民阶层和工人阶层和谐相处的基本因素。城乡收入差距的存在是社会和政治不稳定的潜在因素,尤其是当人们对于收入不平等的认识和关注越来越多时,会影响社会的稳定与民心的安定。"不患寡而患不均,不患贫而患不安",城乡收入差距扩大会带来很多社会问题。卫兴华、张宇(2008)提出,更加注重社会公平,是马克思主义的本质要求;更加注重社会公平,是构建社会主义和谐社会不可或缺的内容;更加注重社会公平,是坚持以人为本的科学发展观的基本要求,也是实现"两个百年目标"的必然选择。城乡收入差距过大会导致社会的不安定并导致共同价值观的崩溃,削弱社会的凝聚力。② 和云(2014)提出,城乡居民收入差距持续扩大,会增加社会的违法犯罪率,必须给予高度重视。③

(二)消极的经济效应

1. 农民收入低抑制消费的有效增长,制约经济发展方式转变

根据凯恩斯的消费理论,边际消费倾向存在随着个人收入的增长而不断下降的变化规律,即边际消费倾向递减规律。根据这一理论,低收入者的边际消费倾向明显大于高收入者的边际消费倾向,农村居民的边际消费倾向和城镇居民的相比要高得多,因此农村居民增加收入时会明显地增加消费,进而会通过乘数作用促进国民收入成倍增加(倍数 N = 1/1-MPC),这无疑将有助于经济增长。反之,当农民收入较低时会减少消费,进而也会导致国民收入成倍减少,阻碍经济增长。低收入以及社会保障的不健全导致农民储蓄意愿较强而消费不足,进而导致内需增长乏力,生产供给不能有效增加,经济增长动力不足,制约了经济发展方

---

① 20世纪70年代,拉美和加勒比地区基尼系数的加权平均值约为0.552,1/5 最高收入家庭占有总收入的比重为55.3%,1/5 的最低收入家庭占有居民总收入的比重仅为3.9%,而当时世界的平均基尼系数约为0.4. 转引自陈平. 制度、政策与收入分配——拉美收入分配问题的历史演变及其对中国的启示 [J]. 拉丁美洲研究,2008(2):16.

② 卫兴华,张宇. 构建效率与公平相统一的收入分配体制研究 [J]. 现代财经,2008(4):3-7.

③ 和云. 城乡居民收入差距缩小的现实困境与制度创新思考 [J]. 区域经济学评论,2014(1):78-84.

式的转变和产业结构升级。郑万吉、叶阿忠（2015）研究发现，城乡收入差距扩大在短期内会促进经济增长，但从长远来看，其对整体或是区域经济的增长都存在阻碍作用。①

2. 城乡收入差距大会扰乱资源配置，加剧结构失衡

蔡昉、杨涛（2000）提出，城乡差距的存在，不仅影响社会和政治稳定，更重要的是会影响经济效率。如偏向城市的政策造成劳动力等生产要素在部门间配置的无效率，成为经济可持续增长的制约。② 一直以来，与农村相比，城镇较高的收入促使农村剩余劳动力向城镇转移，这是城镇化的必然趋势，但是过度的、盲目的转移只会使城镇化问题越积越严重。而农村青壮年劳动力的大部分转移使农村发展受到严重影响，目前我国的"空心村"、留守老人、留守妇女、留守儿童问题以及土地抛荒和农业产业化升级困难等问题都亟待解决。农村发展受阻直接影响到我国经济的发展，进而使城乡收入差距问题变得更加棘手和难以解决，导致我国城乡统筹发展战略的实施受到严重阻碍。

3. 城乡分配不公致使人们误解改革开放，影响生产积极性

收入分配不公造成人们的心理承受力下降，认为改革造成了收入差距的扩大，降低了人们对改革开放的期望。一个地区的低收入家庭的生活能否得到保障，农村的公共卫生服务需求能否得到满足，城乡居民医疗和养老等社会保障能否全覆盖，财政用于改善民生的支出能否达到较大份额等，这些都反映了居民生活的改善程度，是社会和谐与否的标志，更是人们对于改革开放成就认可程度的客观标准。城乡之间巨大的收入差距以及由此带来的城乡消费差距、福利差距会使人们心理产生不平衡感，影响生产效率。

（三）城乡收入差距是构成我国居民总体收入差距的主体

在我国的居民总体收入差距中，城乡收入差距是最重要的差距之一，城乡收入差距对整体收入差距的贡献最大（林毅夫等，1998；赵人伟、李实，1997；李实、岳希明，2004；王少国等，2009）。国家发展和改革委员会宏观经济研究院（2009）分析得出，2007年我国居民总体收入差距中64.45%是由城乡居民收入差距造成的。李琼（2015）研究提出，我国城乡不平等对总收入差距的贡献率在

---

① 郑万吉，叶阿忠. 城乡收入差距、产业结构升级与经济增长——基于半参数空间面板 VAR 模型的研究 [J]. 经济学家，2015（10）：61-67.

② 蔡昉，杨涛. 城乡收入差距的政治经济学 [J]. 中国社会科学，2000（4）：11-23.

63.66%～65.24%，远远超过区域不平等22.15%～23.73%的贡献率。居民收入差距是社会是否和谐的"晴雨表"，调整分配制度，缩小居民收入差距在现代社会中显得尤为重要，而缩小城乡收入差距是首要任务。

二、适当城乡收入差距的积极效应

（一）适当的城乡收入差距在短期内有利于经济增长

城乡收入差距是世界各国所存在的普遍现象，人们可以接纳的适当的城乡收入差距对生产效率也有一定促进作用，因而会带动经济增长。陆铭、陈钊（2005）研究发现，如果城乡收入差距增加0.1，将会促使当期经济增长下降1.074%，但是经过一年以后，这种影响逐渐变成正的0.667%，这意味着城乡收入差距对经济增长产生了促进作用。但这是一个动态的变动，这种影响在4年以后再次转为负值，然后逐渐趋于零。①

（二）合理的城乡收入差距对农业现代化和城镇化有正面效应

城乡收入差距扩大是经济发展中出现的一种必然现象。存在适度的城乡居民收入差距，城市非农产业会产生较大的吸引力，农村劳动力等资源会流向城市，进而推进工业化和城市化，推动城乡不断走向融合。同时，进城农民也会增加人力资本投资，通过教育、培训等途径提升自身的素质，而留在农村继续从事农业经营的农民可以享受更多的农业资源，有利于实行农业的规模化生产和推进农业现代化进程。

总之，城乡收入差距是对国民财富在城镇居民和农村居民之间的配置差异性状态的一个客观评价，这个差异可能大，也可能小，城乡完全没有差距的收入均等也是不现实的。社会主义初级阶段城乡居民收入存在适度差距既符合我国国情，又符合社会经济发展规律，若该差距有利于市场经济的发展，有利于综合国力的提高，这就是一个人们可以接纳的、合理的城乡收入差距。

---

① 陆铭、陈钊. 因患寡，而患不均——中国的收入差距、投资、教育和增长的相互影响［J］. 经济研究，2005（12）：4-14.

第三节 我国城乡收入差距的成因

冰冻三尺非一日之寒。我国城乡收入差距过大是怎么产生的呢？城乡收入差距总体上看是历史文化因素、二元经济体制、城镇化滞后以及人力资本差异等多方面因素共同作用的结果。分析导致我国城乡收入差距过大的影响因素和作用机制对深入研究我国城乡收入差距的现实状况具有重要作用。

一、历史文化因素

农村自然条件落后，自然资源相对不足。城乡经济发展水平的差异导致发展机会不平等。农业天生薄弱，竞争力弱使农民在收入增长上困难重重，必然产生城乡收入差距。受传统历史文化影响，小农意识较深，市场观念淡薄。在生产什么、生产多少、怎么生产、为谁生产上的选择还主要依赖经验的积累，市场观念比较淡薄，如在种植业经营中一般只坚持种植自己擅长经营的，而不太考虑市场需求等因素，这就容易导致产品不适应市场需求而卖不出去或者价格下降。如在我国玉米"保护价"政策实施期间，我国玉米种植面积迅速扩大，玉米的储存量、产量和进口量过大，造成国内玉米大量过剩积压，这种现象就是没有注重把握市场因素造成的结果。在调研中也证实了这一现象，如内蒙古扎赉特旗地区约70%的耕地用于种植玉米，因为玉米种植和管理比较容易且有国家较高的收购保护价。目前，这一地区也在国家划定的减少玉米种植的"镰刀弯"①范围内，到2021年，本地区玉米种植只保留了420.5万公顷，占总耕地面积的比重不到一半。当玉米大量过剩时，国家不得不通过降低价格和减少玉米种植面积进行调控，农民则突然感觉到无所适从。2016年国家在扎赉特旗地区提倡改玉米种植为水稻种植，并给予每亩（1亩≈666.67平方米）300元的旱田改稻田补贴，但

---

① "镰刀弯"地区包括东北冷凉区、北方农牧交错区、西北风沙干旱区、太行山沿线区以及西南石漠化区，在地形版图中呈现由东北向华北—西南—西北镰刀弯状分布，是玉米结构调整的重点地区。参见农业部种植业管理司.农业部关于"镰刀弯"地区玉米结构调整的指导意见［EB/OL］.（2015-11-02）［2022-12-25］.http：//www.moa.gov.cn/govpublic/ZZYGLS/201511/t20151102_4885037.htm.

当地农民并不愿意改种水稻，原因是他们不愿意放弃多年积累的玉米种植经验，也不愿意去学习水稻种植经验，而选择继续种植价格已经下降的玉米来维持现状。在安徽省宿州市的调研中我们发现，当地大棚蔬菜种植也有过剩现象。当种植大棚蔬菜收益较好时，吸引了较多的人来种植大棚蔬菜，结果造成蔬菜过剩，价格下降，农民收入受到损害。农民凭借经验经营具有盲目性，需要政府进行有效的引导。

二、二元经济体制

一般来说，发展中国家在其工业化过程中，大多以农业为积累的源泉，但积累转化主要是通过市场机制这个渠道来完成的，而我国则是在高度集中的体制下，通过工农业产品价格"剪刀差"的形式[1]和征收农业税，把农业的积累输送到城市，从而为重工业优先发展提供积累。有研究表明，在改革开放前的20多年里，通过工业产品和农业产品价格"剪刀差"的形式，农业向工业提供的经济剩余就已经达到6000亿~8000亿元。[2]

很多学者研究了二元经济体制对我国城乡收入差距的影响。林毅夫（1999）提出，城乡收入差距是由我国重视工业的同时却轻视农业，重视城市的同时却轻视农村的政策导致的，尤其是城乡分割的户籍制度。陈宗胜（2000）提出，新中国成立以后，出于国家经济和政治独立自主、富民强国的美好愿望，再加上当时经济发达的标志就是重工业在经济中占据主体地位，政府采取了重工业优先的赶超式发展战略，并为此建立了一系列的城市倾向的二元经济制度来保障这一战略的实施。这些制度包括城乡分治的户籍制度、城乡有别的财税与社保制度以及工农业产品价格"剪刀差"制度等。二元的产业制度、价格制度、分配制度、就业制度、教育制度、社保制度等导致城乡收入差距进一步加剧。由此可以得出，城乡二元经济体制的长期存在是我国城乡收入存在差距的最大原因。

（一）二元的户籍制度

我国第一个户籍管理法规——《中华人民共和国户口登记条例》，于1958年

---

① 工农业产品价格"剪刀差"是指城市的工业产品以较高的价格卖给农村，而农产品则以较低的价格卖给城市。

② 韩俊. 由城乡分割走向城乡协调 [J]. 江苏农村经济，2014（11）：16-19.

1月9日正式颁布，政府开始实施城市居民和农村居民分管的户籍制度，没有城市户籍的居民不能享受城市在生活、教育、就业、福利等方面的制度。有学者通过理论和实证分析来研究户籍制度对我国城乡收入差距的影响。蔡继明（1998）以广义价值为基础的研究指出，城乡户籍制度是可以解释城乡收入差距中的24.8%，其他75.2%则由城乡间的比较生产力的差别决定。李实（2008）认为，中国城乡收入差距主要是由限制劳动力流动的政策造成的，其中主要的政策手段是户籍制度。蔡昉、杨涛（2000）认为，1978年以前重工业优先发展战略和城市偏向政策在社会中稳定存在；改革开放以后，我国城乡收入差距仍然在波动中扩大。在我国户籍制度的形成过程中、一系列的法律和规范性文件将全体居民划分为农村居民和城市居民两个群体，并直接赋予他们不同的权利，原有户籍制度中"同地不同权""同劳不同酬"等待遇差别及福利差异问题突出。目前户籍制度改革从更注重城市自身落户政策放开，向统筹城乡关系、建立城乡一体化户籍制度转变。2019年出台的《中共中央国务院关于建立健全城乡融合发展体制机制和政策体系的指导意见》提出，要加快实现城镇基本公共服务常住人口全覆盖，维护进城落户农民在农村的权益，支持引导其依法自愿有偿转让这些权益。户籍制度是城乡发展一体化中需要克服的最重要制度障碍。

（二）二元的产业制度

新中国成立初期，重工轻农的政策使农业发展停留在一个低水平的阶段，必然导致农业劳动生产率落后，农民收入较低，二元经济结构不断强化。另外，城乡二元产业政策体现在国家对于乡镇企业和城市工业的产业政策的差别对待上，虽然乡镇企业具有投资少、吸纳就业多的优点，但是由于政策上的二元，导致乡镇企业在1990年以后大量倒闭。过多地关注城市产业发展而忽略农村产业的培育，使我国城乡差距越来越大。产业对应于就业，对应于收入，产业政策的二元差别促使城乡收入差距形成并不断扩大。

（三）二元的价格制度

工农业产品的价格"剪刀差"是最大的价格二元制度。下面用一些学者的最新研究结论来说明二元价格制度对城乡居民收入差距的影响。和云（2014）研究表明，农民长期用低附加值的农产品去和城市高附加值的工业品交换，其结果必然是农民的收入增加额低于城市居民的收入增加额，扩大了城乡收入差距。[①]
胡学勤、沽泊（2016）认为，土地价格"剪刀差"侵害了农民利益。自 1979 年
以来全国通过土地价格"剪刀差"从农民手里获取的利益超过了 4 万亿元。这种
土地价格"剪刀差"使一些失地农民既丧失了拥有土地所带来的物质保障和心
理保障，又不能享受和城镇居民同等的社会保障，成为被边缘化的群体。[②] 刘乐
山、胡灵莹（2014）测算得出，1950~1978 年，我国政府通过工业产品和农业产
品价格"剪刀差"大约从农民那里获取了 5100 亿元，加上农民上交的农业税
978 亿元，再减去财政对农业的支出 1577 亿元，政府实际从农业中获取剩余
4500 多亿元。这对农民收入的影响不言而喻，直接形成了城乡收入差距。[③]

（四）二元的分配制度

董全瑞（2008）提出，我国城乡收入差距悬殊的原因在于我们并没有遵循马
克思的劳动工资理论，而是通过城乡劳动市场的制度性分割和外资外贸政策来降
低劳动者合理的工资、生活条件和最基本的社会保障。[④] 城乡工资差异过大是城
乡收入差距过大的直接原因，是城乡发展一体化水平不高的表现。当今社会也存
在城乡分配上的制度差别，城镇居民享有的工资待遇整体上要比农民工尤其是农
民高出很多。在金融、计算机、房地产等高收入行业，这种城乡分配上的差异
更大。

（五）二元的就业制度

杨晓军（2012）的研究表明，1985~2009 年我国农民工劳动生产率对总劳动
生产率增长的平均贡献率为 17.60%，对总产出增长的平均贡献率为 16.58%。[⑤]
农民工阶层为整个国家的经济建设和发展做出了巨大的贡献，而在就业方面却与
城镇居民享受的环境和待遇有较大差别。胡学勤、沽泊（2016）认为，农民工在

① 和云. 城乡居民收入差距缩小的现实困境与制度创新思考 [J]. 区域经济学评论，2014（1）：
78-84.

② 胡学勤，沽泊. 由经济增长型改革向国民福利提升型改革转变研究 [J]. 经济体制改革，2016
（1）：33-38.

③ 刘乐山，胡灵莹. 建国以来城乡居民收入差距演变及调节的基本经验 [J]. 湖南商学院学报，
2014（2）：11-15.

④ 董全瑞. 收入分配差距因素论 [M]. 北京：中国社会科学出版社，2008：111.

⑤ 杨晓军. 农民工对经济增长贡献与成果分享 [J]. 中国人口科学，2012（6）：66-75.

劳动报酬上长期处于低水平，劳动力权益得不到保障，付出心理成本较多，融入城市较难。农民工为中国经济增长做出了巨大贡献，不同的就业制度导致农村居民失去了获得好工作和收入的机会。国家过去为了优先发展城市，首先保证城镇居民的就业问题，实行城市优先的就业政策。同时，农村居民却因户籍制度的限制，获得收益较少。①

（六）二元的教育制度

Knight（1993）发现，区域差距以及城乡差异的空间因素是决定中国居民教育水平的重要因素。除了年龄，决定个体教育年限的最重要因素是居住在城市还是农村。② 城乡居民在教育方面的资源禀赋差异，使农村居民在发展起点上远远落后于城市居民，在后面的个人发展过程中城镇居民也享有更多的深造和培训等提升个人能力的教育机会。

城乡学校在义务教育上存在很大的差距，如在经费投入、师资力量、硬件设施等方面都存在差距。还有一些不合理的制度又造成了农村优秀教师资源的流失，如在内蒙古扎赉特旗的调研中我们发现，当地实行教师进城考试制度，乡村优秀的教师通过考试不断地被县里或者市里学校选拔录用，优秀教师的流失又造成生源的萎缩，农村的义务教育因此陷入恶性循环。农村学校和城镇学校在经费方面表现出很大差异。1998 年，全国小学生人均预算城镇为 520 元，农村为 311 元；全国初中生人均预算城镇为 813 元，农村仅为 486 元，③ 农村小学生人均预算大概是城镇的一半，教育投入的城乡差距较大。义务教育经费投入地区差距也十分明显，2000 年生均义务教育经费最高的上海（3715.22 元）是最低的贵州（418.23 元）的 8.88 倍。④ 比尔·盖茨（1998）指出，十年后，衡量贫富差距的尺度将是教育。教育上的不平等必然带来城乡居民在收入上的差距，教育上的不平等也使城乡收入差距在代际间传递，难以彻底解决。自党的十六大以来，这种情况得到了改善，从"人民教育人民办"到"义务教育政府办"，使我国教育事业，尤其是农村教育状况得到了改善。

---

① 胡学勤，沽泊. 由经济增长型改革向国民福利提升型改革转变研究［J］. 经济体制改革，2016（1）：33-38.

② 李实. 中国收入分配研究报告［M］. 北京：社会科学文献出版社，2013：86.

③ 崔民初. 我国现阶段教育供求矛盾产生的原因及对策研究［D］. 武汉：华中师范大学，2003：14。

④ 崔民初. 我国现阶段教育供求矛盾产生的原因及对策研究［D］. 武汉：华中师范大学，2003：13.

自党的十八大以来，党中央始终把教育放在优先发展的战略位置，国家财政性教育经费占国内生产总值比例连续保持在4%以上，优先向农村地区、边疆民族地区、革命老区、边远贫困地区教育发展倾斜，城乡义务教育一体化稳步推进，区域、城乡、校际差距逐步缩小，高校招生持续向中西部和农村地区倾斜，学生资助制度不断健全。

（七）二元的社保制度

农村居民的社会保障在各个方面都明显落后于城市的社会保障水平。农村社会保障的特点是保障水平低和覆盖面窄。郭经延、邓伟根（2016）研究发现，2015年泰州城镇职工每月的养老保险金为1701元，而农村居民人均只有160元，城市是农村的10.6倍，差距较大。[①]。2003年，城镇的社会保障覆盖率已经达到90%以上，而农村覆盖率不足2.4%。虽然现在国家加强了对农村居民社会保障体系的建设和完善，但无论是从保障方式、保障水平上还是从保障覆盖率上，城乡差别仍然显而易见。郑功成（2013）认为，我国现行的社会福利的格局仍然处于制度残缺、投入不足、体制不顺、机制陈旧和秩序混乱的状态。[②] 在推行农村合作医疗和养老保险中也存在很多问题，如在调研中发现，村级的卫生服务、医疗报销不到位，存在报销比例低，"新农合"指定的合作医疗点的药品比一般药房价格高的现象。自党的十八大以来，我国城乡养老保险的差距仍较大。我国大概有10亿人已经被社会养老保险覆盖，大约有2.9亿人实际领取社会养老保险。但在这些人中，有56.6%，也就是说1.61亿人领取的是城乡居民养老保险，领取养老金数额仅占全部发放金额的5.9%。

（八）二元的公共产品供给制度

我国实行"城乡分治"的二元经济管理体制，在公共产品供给上则实行"一品两制"的城乡分离体制。财政上的城市偏向体制造成我国城乡公共产品供给水平存在巨大的差异。目前，很多农村居民公交出行仍然不便，虽然很多乡村基本实现了户户通水泥路，但是公交配备还不健全，很多乡村仍没有通公交车。在农村，农业科技推广、农村医疗保障、农村文化教育等"软件"，以及防洪防

---

① 郭经延，邓伟根. 城乡基本公共服务均等化制度变迁路径及特征考察［J］. 现代经济探索，2016（1）：22-25.

② 郑功成. 中国社会福利的现状与发展取向［J］. 中国人民大学学报，2013（2）：3-7.

涝设施、路灯、广场、公园等"硬件"都存在明显的不足。此外，由于东部、中部和西部三个地区的经济发展水平差距大，因此在农村公共产品供给上也存在明显的区域差距，东部优于中部，中部优于西部。

（九）二元的财政制度

过去的二元税费政策明显地将城镇居民和农村居民划分为两个不同的世界。坚持"城市公益事业国家办、农村公益事业农民办"的税费原则，使农民人均负担的税费相当于城市居民的 30 倍。为什么城市偏向的政策得以延续到改革开放初期呢？蔡昉（2000）指出，新中国成立之初，中国发展战略及城市倾向政策的形成源于政府赶超工业化国家的渴望，以及领导人坚信工业化是实现其目标的最佳方式。所以，中国实行了一系列其他发展中国家所采取的政策手段，转移农业资源，支持城市重工业的发展。而既得利益集团——城市居民对政府形成了一种压力，以便保护其相对福利。[1] 与农民相比，城市居民是传统体制的受益者。2000 年我国开始实行农村税费改革，2006 年全面取消农业税，坚持"多予、少取、放活"的方针，建立以工促农、以城带乡的长效机制，我国农村的税费改革渐渐走向完善。

城乡居民在享受国家金融支持和贷款便捷的程度上也存在差异。在调研中发现，农民想贷款是非常困难的，需要附加一定条件，如有的地方必须有国家公务人员担保才能申请贷款。而在城镇，居民申请住房贷款、汽车贷款等消费贷款都相对比较容易。农村发展缺少必要的金融政策必定限制其发展的规模和水平。

三、其他影响因素

（一）城镇化水平滞后

我国城镇化水平以城市人口占总人口的比例计算，而城市人口定义为"城镇户籍+暂住人口"，暂住人口又是以在城镇有固定工作，居住半年以上为标准的，而我国的实际城镇化水平（户籍城镇化水平）则低得多。城镇化发展滞后，则无法通过中心城市和大工业的优先增长带动农村经济发展，不利于国民经济增

---

① 蔡昉. 城乡收入差距的政治经济学 [J]. 中国社会科学, 2000（4）: 11-23.

长，不利于农村和农业的发展，不利于农业剩余人口向第二、第三产业转移，不利于农民非农收入的增长，不利于农民素质和增收能力的提高，制约着城乡居民之间经济差距的缩小，对我国城乡二元结构向一元结构转化是一种严重阻碍，甚至还起到强化作用，影响我国经济健康稳定的增长和工业化、现代化的推进。根据世界各国的经验，在城市化进程中，出现城乡失衡和城乡协调都是必然的过程，城镇化发展水平决定了城乡关系的发展阶段。推进我国城镇化进程，促进城乡发展一体化是我国缩小城乡收入差距的必由之路。

（二）人才资源流失

由于从事农业生产的收入明显低于城镇就业收入，城镇整体的生活环境优于农村，因此大部分人都有通过读书或其他途径走出农村，走进城市的愿望，这必然导致农村人才资源的流失，影响农业生产的效率和农业经营收入的增长。同时，农村剩余劳动力通过转移到城镇就业获得高于从事农业生产所得的收入，他们把收入带回或寄回农村，增加了收入，缩小了城乡收入差距。但是如果城乡差距过大，城镇的工作收入对于农村剩余劳动力的吸引足够大，在转移的过程中具有一定能力的人会最先走出农村在城镇安家落户，产生农村"强者出走、弱者沉淀"的现象。农村剩余的从事农业生产的劳动力在各种能力上相对较弱，增收能力较差，这样就会继续拉大城乡收入差距。加上受教育年限的差别，城乡在人力资本上存在的差距会带来能力和贫困的代际传递，不断拉大城乡收入差距，出现"富者越富、贫者越贫"的局面。

（三）城乡家庭结构存在差异

城乡间的家庭人口出生率存在差异，一般农村家庭人口数量大于城市家庭人口数量，进而导致城乡居民平均收入之间存在差距。不过，我国全面放开二孩政策的实施，增加城镇家庭人口数量的效果要明显大于农村家庭，进而降低了城镇家庭居民人均可支配收入，对城乡收入差距的缩小产生一定的作用，但这不是理想的途径，我们希望的是通过增加农民收入，而不是减少城镇居民收入来缩小城乡收入差距。

除以上因素外，收入结构、金融发展、区域发展、房地产、对外开放、外商投资、产业结构变动等都是使城乡收入差距产生并扩大的原因，各种因素相互作用共同产生影响。

第二章

我国城乡收入差距的现状分析

我国城乡收入比自 2009 年以来出现了连续 12 年下降的良好趋势，由 2009 年的 3.33：1 下降到 2021 年的 2.50：1。这种连续下降的趋势只有在改革开放初期才有过，即由 1978 年的 2.57：1 连续下降到 1983 年的 1.82：1。① 是什么原因带来了自 2009 年以来连续 12 年下降的这一良好趋势？在新时期继续缩小我国城乡收入差距面临着哪些困境？又存在哪些机遇？今后又该采取怎样的措施进一步缩小城乡收入差距？这些问题都值得深入思考和探讨。

第一节　我国城乡收入差距的现状解读

深刻剖析我国城乡收入差距的现状及其近年来持续下降的原因是未来制度设计的重要基础。本节从城乡收入相对差距、城乡收入绝对差距、城乡消费差距和城乡福利差距等多个角度对我国城乡收入差距的现状进行了全面解读，同时也对城乡收入差距实现连续 12 年下降的原因进行深入剖析，并结合现实对未来城乡收入差距的变化趋势进行判断和预测。

---

① 中华人民国家统计局. 中国统计年鉴 ［M］. 北京：中国统计出版社，2022：6.

一、我国城乡收入差距的现状

（一）2009~2021 年我国城乡收入比呈现连续 12 年下降的良好趋势

自改革开放以来，我国城乡居民收入差距由 1983 年的历史最低点 1.82∶1 持续扩大到 2007 年的历史最高水平 3.33∶1，但是 2009 年以后城乡居民收入比呈现出连续 12 年的下降趋势，由 2009 年的 3.33∶1 下降到 2021 年的 2.50∶1。这是非常好的变化趋势，符合我国城乡融合的目标且具有重要意义。

2007~2021 年我国城乡收入与收入差距变化见表 2-1，2013~2021 年我国城乡居民收入情况对比见图 2-1。

表 2-1 2007~2021 年我国城乡收入与收入差距变化

年份	城镇居民人均可支配收入/元	农村居民人均纯收入/元	城镇居民人均可支配收入增长率/%	农村居民人均纯收入增长率/%	收入差/元	收入比
2007	13785.80	4140.40	17.23	15.43	9645.40	3.33
2008	15780.80	4760.60	14.47	14.98	11020.20	3.31
2009	17174.70	5153.20	8.83	8.25	12021.50	3.33
2010	19109.40	5919.00	11.27	14.86	13190.40	3.23
2011	21810.00	6977.00	12.40	17.90	14833.00	3.13
2012	24565.00	7917.00	12.60	13.50	16648.00	3.10
2013	26955.00	8896.00	12.40	9.70	18059.00	3.03
2014	28844.00	9892.00	11.20	9.00	18952.00	2.92
2015	31195.00	10772.00	8.20	8.90	20423.00	2.90
2016	33616.20	12363.40	7.76	14.77	21252.80	2.72
2017	36396.20	13432.40	8.27	8.65	22963.80	2.71
2018	39250.80	14617.00	7.84	8.82	24633.80	2.69
2019	42358.80	16020.70	7.92	9.60	26338.10	2.64
2020	43833.80	17131.50	3.48	6.93	26702.30	2.56
2021	47411.90	18930.90	8.16	10.50	28481.00	2.50

注：城镇居民人均可支配收入增长率和农村居民人均纯收入增长率均为环比增长率。

资料来源：2007~2021 年农村居民人均纯收入（2014 年起使用农村居民人均可支配收入）、城镇居民人均可支配收入来自《中国统计年鉴 2022》；城乡居民收入增长率、收入差、收入比是根据统计数据计算所得。

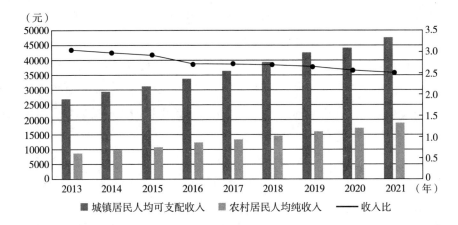

图 2-1　2013~2021 年我国城乡居民收入情况对比

资料来源：表 2-1 中的数据。

（二）城乡收入绝对差额较大

虽然城乡收入比在近 12 年出现持续下降的良好趋势，但是城乡居民收入的绝对差额仍很大且还在继续扩大（图 2-2）。

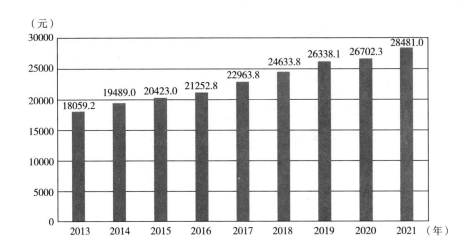

图 2-2　2013~2021 年我国城乡居民收入绝对差额变化趋势

资料来源：《中国统计年鉴 2022》。

根据图 2-2 可以看出，在城乡收入比实现逐年连续下降的良好趋势背后，城乡收入差距却仍在扩大。2013 年城乡收入差额为 18059.20 元；2014 年城乡收入差额为 19489.0 元，略低于 2 万；2015 年城乡收入差额继续扩大为 20423.0 元。2009 年以后，在城乡收入比持续下降的 12 年里，城乡收入差额却持续扩大到 2021 年的 28481.0 元，已经逼近 3 万元大关。由此可以看出，统筹城乡发展和真正缩小城乡收入差距还有很长的路要走。

（三）消费差距呈现出良好趋势

1. 消费结构进一步优化

在我国城乡居民消费水平不断提高的同时，居民消费结构也在不断优化。2019 年，城镇居民恩格尔系数为 27.6%，比 2015 年降低了 2.1 个百分点；2019 年，农村居民恩格尔系数为 30.0%，比 2015 年降低了 3 个百分点，农村居民恩格尔系数下降速度较快（图 2-3）。2019 年以后，由于宏观经济遭受需求收缩、供给冲击、预期转弱三重压力，城镇居民和农村居民的恩格尔系数相比于 2019 年都略有上升。

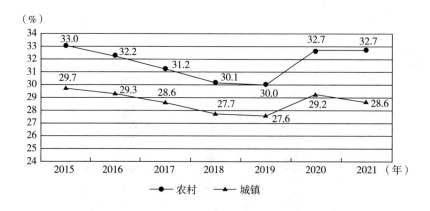

图 2-3 2015 年~2021 年我国城乡居民恩格尔系数

资料来源：2015~2021 年《中国统计公报》。

2. 城乡耐用消费品拥有量快速增加

从每百户家庭耐用品拥有量看，近些年，我国居民家庭拥有家用汽车、洗衣机、彩色电视机、移动电话和计算机等的数量显著增加。2021 年我国城镇居民每百户家用汽车拥有量为 50.1 辆，洗衣机为 100.5 台、电冰箱为 104.2 台、彩色电视机为 120.3 台、空调为 161.7 台、移动电话为 253.6 部、计算机为 63.2 台，分别是 2000 年的 100.2 倍、1.11 倍、1.3 倍、1.03 倍、5.25 倍、13.01 倍、6.52 倍（表 2-2）。

表 2-2　我国城镇居民年末主要耐用消费品拥有量

年份	家用汽车/辆	洗衣机/台	电冰箱/台	彩色电视机/台	空调/台	移动电话/部	计算机/台
2000	0.5	90.5	80.1	116.2	30.8	19.5	9.7
2009	10.2	96.0	95.4	135.7	41.7	181.0	65.7
2010	13.1	96.9	96.6	137.4	112.1	188.9	71.2
2011	18.6	97.1	97.2	135.2	122.0	205.3	81.9
2012	21.5	98.0	98.5	136.1	126.9	212.7	87.0
2013	22.3	88.4	89.2	118.6	102.2	206.1	71.5
2014	25.7	90.7	91.7	122.0	107.4	216.6	76.2
2015	30.0	94.2	94.0	122.3	114.6	223.8	78.5
2016	35.5	94.2	96.4	122.3	123.7	231.4	80.0
2017	37.5	95.7	98.0	123.8	128.6	235.4	80.8
2018	41.0	97.7	100.9	121.3	142.2	243.1	73.1
2019	43.2	99.2	102.5	122.8	148.3	247.4	72.2
2020	44.9	99.7	103.1	123.0	149.6	248.7	72.9
2021	50.1	100.5	104.2	120.3	161.7	253.6	63.2

注：表中数据代表的是每百户家庭的拥有量。

资料来源：《中国统计年鉴 2022》。

2021 年我国农村居民每百户家用汽车拥有量为 30.2 辆、洗衣机为 96.1 台、电冰箱为 103.5 台、彩色电视机为 116.3 台、空调为 89.0 台、移动电话为 266.6 部、计算机为 24.6 台，分别是 2000 年的 3.36 倍、8.41 倍、2.39 倍、67.42 倍、62 倍、49.2 倍（表 2-3）。

表2-3　我国农村居民年末主要耐用消费品拥有量

年份	家用汽车/辆	洗衣机/台	电冰箱/台	彩色电视机/台	空调/台	移动电话/部	计算机/台
2000	—	28.6	12.3	48.7	1.32	4.3	0.5
2009	—	53.1	37.1	108.9	12.2	115.2	7.5
2010	—	57.3	45.2	111.8	16.0	136.5	10.4
2011	—	62.6	61.5	115.5	22.6	179.8	18.0
2012	—	67.2	67.3	116.9	25.4	197.8	21.4
2013	9.9	71.2	72.9	112.9	29.8	199.5	20.0
2014	11.0	74.8	77.6	115.6	34.2	215.0	23.5
2015	13.3	78.8	82.6	116.9	38.8	226.1	25.7
2016	17.4	84.0	89.5	118.8	47.6	240.7	27.9
2017	19.3	86.3	91.7	120.0	52.6	246.1	29.2
2018	22.3	88.5	95.9	116.6	65.2	257.0	26.9
2019	24.7	91.6	98.6	117.6	71.3	261.2	27.5
2020	26.4	92.6	100.1	117.8	73.8	260.9	28.3
2021	30.2	96.1	103.5	116.3	89.0	266.6	24.6

注：表中数据代表的是每百户家庭的拥有量。

资料来源：《中国统计年鉴2022》。

　　综上可以看出，除在彩色电视机的拥有量上有所下降外，整体上农村居民在耐用品拥有量上增加速度快于城镇居民，尤其是在电冰箱、空调的拥有量上农村居民取得了快速的提高，在移动电话和计算机拥有量上取得了飞速的进步，2000~2021年的21年间增长了近50倍。移动电话由原来的每百户拥有4.3部，增加到2021年的266.6部；计算机由原来的每百户拥有0.5台，增加到2021年的24.6台；汽车从以前没有统计数据，增加到2021年的每百户拥有30.2辆。这些都充分体现了农村居民在耐用品消费上的提升，生活质量得到大幅度提高。

　　需要指出的是，农村居民相对于城镇居民在耐用品绝对量上还有差距，尤其是在空调和计算机的拥有量上相差很大。2021年，相对于城镇居民每百户拥有63.2台计算机来看，农村居民仅拥有24.6台，差距较大。出现该状况的原因大致有两个方面：一方面是由于农村居民消费观念落后以及农村基础设施条件不完善；另一方面是因为农村居民收入水平低，消费不足，这也是更主要的原因。

二、纳入城乡福利因素后城乡收入差距再认识

考察城乡居民收入的差异性，不能仅局限于货币收入，还应考察纳入福利因素的城乡收入差距，即我国城乡收入差距还表现为城乡不同户籍人口享受的社会福利的差异。城市户籍居民和农村户籍居民的福利待遇不同，逐渐形成城市居民和农村居民之间的收入差距（蔡昉，2000）。以每千人口医疗卫生机构床位数为例，2021年城市为7.47床，农村为6.01床，相差不大。2014年每千农业人口乡镇卫生院床位数为1.34床，① 数量较少。在社会保障总支出上，1990年全国社会保障支出1103亿元，其中城市社会保障支出977亿元，占总支出的88.6%，农村仅支出126亿元，占总支出的11.4%；城市人均413元，农村人均14元，相差近30倍。②

近年来，各级政府不断增加对农村的投入，加大普惠型城乡统筹的社会保障体系建设的力度，如城乡居民养老保险体系的推进，农村义务教育经费的减免等，这些政策使覆盖农村居民的社会福利保障体系不断完善，为农村弱势群体提供了充分的生计保障，但农村基本公共服务短板仍较为突出，距离实现城乡基本公共服务均等化仍有一定差距。因此，许多学者表示，如果考虑到城乡居民所享受的实际福利差异，城乡差距会更高。

三、2009年以来我国城乡收入差距持续缩小的主要原因

近年来我国政府十分重视"三农"问题，把"三农"问题放在工作的首位，以减负和补贴为重点的改革取向也非常明确，先后出台了一系列支农惠农政策，城乡收入差距拉大的趋势得到了一定的遏制，截至2021年底，实现持续缩小的趋势。以下为政府实施的缩小城乡收入差距的主要措施。

（一）"减税增补"的思路使农民的收入有明显提高

2006年农业税的取消得到全社会的肯定，在我国历史上实行了2600年的

---

① 资料来源：《中国统计年鉴2015》。

② 刘翠霄. 中国农民的社会保障问题 [J]. 法学研究，2001（6）：67-83.

"皇粮国税"从此退出历史舞台,① 减轻了农民的负担,农民种田国家还给一定的补贴。同时实行了多种其他补贴,如近年来实行的"家电下乡"② 补贴、盖新房补贴、农村合作医疗补贴、农村养老金补贴、贫困家庭最低生活保障补贴等措施使广大农民得到了真正的实惠。

(二)乡村振兴战略的实施

2018 年《乡村振兴战略规划(2018—2022)》出台,从加快农业现代化步伐、发展壮大乡村产业、建设生态宜居美丽乡村等方面,系统部署了 59 项重点任务和 82 项重大工程。乡村振兴战略要求各级政府积极推动农业全面升级、农村全面进步、农民全面发展,"三农"改革发展取得历史性跨越。围绕产业兴旺、生态宜居、乡风文明、治理有效、生活富裕的基本内涵,乡村振兴战略聚焦农业机械化、设施化、智能化,促进农村新产业和新业态发展,既减轻了劳作又拓宽了增值路径;促进农业高质高效发展,大力推进农业科技进步,促进质量兴农、绿色兴农、品牌强农;深耕乡村社会事业,因地制宜地推进多种形式的农业组织化和发展农业社会化服务,促进社会保障水平快速提升;通过制定一系列服务小农户、提高小农户、富裕小农户的措施,把小农户引入现代农业发展轨道。同时,乡村振兴战略全面推动乡村向安居乐业的美丽家园转型,促进人居环境整治、"厕所革命"扎实推进;促进乡村文化繁荣,加强农村精神文明建设,重塑农村精神之魂;坚持绿色兴农,建设美丽乡村,因地制宜地培育乡村就业条件。乡村振兴战略的具体实施进一步促进了城乡收入差距的持续缩小。

(三)加强农村基础公共设施的建设

铺设水泥路、修广场、通公交车等政策大大改善了农村的居住环境,提高了农民的生活质量。广大农民劳动热情高,幸福指数提升,大大促进了农民劳动生产率,不断增加农民收入。兴建农村水利工程为农业种植提供保障,增强农民的

---

① 2005 年 12 月 29 日,第十届全国人大常委会第 19 次会议经表决决定,《农业税条例》自 2006 年 1 月 1 日起废止。当时 9 亿中国农民因此受益。《农业税条例》是于 1958 年 6 月 3 日,第一届全国人大常委会第 96 次会议通过实施的,在我国实行了近半个世纪。

② "家电下乡"政策是 2008 年 12 月由中华人民共和国宣布的财政政策救市方案。非城镇户口居民购买彩色电视、冰箱、移动电话与洗衣机这四类产品,按产品售价的 13% 给予补贴,最高补贴上限为电视 2000 元、冰箱 2500 元、移动电话 2000 元、洗衣机 1000 元。"家电下乡"的实施时间统一为 4 年,这样可以保持政策的公平性。

抗旱抗灾能力。通过提供贴息贷款、农机具补贴、现金补贴和政策支持等措施来扶植家庭农场、农业专业合作社、农业产业联合体等新型农业经营主体，转变农业经营方式并提高了农业生产效率，新型农业经营主体带头人带动当地农民共同致富的画面不断涌现。农村基础设施的建设有助于增加农民收入和缩小城乡收入差距。

（四）提高粮食收购价格

我国有很多农民进城务工，2013 年农民工数量达到 2.69 亿[①]，到 2021 年末全国农民工总量为 2.93 亿，其中，外出农民工 1.72 亿，本地农民工 1.21 亿[②]。但是还有 5 亿多农民从事农业经营，主要收入还是来源于农业内部。自 2007 下半年至 2021 年，国际粮食市场价格在原油期货大幅上涨以及国际市场粮食供求偏紧等因素的作用下，出现了上涨趋势。以玉米为代表的主粮价格不断上升，相比于 2018 年，2019 年内蒙古、吉林的玉米价格上涨了 3.9%，2020 年上涨了 13.6%，2021 年上涨了 24.9%。同样，在这一时期内，小麦、水稻、大豆、棉花等的价格都有所上涨。粮食价格的提高带动小农户种粮综合效益提升，无疑对增加农民经营性收入和缩小城乡收入差距起到了重要作用。

（五）农民的工资性收入增加并成为收入的主要来源

对农民工的保障和户籍制度的改革，使农民的务工环境得到大大改善，工资性收入明显增加。同时，最低工资标准的上调也使农民工这一低收入群体的工资收入有所增加。2013 年农村居民人均纯收入中工资性收入占 45.25%，经营性收入占 42.64%，工资性收入首次超过经营性收入成为农民收入的最主要来源。2021 年工资性收入占比微微下降，为 42%，经营性收入占比为 35%，工资性收入和经营性收入不相上卜，共同成为农村居民的基本收入。在我国推进新型城镇化的过程中，各项针对农民工的政策会越来越完善，农民工务工待遇会越来越好，而我们对农村居民收入增加也越来越有信心。另外，在农村居民收入中转移性收入明显增加，从 2007 年的 5.37% 上升到 2009 年的 7.72%，再到 2014 年的 17.9%，再到 2021 年的 21%，提速明显；2021 年财产性收入占比较低，为 2%，

---

① 资料来源：《中国统计公报》。

② 年度农民工数量包括年内在本乡镇以外从业 6 个月及以上的外出农民工和在本乡镇内从事非农产业 6 个月及以上的本地农民工两个部分。数据来源于《2021 年国民经济和社会发展统计公报》。

如图 2-4 所示。

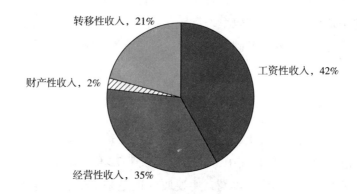

图 2-4　2021 年我国农村居民人均纯收入来源构成

资料来源:《中国统计年鉴 2022》。

城镇居民人均可支配收入中工资性收入占 60%,为主要来源;经营性收入相比于农村居民占比较少,为 11%;财产性收入占比高于农村居民,为 11%,主要包括房产租金、股票资产收入等;转移性收入占比为 18%,与农村居民相当,如图 2-5 所示。

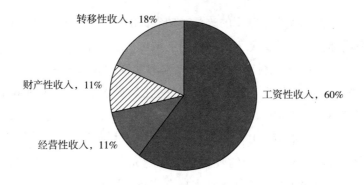

图 2-5　2014 年我国城镇居民人均可支配收入来源构成

资料来源:《中国统计年鉴 2022》。

最新统计数据显示,2021 年我国居民人均可支配收入达到 35128 元,实际增长 9.1%。按常住地划分,城镇居民人均可支配收入达到 47411.9 元,实际增长

8.1%；农村居民人均纯收入逼近 2 万元大关，为 18930 元，实际增长 10.5%；农村居民人均收入增长快于城镇居民，也快于全国居民。2021 年，在农村居民人均纯收入中，工资性收入为 7958 元，比上年增长 14.1%，对增收的贡献率为 54.7%；经营性收入为 6566.2 元，比上年增长 8.04%，对增收的贡献率为 27.2%；财产性收入为 469.4 元，比上年增长 12.1%，对增收的贡献率为 2.8%；转移性收入为 3937.2 元，增长 7.5%，对增收的贡献率为 15.3%。[①]

除以上促进农民收入增加和缩小城乡收入差距的原因外，义务教育免费，普通农民及其子女受教育程度提高也是一个重要的原因。农民通过继续教育提升职业技能有利于劳动效率的提升和收入的增加。

纵观我国城乡收入差距的演变历史，可以发现，国家对农业重视程度高、补贴力度大的年份是城乡收入差距缩小的年份，所以国家的支农惠农力度直接影响着城乡收入差距的变化趋势。今后，在推进城乡统筹发展和缩小城乡收入差距的道路上，我们清晰的思路就是不断加大支农惠农的力度，绝不能松懈和迟疑。国家富强、人民富足以及和谐社会的构建都必须先有农村和农民的富裕，除此路径别无他选。

四、我国城乡收入差距的发展趋势判断

自 2009 年以来，城乡收入差距已经进入下行通道，出现逐渐缩小的良好势头。这种趋势在 2016 年可以继续保持。2016 年是"十三五"规划的开局之年，总结经验谋划未来，至关重要。2016 年，我国城镇居民人均可支配收入达到 33616.2 元，实际增长 7.8%；农村居民人均可支配收入达到 12363.4 元，实际增长 8.2%。到 2021 年，我国城镇居民人均可支配收入达到 47411 元，实际增长 8.2%；农村居民人均可支配收入达到 18930.9 元，实际增长 10.5%。按照城乡居民人均可支配收入统一口径计算，城乡居民收入比为 2.50∶1，比 2015 年同期缩小 0.4。但是由于 2015 年以玉米为代表的主粮的临储价格下降，城乡收入差距缩小的阻力也不小。如果国家有更大的支农惠农政策力度，"十四五"期间的城乡收入比会继续降低。

在城乡收入比不断下降的同时，我国城乡收入绝对差仍会继续拉大。2021

---

① 2022 年数据来源于《中国统计年鉴 2022》。

年城乡收入比为 2.50：1，城镇居民人均可支配收入为 47411.9 元，农村居民人均纯收入为 18930.9 元，城乡收入绝对差为 28481 元。在 2021 年的数据基础上，由于人财物等资源限制以及政策的滞后性，城乡收入绝对差额不再持续扩大这一目标在短时期内是不可能实现的。

当前，我国宏观经济发展面临需求收缩、供给冲击、预期转弱三重压力，经济增长结构性减速，同时又存在产业结构升级、产能过剩等困难，未来整个国家 GDP 增长速度降低，惠农政策力度和农民增收前景不容乐观，所以继续缩小我国城乡收入差距的任务仍然艰巨。如果国家不出台有利于农村和农业发展的有力措施，城乡居民的收入虽然都会有所增加，但是城乡收入差距还会继续扩大。

第二节　继续缩小我国城乡收入差距面临的困境

2018~2021 年，我国城镇居民人均可支配收入实际增长率分别为 7.84%、7.92%、3.48%、8.16%；农村居民人均纯收入实际增长率分别为 8.82%、9.6%、6.93%、10.5%。随着我国经济发展步入新常态，处于结构性减速阶段，当前我国居民增收难度较大，农民增收难度更大，缩小城乡收入差距的道路不是一帆风顺的，继续缩小我国城乡收入差距主要面临以下六大困境和隐忧。

一、城乡收入差距仍然较大，发展不平衡不充分问题仍然突出

我国的城乡收入差距虽然在近 12 年出现了连续下降趋势，但是城乡收入差距的程度仍然较高。[①] 我国城乡收入比在近 15 年来一直维持在 3 倍左右，自 2001 年上升为 2.90：1 后一度持续上升为 2007 年和 2009 年的历史最高值 3.33：1。很多学者和研究机构认为，如果加上城镇居民一直以来享受的医疗、养老等社会保障和福利在内的隐性收入，我国的城乡收入差距将会更大，甚至达到 5~6

---

① 国际劳工组织 1995 年的数据显示，世界上绝大多数国家的城乡收入比都小于 1.6，也只有三个国家超过了 2，中国名列其中，还包括南非和津巴布韦（这两个位于非洲南部的国家过去一直实行特权阶级偏向性政策和种族歧视政策），而美、英等西方发达国家的城乡收入差距一般都在 1.5 左右。但是，如果把城镇居民享有的隐性补贴都计算在内，中国的城乡收入差距可居世界第一。

倍的水平。① 中国社会科学院在 2004 年的《中国城乡居民收入差距世界最高》这一报告中指出，2004 年我国城乡收入比为 3.21∶1，中国与其他国家相比，如果仅仅看货币方面，只有非洲的津巴布韦比中国稍微高一些，但是如果考虑到非货币补贴的因素，中国的城乡收入差距也许是世界上最高的。② 2011 年中国社会科学院城市发展与环境研究所发布的《中国城市发展报告 No.4 聚焦民生》显示，2010 年我国城乡收入比达到 3.23∶1，是世界上城乡收入差距最大的国家之一。③

世界各国基本都经历了城乡收入差距先扩大再缩小的过程。美国也是如此，只是它在工业化开始发展时就重视城乡的协调发展，缩小城乡收入差距。有关资料显示，1940~1950 年美国城乡收入比值在 1.6~2.0 波动，相当于我国改革开放初期（1978~1985 年）的水平，1970~1990 年城乡收入差距不断缩小至 1.3 左右，进入 21 世纪继续缩小至 1.17 的水平。目前美国城乡收入基本相同，没有什么差距。④

日本 1968 年成为仅次于美国的第二大经济体，但是日本的城乡收入差距也一度上升到 3.13∶1 的高度，长期处于波动状态直到 20 世纪 60 年代才出现一直下降趋势，到 1972 年时城乡收入基本达到平衡，不存在差距。今天的日本，城乡收入差距一直保持在 0.80~0.97。⑤ 可以看出，日本的城镇居民人均收入低于农村居民人均收入，可以说日本有从"农城均富"向"农富城穷"形态转变的趋势。

韩国的城镇化和工业化也带来了城乡收入差距的扩大。为了从根本上缩小城乡收入差距，20 世纪 70 年代，韩国政府决心从新农村建设开始，努力缩小城乡收入差距。到 2004 年，韩国的城乡收入已经基本不存在差距，维持在 1∶0.9 的水平上，城乡统筹发展状况很好，基本上处于"农城均富"阶段。

2021 年我国的城乡收入比为 2.50∶1，相比发达国家（1.5∶1）和发展中国家（2∶1），我国仍然处于高水平，和典型的美国、日本、韩国等"农城均富"型国家相比，我国城乡收入差距过大，甚至达到世界之最的程度。想要缩小城乡

① 邱晓华. 缩小城乡差距促进协调发展 [J]. 金融与经济，2006（1）：4-7.
② 杨宾. 中国社科院调查：中国城乡收入差距世界最高 [J]. 新西部，2004（4）：5-15.
③ 中国成世界城乡收入差距最大国家之一 [N]. 中国经济周刊，2011-09-20（02）.
④ 茶洪旺. 缩小城乡居民收入差距的国际经验比较与启示 [J]. 中州学刊，2012（6）：30-35.
⑤ 茶洪旺. 缩小城乡居民收入差距的国际经验比较与启示 [J]. 中州学刊，2012（6）：30-35.

收入差距，达到城乡一体化和"农城均富"不是一件易事，努力缩小我国城乡收入差距势在必行。

二、多元化收入分配差距交融，影响并强化着城乡收入差距

我国的收入分配不公、贫富分化严重问题是多元化的收入差距相互交织作用的结果，主要包括城乡收入差距、地区收入差距、行业收入差距、农村居民内部收入差距、城镇居民内部收入差距等，其中城乡收入差距是构成整体收入差距的主体，最为重要。在这里我们重点探讨农村居民内部收入差距和城镇居民内部收入差距，这两种差距对城乡收入差距的影响最为显著。

（一）农村内部收入差距呈现不断扩大的趋势

近 10 年来，我国农村居民内部收入呈现"高收入高增长、低收入低增长"的态势。2000 年农村高收入户与低收入户之间的人均纯收入之比是 6.47∶1，2003 年扩大到 7.33∶1，2011 年扩大到 8.39∶1。到 2021 年农村家庭高收入户和低收入户的人均可支配收入分别为 43081.5 元和 4855.9 元，差距扩大到了 8.87 倍（表 2-4）。农村内部收入差距持续扩大的原因主要有以下三个方面：第一，农村低收入户收入主要来源于农业经营收入，增长缓慢，而高收入户收入主要来源于工资性收入，增长较快。收入增长慢的低收入农户进入市场困难，自给性农业生产比重高，影响农民收入增加。第二，收入相对较低的农户家庭要素资源对收入的贡献较小。[1] 第三，低收入组拥有的生产性固定资产和经营土地面积相对较少，贷款困难，抑制其经营性收入的增加。

可以看出，高收入家庭的收入中工资性收入占比和财产性收入占比都明显高于低收入家庭。低收入家庭主要依赖经营性收入，农业经营的弱势性使得低收入家庭的增收更加困难，也因此与高收入家庭之间的差距越来越大。国家统计数据显示，2021 年收入来源对农村居民内部收入差距的贡献率分别是：工资性收入为 54.7%，经营性收入为 27.2%，财产性收入为 2.8%，转移性收入为 15.3%。因此，增加低收入家庭的工资性收入是缩小农村内部收入差距的主要突破口。

---

① 李文溥. 论要素比价、劳动报酬与居民消费［M］. 北京：人民出版社，2013：51.

表 2-4 2000~2021 年五等份分组的农村家庭人均纯收入 单位：元

年份	农村居民人均纯收入					最高/最低
	低收入户 （20%）	中低收入户 （20%）	中等收入户 （20%）	中高收入户 （20%）	高收入户 （20%）	
2000	802.00	1440.00	2004.00	2767.00	5190.00	6.47
2001	818.00	1491.00	2081.00	2891.00	5534.00	6.77
2002	857.13	1547.53	2164.11	3030.45	5895.63	6.88
2003	865.90	1606.53	2273.13	3206.79	6346.86	7.33
2004	1006.87	1841.99	2578.49	3607.67	6930.65	6.88
2005	1067.22	2018.31	2850.95	4003.33	7747.35	7.26
2006	1182.46	2222.03	3148.50	4446.59	8474.79	7.17
2007	1346.89	2581.75	3658.83	5129.78	9790.68	7.27
2008	1499.81	2934.99	4203.12	5928.60	11290.20	7.53
2009	1549.30	3110.10	4502.10	6467.60	12319.10	7.95
2010	1869.80	3621.20	5221.70	7440.60	14049.80	7.51
2011	2000.50	4255.70	6207.70	8893.60	16783.10	8.39
2012	2316.20	4807.50	7041.00	10142.10	19008.90	8.21
2013	2583.20	5516.40	7942.10	11373.00	21272.90	8.24
2014	2768.10	6604.40	9503.90	13449.20	23947.40	8.65
2015	3085.60	7220.90	10310.60	14537.30	26013.90	8.43
2016	3006.50	7827.70	11159.00	15727.40	28448.00	9.46
2017	3301.90	8348.60	11978.00	16943.60	31299.30	9.48
2018	3666.20	8508.50	12530.20	18051.50	34042.60	9.29
2019	4262.60	9754.10	13984.20	19732.90	36049.40	8.46
2020	4681.50	10391.60	14711.70	20884.50	38520.30	8.23
2021	4855.90	11585.80	16546.40	23167.30	43081.50	8.87

资料来源：历年《中国统计年鉴》。

《中国统计年鉴》数据显示，2021 年，按人均可支配收入从低到高进行五等份分组，农村低收入户、中低收入户、中等收入户、中高收入户和高收入户人均可支配收入分别为 4855.90 元、11585.80 元、16546.40 元、23167.30 元和43081.50 元，分别比上年增长了 3.73%、11.49%、12.47%、10.93% 和11.84%。最高收入组是最低收入组的 8.87 倍，农村内部居民收入分配状况与

2014 年（8.65 倍）相比有所变化。由于 2021 年以玉米为代表的主要农产品价格会继续下降，农户家庭经营性收入增长速度也会下降，经营性收入占收入比重较大的低收入户的收入增长会受到影响，2021 年以后农村居民内部收入差距会有所上升。

（二）城镇居民内部收入差距在波动中扩大

城镇居民内部也存在较大的收入差距，由表 2-5 可以看出，2021 年我国城镇居民高收入组的人均可支配收入为 102595.80 元，低收入组为 16745.50 元，高收入组是低收入组的 5.9 倍。自 2009 年以来，以比值来表示的城镇居民内部差距呈现逐渐下降趋势，由 2009 年的 5.57 倍下降到 2013 年的 4.93 倍，其主要原因在于城镇中低收入组收入增长速度高于高收入组。2014 年后上升至 2021 年的 6.13 倍，主要是由于房地产价格的上涨增加了拥有更多房产的高收入组的收入。

根据表 2-4 和表 2-5 可以看出，城镇高收入组与农村低收入组相比，差距变得更大。2020 年城镇高收入组收入是农村低收入组的 20.52 倍，2021 年上升为 21.13 倍，这说明在近 6 年间农村居民人均纯收入实际增长率高于城镇居民人均可支配收入增长率的情况下，农村低收入组的收入增长速度是比较缓慢的。2021 年和 2020 年相比，农村低收入组收入增长率为 3.73%，而农村高收入组收入增长率为 11.84%，农村低收入者的收入增长速度慢是城乡收入差距形成的主要原因，而增加农村低收入者的收入是今后缩小城乡收入差距的关键突破口。

（三）整体收入差距较大，收入分配不公问题已十分尖锐

我国地区间收入差距、行业间收入差距、不同群体间收入差距都是现实存在的，影响并强化着我国的城乡收入差距。例如，2021 年城镇居民可支配收入最高的上海为 82428.9 元，最低的甘肃为 36187.3 元，最高地区是最低地区的 2.28 倍；农村居民人均可支配收入最高的地区仍是上海，为 38520.7 元，最低的地区仍是甘肃，为 11432.8 元，最高地区是最低地区的 3.37 倍。我国行业间的收入差距大，收入最高的金融行业与农业之间的收入差距巨大。综上可知，多元化收入分配差距交织在一起，错综复杂，相互影响，使我国城乡收入差距的缩小变得更加困难。

表 2-5　2000~2021 年五等份分组的城镇家庭人均可支配收入　　单位：元

年份	城镇居民人均可支配收入					最高/最低
	低收入户（20%）	中低收入户（20%）	中等收入户（20%）	中高收入户（20%）	高收入户（20%）	
2000	3132.00	4623.50	5897.90	7487.40	11299.00	3.61
2001	3319.70	4946.60	6366.20	8164.20	12662.60	3.81
2002	3032.10	4932.00	6656.80	8869.50	15459.50	5.10
2003	3295.40	5377.30	7278.80	9763.40	17471.80	5.30
2004	3642.20	6024.10	8166.50	11050.90	20101.60	5.52
2005	4017.30	6710.60	9190.10	12603.40	22902.30	5.70
2006	4567.10	7554.20	10269.70	14049.20	25410.80	5.56
2007	5364.30	8900.50	12042.20	16385.80	29478.90	5.50
2008	6074.90	10195.60	13984.10	19254.10	34667.80	5.71
2009	6725.20	11243.60	15399.90	21018.00	37433.90	5.57
2010	7605.20	12702.10	17224.00	23188.90	41158.00	5.41
2011	8788.90	14498.30	19544.90	26420.00	47021.00	5.35
2012	10353.80	16761.40	22419.10	29813.70	51456.40	4.97
2013	11433.70	18482.70	24518.30	32415.00	56389.50	4.93
2014	11219.30	19650.50	26650.60	35631.20	61615.00	5.49
2015	12230.90	21446.20	29105.20	38572.40	65082.20	5.32
2016	13004.10	23054.90	31521.80	41805.60	70347.80	5.41
2017	13723.10	24550.10	33781.30	45163.40	77097.20	5.62
2018	14386.90	24856.50	35196.10	49173.50	84907.10	5.90
2019	15549.40	26783.70	37875.80	52907.30	91682.60	5.90
2020	15597.70	27501.10	39278.20	54910.10	96061.60	6.16
2021	16745.50	30132.60	42498.00	59005.20	102595.80	6.13

资料来源：《中国统计年鉴 2022》。

三、第一产业占 GDP 比重持续降低，初次分配中农民收入份额少

国家统计局发布的《中华人民共和国 2021 年国民经济和社会发展统计公报》显示，2021 年我国三次产业增加值情况如下：第一产业增加 83085.5 亿元，增长率为 6.5%；第二产业增加 450904.5 亿元，增长率为 17.6%；第三产业增加 609679.7 亿元，增长率为 10.5%。同时，第一产业增加值占国内生产总值的比重为 7.4%，第二产业为 39.4%，第三产业为 53.3%，第三产业突破 50%。

2013~2021 年，第一产业增加值占国内生产总值比重由 8.9% 下降为 7.4%，第二产业增加值比重由 44.2% 下降为 37.8%，后又上升为 39.4%，第三产业增加值比重由 46.9% 上升为 53.3%，超过国内生产总值的一半（图 2-6）。

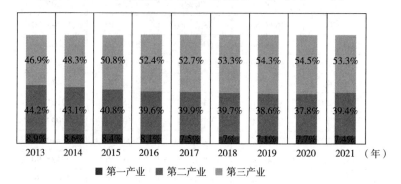

图 2-6　2013~2021 年我国一二三产业增加值占国内生产总值的比重

资料来源：《中国统计年鉴 2022》。

由图 2-6 可以看出，农业占国内生产总值的比重在三大产业占比中最小，而且近些年来比重一直在下降。供农民分配的"蛋糕"如此小，谈如何分配意义不大。2021 年我国城镇常住人口比重（城镇化率）是 64.72%，农村人口占总人口比重为 35.28%。[①] 然而，第一产业产值才占我国 GDP 的 7.4%，第二产业和第三产业产值则占我国 GDP 的 92.6%。农村人口占总人口的比重远远大于其主要从事的第一产业的增加值占 GDP 的比重，所以在初次分配中，农村居民与城镇居民之间必定产生较大的收入差距，这是未来农民增收以及缩小城乡收入差距的现实瓶颈。

四、经济新常态下经济下行压力大，农民增收难度加大

（一）经济进入中高速或中速增长阶段，下行压力大

杨宜勇（2014）认为，自 2009 年以来，中国城乡收入差距进入下降通道。其中受新冠疫情影响，2020 年经济增长率急剧下降，虽然 2021 年出现了恢复性增长，增长率为 8.1%，但是 2022 年经济增长率仅为 3%，[②] 未来经济增长速度

---

① 资料来源：《中国统计年鉴 2022》。
② 中华人民共和国 2022 年国民经济和社会发展统计公报［EB/OL］.（2023-03-01）［2023-03-16］.https：//cj.sina.com.cn/articles/view/1653603955/628ffe7302001fqd9.

可能会进一步下滑（图2-7和图2-8），这会对城乡居民收入的增长和城乡收入差距的缩小造成不利影响。

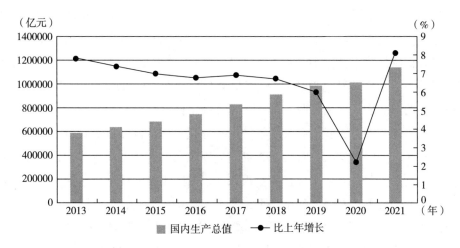

图 2-7　2013~2021 年国内生产总值及其增长速度

资料来源：历年《中国统计年鉴》。

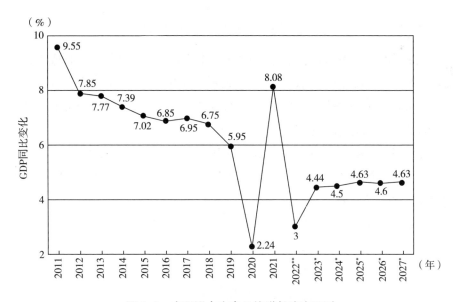

图 2-8　中国国内生产总值增长速度预测

资料来源：Statista：Growth rate of real gross domestic product（GDP）in China from 2012 to 2022 with fore-casts until 2028 ［EB/OL］.［2023 - 03 - 06］. https：//www. statista. com/statistics/263616/gross - domestic - product-gdp-growth-rate-in-china/.

生产是分配的基础，生产决定分配。如果经济增长放缓明显，会影响我们分配"蛋糕"的大小。蔡昉（2016）指出，现阶段我国人口红利加速丧失，大宗产品价格下降，贸易增长速度慢于已经明显下降的国内生产总值的增长速度，这些都是我国经济增长将在长期内面临的挑战和困境。[1][2] 经济下行也会使财政收入的增长面临压力，用于收入分配，尤其是用于"三农"的资金投入的增加会受到影响，进而影响政府对于"三农"政策的效果。从目前来看，我国农产品价格下降明显，农民经营性收入的增长速度会下降。

在经济新常态下，我们要转变经济增长方式，即从以往依靠廉价劳动力、资源和投资驱动的经济增长方式转变为依靠创新驱动的经济增长方式。这对于科技含量低和创新不足的农业来说，需要很长一段时间去接受转型，这期间农民的增收会受到不利影响。在经济新常态下，要求产业结构调整，逐渐降低第一、第二产业的比重，增加第三产业的比重，这意味着劳动力由低端产业向高端产业转移，短期内将不利于就业，尤其是农民工的就业，因而会降低农民的工资性收入，不利于缩小城乡收入差距。

（二）农民收入增长速度不稳定，呈现较大幅度波动

我国农民收入不仅增长速度时快时慢，波动幅度时高时低，增长幅度也是忽大忽小，增长极不稳定。1978～1984年农民人均纯收入年均增长率高达10%以上，但1989～1991年农民人均纯收入年均增长率仅为0.7%，1997～2003年农民人均纯收入年均增长率均未达到5%。2004～2009年，在相关支农惠农政策的作用下，农民收入增长形势良好，我国农村居民人均纯收入增长率达7.7%。2009～2015年，我国农村居民人均纯收入增长率为9.6%。2015～2021年，我国农村居民人均纯收入增长率均在6%以上，其中2020年与2021年的农村居民人均纯收入增长率分别为9.6%和10.5%。2020年我国全面实现小康社会目标，农民生活达到全面小康水平，农村居民人均收入比2010年翻了一番，城乡收入差距继续缩小。总的来说，我国农民收入增长极不稳定，增长过程中表现出较大的脆弱性和波动性，并未呈现出持续的增长态势。

---

① 蔡昉. 从中国经济发展大历史和大逻辑认识新常态 [J]. 数量经济技术经济研究, 2016 (8): 3-12.

② 杨宜勇, 池振合. 中国居民收入差距变化及其未来发展趋势 [J]. 经济研究参考, 2014 (72): 3-12.

五、玉米等主粮价格不稳定，阻碍城乡收入差距缩小的步伐

在影响农民收入的诸多因素中，价格无疑是一个重要因素。农产品价格、农业生产资料价格、商品零售价格和居民消费价格的高低及其波动程度对农民收入增长都有着非常重要的影响。一般来说，如果农产品价格增长较快，则农民收入也将出现快速增长的态势。例如，1979～1984 年，我国农产品价格共提高了53.7%，同时期的农民收入也出现了快速增长的势头，即使扣除物价因素的影响，其年均增长率也高达 15.9%。如果农产品价格持续下降，则农民收入出现持续下滑的概率也较大。1997～2000 年，我国农产品价格连续 4 年出现负增长，而同时期农民收入的增长也逐渐回落。

目前农民农业经营中面临的现实困境主要包括以下两个方面：一方面，农业生产资料价格上涨，农民生产成本增加，降低了农民的农业经营收益。近些年由于能源、原材料价格上涨，农资价格也持续上涨。同时，人力资本的增加、土地租金的上升都促使农业生产进入高成本时代。另一方面，主要粮食作物价格的下降直接降低了农民的收入。以玉米为例，[1] 在吉林、辽宁等玉米主产区 2015 年玉米价格为 2 元/公斤，和 2014 年的 2.26 元/公斤相比每公斤降了 0.26 元。而资料显示，2016 年玉米价格降至 1.8 元/公斤，这对种植玉米的广大农民来说无疑会降低农业经营收入。国家对于玉米种植结构的调整已下定决心，所以未来在主要粮食作物经营上，农民如果不能跟紧经济形势进行供给侧改革，不能及时调整产业结构，不能引进新品种和新技术，则很难获得效益甚至会亏损。笔者在调研中得知，2016 年农业生产中有些玉米主产区已经放弃种植传统玉米，改种适应市场需求的功能型玉米（如富硒功能型玉米）或者其他经济作物（如芦笋、大棚蔬菜、彩色辣椒）等，[2] 在农产品供给侧改革中探索增收道路。

---

① 由于国际市场上的玉米价格低于我国国内的玉米临储价格，进口玉米已经基本满足大部分需求，导致我国国内的玉米储量过剩，收购上来的玉米只能积压在仓库里并需要经常晾晒烘干，浪费大量人财物资源。

② 主要是指在安徽省宿州市四县一区进行的有关"三农"问题的调研。

六、农民显性负担减轻，隐性负担却在加重

我国政府早已认识到城乡收入差距问题的严重性，并把提高农民收入放到重要的政策位置，着力减轻农民负担。自 2006 年以来我国取消了农业税，[①] 种田还给予一定补贴，可以说一定程度上减轻了农民的负担。根据农业部的调查，2005 年，在提前实行免除农业税的 28 个省中，全国农民负担减轻了 220 亿元，约 8 亿农民得到实惠。2006 年 9 月 1 日中国修订后颁布的《义务教育法》明确规定，"实施义务教育，不收学费、杂费"。这是国家为了更好地保证义务教育制度的实施，从法律上给予的保障。2007 年春季，这项改革推广到全国农村地区；同年秋季，全国农村义务教育在免交学杂费的同时，还免收教科书费，1.5 亿学生因此受益。据统计，实施免除学杂费政策后，平均每个小学生每年减少 140 元学费负担，每个初中生每年减少 180 元，每个贫困寄宿生每年减少 500 元。[②] 2008 年秋季，开始免除城市义务教育阶段学生的学杂费，对于享受城镇居民最低生活保障政策的家庭，继续免费为其学生提供教科书。另外，现在正逐步推进和完善的基本医疗制度、"新农保"制度和农村居民最低生活保障制度都在一定程度上减轻了农民的负担。

但是，在农民显性负担减轻的同时，农村居民的隐性负担[③]却在不断加重。隐性负担主要具备四个特征，即政策依赖性、隐蔽性、难以转嫁性和危害性。[④] 目前，我国农民的隐性负担主要体现在生产性费用增加、教育费用增加、大病支出增加等方面。具体分析如下。

首先，农民的生产性费用和以往相比有明显增加。种子、化肥和柴油等农业生产资料价格上涨，农业生产中机械化使用费用增加以及人力资本支出增加等都会提高农业生产成本。据了解，现在农业雇工工资一般至少是 100 元/天。国家给予农民的农业相关补贴难以抵消生产成本上涨压力，加上受国际粮价下降以及我国玉米等主粮库存过多等因素的影响，我国当前玉米等主粮价格下降明显，农

---

①　2005 年 12 月 29 日，第十届全国人民代表大会常务委员会第十九次会议通过了关于自 2006 年 1 月 1 日起废除《农业税条例》的决议，从此延续了 2600 年之久的农业税制度被彻底废除。

②　薛进军. 中国的不平等［M］. 北京：社会科学文献出版社，2008：8.

③　农民隐性负担，是指农民生产资料与生活资料的价格大幅上涨，成为农民的负担。这就意味着农民承担的税费等显性负担虽大大减少了，但由于外部或者农民自身原因而背负的"隐性负担"并未减少。

④　唐重振. 论农民的隐性负担［J］. 行政与法（吉林省行政学院学报），2005（7）：59-62.

民增收受成本"地板"和价格"天花板"的双层挤压，农业种植收益空间越来越小，对应了农业经营"谷贱伤农"的道理。

其次，随着国家对农村教育的重视，越来越多的农村家庭子女就读高中和大学。读高中的学费虽然不高，但是对于子女需要到县城或市里就读的农村家庭来说，读书期间的交通费、住宿费、生活费、通信费以及陪读费等都占据了家庭的主要支出。有些偏远地区的孩子在初中甚至小学时就要到县城就读，费用支出很大。

再次，支撑农村老幼病残孕等重点人群的社会保障体系需加快健全。目前我国逐渐步入老龄化社会，城乡居民基本养老金月均标准较城镇职工基本养老金差距较大，同时农村医疗设施的匮乏问题依然存在。随着农村老龄人口的不断增加和劳动能力的逐步丧失，子女外出务工又使得传统家庭养老模式挑战重重，建立健全能够切实保障最脆弱群体基本生活的社会保障体系至关重要。

除以上论述的六大主要现实困境外，继续缩小我国城乡收入差距还存在一些其他的困境和隐忧，如隐性收入、灰色收入和非法收入的存在和增长更加恶化了城乡收入分配状况。这些收入完全不在正规统计之中，严重影响了收入分配的公平和正义，且非法收入没有道德底线。

当前我国面临着缩小收入分配差距与跨越"中等收入陷阱"等多重挑战。韩国、日本成功转型跨越"中等收入陷阱"，经济增长良好，拉美国家因没有越过"中等收入陷阱"而经济发展落后。2021年我国人均GDP为80976元，已经超过4300美元的界限，按照世界银行2008年的标准看，我国已属于中等偏上收入国家行列，面临着跨越"中等收入陷阱"的挑战。2021年我国人均GDP为11835美元，距离高收入国家的标准（2014年高收入国家人均GDP为37897美元）还有一段距离。缩小城乡收入差距与跨越"中等收入陷阱"并存使我们面临的情况更为严峻和复杂，任务也更为艰巨。

第三节　继续缩小我国城乡收入差距的机遇

在继续缩小城乡收入差距面临困境的同时，也存在一些机遇。具体来看，主要有以下六个方面的战略机遇。

一、中国经济转入高质量发展阶段，城乡融合发展具备战略机遇

蔡昉（2013）提出，根本打破传统农业经济发展的瓶颈，不是政府投入多与少就能简单解决的。只要国家的经济增长目标优于社会保护目标，城市偏向的政策就不会彻底改变，城乡分割的体制就不会根除。只要推动经济增长的这个第一目标没有改变，惠农政策和城乡基本公共服务均等化的制度基础就不牢固，也不能在中央和地方政府之间形成长久的相互激励。可见，国家的发展思路和对经济增长的目标不改变，城乡统筹发展就不可能取得突破性进展。

2013 年习近平总书记提出"中国不再以 GDP 论英雄"的重要论断，中央对地方政府的考核不再以 GDP 增长速度为唯一指标，中国将更加注重经济发展质量。2014 年中国经济发展步入新常态，[①] 经济增长速度由高速增长逐步放缓为中速或中高速增长。2022 年党的二十大报告作出我国经济已进入高质量发展阶段的科学论断。未来我国经济发展将更加注重结构调整、更加重视区域发展、更加重视收入分配、更加重视城乡融合、更加重视环境保护和能源的可持续发展。经济步入高质量发展阶段，不仅意味着经济增长将基本告别传统粗放增长的"旧常态"模式，我国经济增长速度"下台阶"，发展质量"上台阶"，而且意味着不均衡、不协调、不可持续的"旧常态"将被以人为本、均衡协调、绿色发展的"新常态"所取代。[②] 这为我国推进城乡统筹发展和缩小城乡收入差距提供了最好的契机。

2021 年我国经济发展呈现"缓中趋稳，稳中有进"的趋势，产业结构不断升级，创新驱动政策深入实施，区域经济发展协调性增强，新型城镇化有序推进，这些都会给整个经济的增长和统筹城乡发展提供良好的环境和支持。此外，2020 年我国经济增长率为 2.2%，2021 年为 8.1%，其中 2020 年受新冠疫情影

---

① "新常态"这一概念的最早提出者是美国太平洋基金管理公司总裁埃里安（Mohamed El-Erian），是指危机以后经济的恢复缓慢而痛苦的一个过程。何为中国经济"新常态"呢？"新"是指和以往不同，即和过去 30 多年的粗放型高速发展模式不同，经济转入中高速或者中速的集约型发展阶段，而"常态"表明不是暂时的现象，而是一个长期的过程。2014 年 5 月，习近平总书记在河南考察时指出，我国发展仍处于重要战略机遇期，我们要增强信心，从当前我国经济发展的阶段性特征出发，适应新常态，保持战略上的平常心态。

② 陈凤英. 全球发展分化加剧世界经济呈"新常态"[J]. 中国石油和化学经济分析，2013（2）：6-10.

响,经济增速明显下滑,2021 年经济增长恢复平稳,同时和世界上其他国家相比仍具有优势,2021 年世界的经济增长率为 5.7%,高收入国家为 1.7%,中等收入国家为 4.8%,美国为 5.7%,俄罗斯为 4.8%,韩国为 4%,日本为 1.6%。[①]

二、农民收入增长快于经济增长,增速连续 12 年超过城镇居民

2010~2021 年我国城乡收入比连续下降的背后,是农村居民人均纯收入的实际增速连续 12 年超过城镇居民人均可支配收入的增速,且超过国内生产总值的增速(图 2-9)。

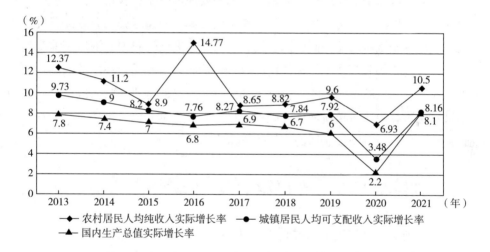

图 2-9 2013~2021 年城乡居民人均收入及国内生产总值实际增长率

资料来源:《中国统计年鉴 2022》。

通过对图 2-9 进行分析可以得出:近年来,我国城乡收入差距连续下降是农村居民人均纯收入实际增长率超过城镇居民人均可支配收入实际增长率的直接结果。2021 年我国国内生产总值增长率为 8.1%。农村居民纯收入为 18930.9 元,城镇居民人均可支配收入为 47411.9 元,实际增长率分别为 10.5% 和 8.16%,可以说农村居民收入增速快于我国经济增速,快于城镇居民收入增速,城乡收入差

距进一步缩小。

农村居民收入增长速度快于我国经济增长速度的主要原因在于：一是脱贫攻坚政策的巩固落实同乡村振兴战略有效衔接。加快推进农业农村现代化，让农民增收致富、挣钱得利，分享改革红利。二是第三产业经营性收入增长较快，这源于持续提升农业机械化水平，全力做好科技助农等政策带动了农村居民经营性收入较快增长。三是农村社会保障体系不断完善。近年来，政府不断推进农村地区的社会保障体系建设，"新农保"和城乡基本医疗保险已实现全覆盖，近几年又在部分地区提高了养老金标准和最低生活保障的标准，加大了对农民的补贴力度，使农民收入中的转移性收入部分明显增加。四是从价格、补贴、保险等方面健全种粮农民收益保障机制，让种粮农民有账算、有钱挣、得实惠。

农村居民收入增长速度快于城镇居民的主要原因在于：农村居民收入中工资性收入、财产性收入、转移性收入的增长速度都高于城镇居民，只有经营性收入增长速度略低于城镇居民。而城镇居民收入增长速度低于我国经济增长速度的原因在于：一是收入分配改革的推进使高收入人群收入增长受到一定的限制。二是调整产业结构和压缩过剩产能，影响了部分行业工人的就业和收入。三是部分地区在城镇化过程中，每年新增加的城镇人口相对于原有城镇居民而言，人均收入会偏低一些，会拉低城镇居民的人均收入水平。

三、我国的"三农"政策效果良好，前景可期

在一系列支农惠农政策的推动下，我国在"三农"问题上取得了一系列成果，如建立和完善了新型农村合作医疗制度、城乡居民养老保险制度、城乡最低生活保障制度，持续推进教育公平，大力促进户籍制度改革，全面推进乡村振兴等。

（一）基本医疗保险取得卓越成效

2008年，参加"新农合"人数为8.15亿人，参合率为91.5%，人均筹资96.3元，当年基金支出为662.3亿元，补偿受益人次为5.85亿人。到2014年，参加新农合人数为7.36亿人，参合率为98.9%，人均筹资410.9元，当年基金支出为2890.4亿元，补偿受益人次为16.52亿人。到2021年，参加全国基本医疗保险的人数为13.6亿人，参保率基本保持在95%以上，当年支出为24011亿

元。由此可以看出，医疗保险参保比例提高，基本做到全覆盖；用于医疗保险基金的支出大幅度增加，2021 年的支出金额是 2008 年的 36.3 倍；享受补偿的覆盖面扩大，2021 年享受补偿人次是 2008 年的 3.49 倍。[①]

（二）新型农村社会养老保险制度取得阶段性进展

"新农保"是国家倡导、多方筹资、农村劳动者自愿参加的基本养老保险制度。建立这一制度，由国家财政直接发放养老基金，作为转移支付部分直接增加了农村老年人的收入，起到了一定的再分配调节作用，有助于在一定程度上缩小城乡收入差距。"新农保"以转移支付的形式将资金打入农民养老保险的个人账户提高农民收入。国家对于中西部地区给予全额补贴，对于东部地区给予 50% 的补贴。"新农保"中还有一些特殊的规定，如"对农村重度残疾人等群体，地方政府为其代缴部分或全部最低标准的养老保险费"，"年满 60 岁、未享受城镇职工基本养老保险待遇的有农村户籍的老年人，可以按月领取养老金"。"新农保"政策的执行给农民带来了一定的社会和心理安全保障，增加了农民的收入，对于城乡收入差距的区域调节也起到了积极作用。

（三）持续推进城乡教育公平

国家加强农村地区学校建设，加强教师队伍建设，提高农村教育质量，提高对家庭经济困难学生的资助水平，上调国家的助学贷款标准为农村教育提供条件。"十三五"时期，农村学校办学条件大幅改善，截至 2019 年底，全国 30.9 万所义务教育学校（含教学点）办学条件达到基本要求，占义务教育学校总数的 99.8%，全国 95.3% 的县通过了县域义务教育基本均衡国家督导评估验收。实行义务教育免试免费就近入学政策，28 个省份的农民工子女在流入地参加高考。对于农村地区尤其是教育基础薄弱地区，我国会给予更多教育方面的优惠政策，从教育公平抓起，从源头上缩小城乡收入差距。

（四）户籍制度改革加快推进

2014 年《关于进一步推进户籍制度改革的意见》出台并实施。2015 年各地户籍制度改革进入新阶段，2015 年政府工作报告提出"抓紧实施户籍制度改革，

---

① 资料来源：《2021 年全国医疗保障事业发展统计公报》。

落实放宽户口迁移政策"。2015 年，多个地区明确提出"取消农业户口与非农业户口性质区分"的时间表，并明确建立落实居住证制度，这些将有利于促进城乡统筹步伐向前迈进一大步。《中共中央关于制定国民经济和社会发展第十三个五年规划的建议》提出，将深化户籍制度改革，促进有能力在城市稳定就业和生活的农业转移人口举家进城落户，并与城镇居民享有同等权利和义务。2016 年我国出台户籍改革方案的省份有 29 个，不少地区也降低了落户门槛，但是农民真正做到在城里安家落户，还需要很多的努力。在住房、就业、医疗和教育等方面都需要加强，尤其是住房问题，安置房、廉租房和经济适用房的建设需要再增加。2022 年，国家发展和改革委员会印发的《"十四五"新型城镇化实施方案》提出，放开放宽除个别超大城市外的落户限制，试行以经常居住地登记户口制度。

(五) 巩固拓展脱贫攻坚成果，接续推进乡村振兴

新时代脱贫攻坚目标任务如期完成，现行标准下中国 9899 万农村贫困人口全部脱贫，832 个贫困县全部摘帽，12.8 万个贫困村全部出列，区域性整体贫困得到解决，消除了绝对贫困和区域性整体贫困，创造了人类减贫历史上的奇迹。在此背景下，健全防止返贫动态监测和帮扶机制，对易返贫致贫人口及时发现、及时帮扶，守住防止规模性返贫底线，并接续推进乡村振兴，成为当今农村发展的重要议题。习近平总书记指出："全面实施乡村振兴战略的深度、广度、难度都不亚于脱贫攻坚。"因此，全面实施乡村振兴战略需着眼解决发展不平衡不充分问题，全方位提高乡村发展条件和发展能力，要求东中西部全域推进，立足农业农村现代化总目标，推进乡村产业、人才、文化、生态、组织等全面振兴，着力让广大农民群众共享现代化成果，促进农业高质高效、乡村宜居宜业、农民富裕富足。过去十年间，乡村振兴战略的具体实施使农业农村发展取得了历史性成就，农民增收渠道不断拓宽。2021 年，工资性收入占农民收入的比重已超过 42%，成为农民增收的主渠道；农民人均转移性收入达到 3937 元，比 2017 年增加 1300 多元；乡村产业加快发展，农产品加工转化率达到 70.6%，全国休闲农庄、观光农园等休闲农业经营主体达 30 多万家，年营业收入超过 7000 亿元；农村生态宜居、乡风文明建设成就瞩目，截至 2021 年底，全国农村卫生厕所普及率超过 70%，推行农村生活垃圾收运处理的自然村比例保持在 90% 以上，农村生活污水乱排现象基本得到管控，95% 以上的村庄开展了清洁行动，农村脏乱差局面得到扭转。

以上政策效果给我国"三农"问题的解决带来了信心和希望。为了解决收入差距问题，国家发展和改革委员会、财政部、人力资源和社会保障部在 2013 年初制定了《关于深化收入分配制度改革的若干意见》，提出城乡居民实现收入倍增、收入分配差距逐步缩小、收入分配秩序明显改善、收入分配格局趋于合理四大目标，[①] 现如今已基本实现，统筹城乡改革正积极推进，希望我们的政策会取得越来越多的效果，更多地为"三农"问题的解决注入动力。

四、地区间城乡收入差距缩小，各地区差距拐点全部出现

（一）2020~2021 年各地区城乡收入相对差距对比情况

通过对不同地区的城乡收入差距进行比较，发现城乡收入差距与经济发展之间存在着密切的联系。根据 Kuznets（1955）的倒"U"形假说，收入差距会随着经济的发展呈现先上升后下降的趋势。通过对我国 2020 年和 2021 年的地区城乡收入差距变化进行比较分析也得出收入越高的地区其城乡收入差距相对越小的规律，符合倒"U"形假说。表 2-6、表 2-7 分别展现了 2020 年和 2021 年全国各地区城乡收入差距情况。

表 2-6　2020 年全国各地城镇、农村居民人均收入对比情况

城镇居民			农村居民			城乡对比		
排名	地区	人均可支配收入/元	排名	地区	人均可支配收入/元	排名	地区	城乡收入比/%
	全国	43833.8		全国	17131.5		全国	2.56
1	上海	76437.3	1	上海	34911.3	1	甘肃	3.27
2	北京	75601.5	2	浙江	31930.5	2	贵州	3.10
3	浙江	62699.3	3	北京	30125.7	3	云南	2.92
4	江苏	53101.7	4	天津	25690.6	4	青海	2.88
5	广东	50257.0	5	江苏	24198.5	5	西藏	2.82
6	天津	47658.5	6	福建	20880.3	6	陕西	2.77

---

① 张慎霞，耿国华，朱艳红. 经济新常态下收入分配改革的挑战、机遇与对策 [J]. 经济纵横，2016（2）：25-28.

续表

城镇居民			农村居民			城乡对比		
排名	地区	人均可支配收入/元	排名	地区	人均可支配收入/元	排名	地区	城乡收入比/%
7	福建	47160.3	7	广东	20143.4	7	宁夏	2.57
8	山东	43726.3	8	山东	18753.2	8	湖南	2.51
9	湖南	41697.5	9	江西	17980.8	9	北京	2.51
10	内蒙古	41353.1	10	辽宁	17450.3	10	山西	2.51
11	西藏	41156.4	11	安徽	16620.2	11	内蒙古	2.50
12	辽宁	40375.9	12	湖南	16584.6	12	广东	2.49
13	重庆	40006.2	13	内蒙古	16566.9	13	新疆	2.48
14	安徽	39442.1	14	河北	16467.0	14	重庆	2.45
15	江西	38555.8	15	重庆	16361.4	15	广西	2.42
16	四川	38253.1	16	湖北	16305.9	16	四川	2.40
17	云南	37499.5	17	海南	16278.8	17	安徽	2.37
18	河北	37285.7	18	黑龙江	16168.4	18	山东	2.33
19	海南	37097.0	19	河南	16107.9	19	辽宁	2.31
20	陕西	36868.2	20	吉林	16067.0	20	海南	2.28
21	湖北	36705.7	21	四川	15929.1	21	河北	2.26
22	贵州	36096.2	22	广西	14814.9	22	福建	2.26
23	广西	35859.3	23	西藏	14598.4	23	湖北	2.25
24	宁夏	35719.6	24	新疆	14056.1	24	江苏	2.19
25	青海	35505.8	25	宁夏	13889.4	25	上海	2.19
26	新疆	34838.4	26	山西	13878.0	26	河南	2.16
27	山西	34792.7	27	陕西	13316.5	27	江西	2.14
28	河南	34750.3	28	云南	12841.9	28	吉林	2.08
29	甘肃	33821.8	29	青海	12342.5	29	浙江	1.96
30	吉林	33395.7	30	贵州	11642.3	30	黑龙江	1.92
31	黑龙江	31114.7	31	甘肃	10344.3	31	天津	1.86

注：地区城乡收入比=城镇居民人均可支配收入/农村居民人均可支配收入。

资料来源：《中国统计年鉴2021》。

表 2-7 2021 年全国各地城镇、农村居民人均收入对比情况

城镇居民			农村居民			城乡对比			
排名	地区	人均可支配收入/元	排名	地区	人均可支配收入/元	排名	地区	城乡收入比/%	2020年位次	位次趋势
	全国	47411.9		全国	18930.9		全国	2.50		
1	上海	82428.9	1	上海	38520.7	1	甘肃	3.17	1	→
2	北京	81517.5	2	浙江	35247.4	2	贵州	3.05	2	→
3	浙江	68486.8	3	北京	33302.7	3	云南	2.88	3	→
4	江苏	57743.5	4	天津	27954.5	4	青海	2.77	4	→
5	广东	54853.6	5	江苏	26790.8	5	陕西	2.76	6	↑1
6	天津	51485.7	6	福建	23228.9	6	西藏	2.75	5	↓1
7	福建	51140.5	7	广东	22306.0	7	宁夏	2.50	7	→
8	山东	47066.4	8	山东	20793.9	8	广东	2.46	12	↑4
9	西藏	46503.3	9	辽宁	19215.6	9	湖南	2.45	8	↓1
10	湖南	44866.1	10	江西	18684.2	10	北京	2.45	9	↓1
11	内蒙古	44376.9	11	安徽	18371.7	11	山西	2.45	10	↓1
12	重庆	43502.4	12	内蒙古	18336.8	12	内蒙古	2.42	11	↓1
13	辽宁	43050.8	13	湖南	18295.2	13	新疆	2.42	13	→
14	安徽	43008.7	14	湖北	18259.0	14	重庆	2.40	14	→
15	江西	41684.4	15	河北	18178.9	15	四川	2.36	16	↑1
16	四川	41443.8	16	重庆	18099.6	16	广西	2.35	15	↓1
17	云南	40904.9	17	海南	18076.3	17	安徽	2.34	17	→
18	陕西	40713.1	18	黑龙江	17889.3	18	山东	2.26	18	→
19	湖北	40277.8	19	吉林	17641.7	19	辽宁	2.24	19	→
20	海南	40213.2	20	四川	17575.3	20	江西	2.23	27	↑7
21	河北	39791.0	21	河南	17533.3	21	海南	2.22	20	↓1
22	贵州	39211.2	22	西藏	16932.3	22	湖北	2.21	23	↑1
23	广西	38529.9	23	广西	16362.9	23	福建	2.20	22	↓1
24	宁夏	38290.7	24	新疆	15575.3	24	河北	2.19	21	↓3
25	青海	37745.3	25	宁夏	15336.6	25	江苏	2.16	24	↓1
26	新疆	37642.4	26	山西	15308.3	26	上海	2.14	25	↓1
27	山西	37433.1	27	陕西	14744.8	27	河南	2.12	26	↓1
28	河南	37094.8	28	云南	14197.3	28	吉林	2.02	28	→

续表

城镇居民			农村居民			城乡对比			
29	甘肃	36187.3	29	青海	13604.2	29	浙江	1.94	29 →
30	吉林	35645.8	30	贵州	12856.1	30	黑龙江	1.88	30 →
31	黑龙江	33646.1	31	甘肃	11432.8	31	天津	1.84	31 →

注：地区城乡收入比=城镇居民人均可支配收入/农村居民人均可支配收入；箭头前后数字表示上升或下降的位次。

资料来源：《中国统计年鉴2022》。

通过对表2-6和表2-7进行分析可以得出：收入越低的地区，城乡收入差距越大；收入越高的地区，城乡收入差距越小。2021年各地区城乡收入差距排名和2020年的相比，31个地区中位次不变的有14个，位次下降的有12个，位次上升的有5个。具体变化如下所述。

第一，城乡收入差距前4名的位次在2020年和2021年都没有发生改变，依次是甘肃、贵州、云南、青海。但是，2021年这4个地区的城乡收入比和2020年相比均有所下降，甘肃由3.27下降为3.17，贵州由3.10下降为3.05，云南由2.92下降为2.88，陕西由2.88下降为2.77。

第二，2020年和2021年超过全国平均城乡收入差距水平（2020年为2.56，2021年为2.50）的7个地区均没有发生改变，分别为甘肃、贵州、云南、陕西、青海、西藏、宁夏。说明城乡收入差距较大的7个地区排名比较稳定，7个地区的经济发展都比较落后，各地如果想明显缩小城乡收入差距不是一件易事。

第三，2020年城乡收入差距较小的4个地区和2021年相比基本没有发生改变。2020年城乡收入差距较小的4个地区，即第31位到第28位的排序分别为天津（1.86）、黑龙江（1.92）、浙江（1.96）、吉林（2.08）。其中，天津、黑龙江、浙江是全国城乡收入差距低于2的三个地区；江苏、上海城乡收入比相同，都为2.19∶1；河北、福建城乡收入比相同，都为2.26∶1，说明这些地区的城乡统筹水平比较接近。2021年城乡收入差距较小的4个地区分别为天津（1.84）、黑龙江（1.88）、浙江（1.94）、吉林（2.02），其中天津、黑龙江、浙江的城乡收入差距均低于2。和2020年相比，其中有变动的是上海、江苏、湖北3个地区，上海、江苏在2020年排名第25位和第24位，2021年略有下降，分别为第26位和第25位；河北下降3位，由2020年的第21位下降为2021年的第24位，城乡收入差距缩小比较明显。

第四，排名靠前、差距较大的地区基本上都是人均收入较低的相对贫困地区，而排名靠后、差距较小的地区基本上都是人均收入较高的较富裕地区。在一些发达地区的农村，土地价格节节上升，每年为村里带来大量收益，发达地区的农民更富裕一些，城乡收入差距小一些。应重点抓住城乡差距大、排名靠前地区的区域特点，结合当地实际采取措施缩小城乡收入差距，进而为我国城乡收入差距的缩小做出贡献。

第五，城镇收入越高的地区，城乡居民收入差距越小；农村居民收入越低的地区，城乡收入差距越大。2021年，城镇居民人均收入最高的是上海，人均收入最低的是黑龙江，农村居民人均收入最高的是上海，最低的是甘肃；上海的城镇居民人均可支配收入是黑龙江的2.45倍，而上海的农村居民人均可支配收入是甘肃的3.37倍。2020年，上海是黑龙江和甘肃的2.46倍和3.37倍，与2020年相比，2021年都有微微下降，可以看出收入最高地区和收入最低地区的城镇居民之间的收入差距小于农村居民之间的收入差距。

通过对表2-6和表2-7进行分析还可以得出，与2020年相比，2021年各地区城乡收入差距都有所下降，如图2-10所示。

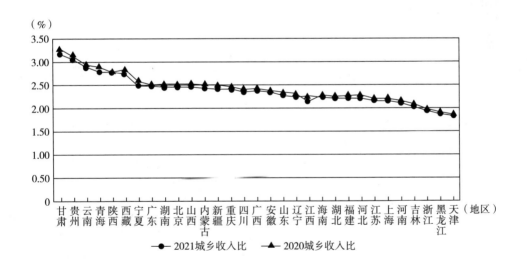

图2-10　2020年和2021年各地区城乡收入比对比情况

资料来源：历年《中国统计年鉴》。

从图2-10可以看出，与2020年相比，2021年31个地区城乡收入比均呈下降趋势。其中，收入差距大的地区下降幅度较大，如甘肃、贵州、云南、青海、西藏等地区；收入差距小的地区下降幅度也较小，如天津、浙江、吉林、黑龙江等地区。2021年，收入较高的5个地区与收入较低5个地区的居民收入相对差距缩小。2021年居民人均可支配收入较高的5个地区分别是上海（78026元）、北京（75002元）、浙江（57540元）、天津（47449元）、江苏（47498元），其平均值是较低的西藏（24950元）、甘肃（22066元）、贵州（23996元）、云南（25666元）、青海（25919元）这5个地区平均值的2.49倍，比2020年的2.53倍缩小0.04倍。2021年，中部和西部收入较低的地区居民收入增长较快，东部和东北地区收入水平较高的地区收入增长较慢。中部和西部地区全体居民收入增速均为10.5%，比东部高0.8%，比东北高0.9%。东部与西部、中部地区的相对差距均比上年缩小0.01倍。[①]

（二）2020~2021年各地区城乡收入绝对差距对比情况

上一部分的内容分析了2020~2021年用城乡收入比表示的全国各地区的城乡收入相对差距，接下来分析用城乡收入差值表示的各地区城乡收入绝对差距（图2-11和图2-12）。

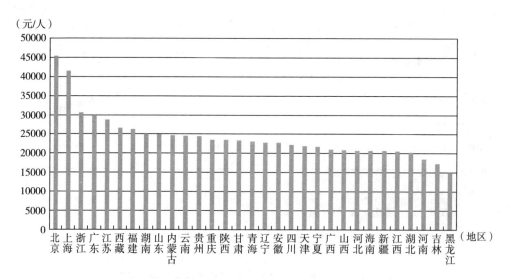

图 2-11　2020 年我国各地区城乡收入绝对差距

资料来源：《中国统计年鉴2021》。

---

① 国务院发展研究中心. 2015 中国经济年鉴 [M]. 北京：中国经济出版社，2016.

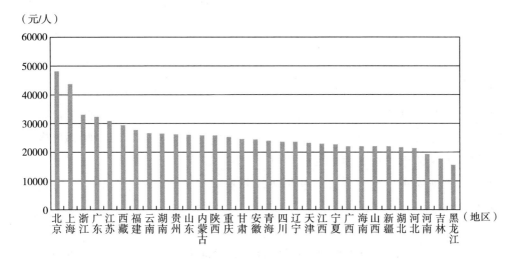

（元/人）

图 2-12 2021 年我国各地区城乡收入绝对差距

资料来源：《中国统计年鉴 2022》。

由图 2-11 和图 2-12 可以看出，在城乡收入比均下降的情况下，各地区的城乡收入绝对差值仍然呈现持续扩大趋势，这和我国整体城乡收入差距的变化趋势一致。

2020 年 31 个地区的城乡收入绝对差值全部超过 1 万元，有的地区差额已超过 4 万元，如上海和北京。31 个地区中城乡收入差靠前的 5 个地区为北京、上海、浙江、广东、江苏，其中城乡收入差最大的是北京，高达 45475 元；城乡收入差排名靠后的 5 个地区是江西、湖北、河南、吉林、黑龙江，其中收入差距最小的是黑龙江，为 14946.3 元。

2021 年各地区的城乡收入绝对差值全部超过 1.5 万元，有 2 个地区超过 4 万元，分别为北京、上海。2021 年城乡收入绝对差排在前五位的地区与 2020 年的相比均未发生改变，但排在后五位的地区发生了改变，2021 年排在后五位的分别为湖北、河南、河北、吉林、黑龙江。2021 年全国平均的城乡收入差为 25995元，与 2020 年的 24374 元相比，增加了 1621 元。2021 年城乡收入差最大的是北京，为 48214.8 元，比 2020 年收入差最大的上海（45475 元）增加了 2739.8 元；城乡收入差最小的是黑龙江，由 2020 年的 14946.3 元上升到 2021 年的 15756.8元，增加了 810.5 元。这表明在各地区城乡相对收入差距缩小的趋势下，各地的城乡收入绝对差都在上升。

（三）我国东中西部以及东北地区城乡收入差距状况

2021年，东部、中部、西部、东北地区①内部城乡居民可支配收入比分别为2.29%、2.28%、2.60%和2.09%，西部地区内部城乡收入差距高于全国平均水平，其他地区都小于全国平均水平（表2-8）。因此，西部地区城乡收入差距过大是导致全国城乡收入差距过大的主要因素，缩小西部地区城乡收入差距的任务重要而艰巨。2021年与2020年相比，各地区内部城乡收入比都有所缩小，东中西部和东北地区分别减少了0.05%、0.04%、0.06%和0.06%。

表2-8 东中西部以及东北地区城乡收入比 单位:%

组别	2010年	2015年	2018年	2019年	2020年	2021年
东部地区	2.86	2.57	2.54	2.51	2.44	2.39
中部地区	2.9	2.46	2.42	2.39	2.32	2.28
西部地区	3.58	2.91	2.82	2.76	2.66	2.60
东北地区	2.48	2.38	2.34	2.29	2.15	2.09

资料来源:《中国统计年鉴2022》。

（四）我国各省份城乡收入差距拐点全部出现

从各地区城乡居民收入比峰值（收入比最大）出现的时间来看，四川、西藏和新疆3个省份的城乡收入比首先在2001年达到峰值，之后呈现出持续缩小的趋势。到2009年，全国31个省份的城乡收入比先后均达到峰值，且都呈现持续缩小的趋势（表2-9）。

---

① 根据国家统计局2011年6月13日的划分方法，将我国经济区域划分为东部、中部、西部和东北地区。其中，东部由北京、上海、天津、河北、江苏、浙江、山东、广东、福建和海南共10个省份组成，是经济最发达的地区；中部由河南、山西、安徽、江西、湖北和湖南共6个省份组成，西部由内蒙古、广西、重庆、四川、贵州、云南、陕西、甘肃、青海、宁夏、新疆、西藏共12个省份组成；东北地区由辽宁、吉林和黑龙江共3个省份组成。

表 2-9　我国 31 个省份城乡收入比峰值出现的年份及其收入比　　单位:%

年份	31 个省份城乡收入比峰值出现的省份个数	省份名称与城乡收入比
2001	3	四川 (3.20)、西藏 (5.60)、新疆 (3.74)
2003	3	吉林 (2.77)、黑龙江 (2.66)、河南 (3.1)
2004	3	北京 (2.53)、上海 (2.36)、云南 (4.76)
2005	1	广东 (3.20)
2006	5	浙江 (2.49)、安徽 (3.29)、湖北 (2.87)、重庆 (4.03)、贵州 (4.59)
2007	5	江西 (2.83)、湖南 (3.15)、海南 (2.9)、甘肃 (4.30)、青海 (3.83)
2008	2	天津 (2.46)、宁夏 (3.51)
2009	9	河北 (2.86)、山西 (3.30)、内蒙古 (3.21)、辽宁 (2.65)、江苏 (2.57)、福建 (2.93)、山东 (2.91)、广西 (3.88)、陕西 (4.11)

资料来源:曹光四,张启良.我国城乡收入差距变化的新视点:对我国城乡居民收入比的解读 [J].金融与经济, 2015 (2):40-43.

五、全国居民收入差距缩小，基尼系数略有波动，但总体数据呈下降趋势

我国重视收入差距问题并积极治理,取得了一定的效果。自 2008 年以来,居民整体收入差距呈现持续缩小趋势,2008~2015 年我国居民收入基尼系数连续 7 年下降 (图 2-13)。2015 年我国的基尼系数为 0.462,相比 2014 年的 0.469 下降了 0.007。2015 年后基尼系数略有波动,但总体低于 2014 年的 0.469,基尼系数先上升到 2018 年的 0.468,接着下降到 0.465,再上升到 0.468,最后下降到 2021 年的 0.466。2008~2015 年基尼系数连续 7 年下降的主要原因在于:一是城镇化水平加快,农民工数量增加和外出务工工资水平上升,且粮食产量和数量实现"双量齐升";二是国家先后推出西部大开发和振兴东北老工业基地等区域发展战略,缩小了地区差异;三是国家出台了多项惠农惠民政策,大力提高最低工资标准,连续上调企业离退休人员养老金,逐步完善养老、医疗等社会保障体系,中低收入群体得到更多实惠。虽然目前我国基尼系数仍高于国际警戒线 0.4 的水平,但是这种连续下降的趋势是一种肯定和动力。

从图 2-13 可以看出,2008 年我国基尼系数上升为 0.490 的高水平后连续下降为 2015 年的 0.462,这是自 2003 年以来的最低水平。城乡收入差距过大是造

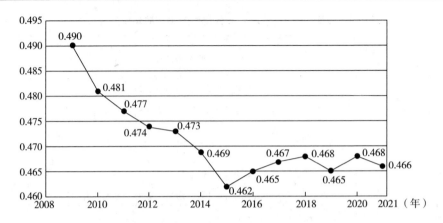

图 2-13　2008~2021 年我国基尼系数变化趋势

资料来源：国家统计局公布的历年基尼系数。

成整体收入差距过大的主要原因，自 2009 年以来我国城乡收入差距实现连续 12 年下降，以基尼系数表示的整体收入差距自 2008 年以来也实现了连续 7 年下降，虽然现在略有回升，但总体数据依然呈现下降趋势，这必然会带来良性循环，使我们对于未来两种收入差距的缩小充满信心。

六、中央一号文件连续 20 年聚焦 "三农"，惠农力度不断加大

城乡收入差距过大及其带来的严重影响早已经受到政府的高度重视，近些年来我国政府始终把 "三农" 问题放在重中之重的位置，1978 年以来政府发布的中央一号文件中有 18 年都与提高农民收入有关。2004~2023 年又连续 20 年发布以 "三农" 为主题的中央一号文件。近年来多次在重要会议上明确提出缩小城乡收入差距的指导思想和政策方向。

除此之外，在近些年的其他重要文件中都明确了 "三农" 问题的重要性和工作指导方针。党的十八大报告明确提出："千方百计增加农民收入。"党的二十大报告提出："多渠道增加城乡居民财产性收入。"党的十九届五中全会提出了进一步缩小城乡分配差距和发展成果由人民共享的思想，也提出推动城乡协调发展和促进城乡发展一体化的目标。可以看出，今后国家会继续高度关注 "三农" 问题并加大政策力度，而国家重视农业的做法则是我们缩小城乡收入差距的机遇。

第三章
缩小我国城乡收入差距的理论基础

科学的理论指导可以使实践沿着正确的道路前进。进一步缩小我国城乡收入差距要以马克思主义、毛泽东思想和中国特色社会主义理论体系为指导，同时借鉴吸收西方经济学中的有益成果。本章将对此进行详细阐述。

第一节　马克思、恩格斯、列宁关于缩小城乡收入差距的理论

作为人类思想的宝库，马克思、恩格斯、列宁等的经典著作中具有丰富的关于城乡统筹发展的理论，包括收入分配理论、农业发展理论、城乡统筹理论等。这些理论将为进一步缩小我国城乡收入差距和城乡统筹发展提供宝贵的理论指导。

一、马克思、恩格斯的理论

（一）马克思、恩格斯的收入分配理论

马克思的收入分配理论包括资本主义分配理论和社会主义分配理论两大内容，分别主要体现在两个著作中，一个是《资本论》，一个是《哥达纲领批判》。在《资本论》第1卷中，马克思指出："劳动时间又是计量生产者个人在共

同劳动中所占份额的尺度，因而也是计量生产者个人在共同产品的消费部分中所占份额的尺度。"① 在《资本论》第 3 卷中，马克思指出："一定的分配形式是以生产条件的一定的社会性质和生产当事人之间的一定的社会关系为前提的。因此，一定的分配关系只是历史的规定的生产关系的表现。"② 马克思、恩格斯在《共产党宣言》中就痛斥了原始的空想社会主义，因鼓吹"普遍的禁欲主义和粗鄙的平均主义"而称其为反动的社会主义，并提出实施按劳分配必然产生收入差别。

1857 年《哥达纲领批判》创作完成，标志着马克思主义科学公平分配理论的最终形成，其核心内容是：在收入分配上是不存在永恒的、绝对的公平的；而在未来的社会中，能否公平分配是由生产资料公有制决定的；公平分配的实现形式也不是唯一的，而是随着社会的发展不断调整改变的。在《哥达纲领批判》中，马克思指出，在社会主义社会中"生产者的权利是和他们提供的劳动成比例的，平等就在于以统一尺度——劳动——来计量"。③ 按劳分配的公平不仅是有局限的，而且也不是社会主义公平的唯一原则，更不是永恒不变的原则。天赋对分配的影响是不言而喻的。马克思、恩格斯对"按劳动能力计报酬"进行批判，社会主义者承认个人天赋的差别，但是对这种差别并不听之任之，而是要通过生产力的不断发展、经济制度的建立和完善，为劳动者提供了更多的平等的学习、就业和发展机会。

马克思区分了公平分配和平均分配的概念，他认为两者是不同的两个范畴。公平分配是一个历史范畴，与一定的历史阶段和生产力水平相联系，是一个相对的概念，在不同阶段公平分配的标准是不同的。平均分配是指按照人口的多少绝对地平均分配。马克思反对超越生产力水平的绝对平均，认为绝对平均只有在生产力高度发达的共产主义社会才会实现。马克思认为公平分配是有阶级性的。受资本主义生产关系的制约，资本主义社会中的公平分配只是一种形式上的公平。马克思认为，在流通领域无产阶级和资产阶级是平等的，两者一个充当卖者，一个充当买者。但是，一旦进入生产领域，这种公平就不存在了。因此，在以雇佣劳动为基础的资本主义制度下，要求平等的报酬是不可能的。

马克思公平效率观的理论基础源于他对未来社会的个人消费品分配方式的探

---

① 资本论：第 1 卷 [M]. 北京：人民出版社，1975：95-96.
② 马克思恩格斯文集：第 7 卷 [M]. 北京：人民出版社，2009：998.
③ 马克思恩格斯选集：第 3 卷 [M]. 北京：人民出版社，1995：304.

索。他认为，未来社会个人消费的方式应是"等量劳动领取等量产品"，每个劳动者有同样的按附属的劳动量领取报酬的权利。马克思将共产主义分为两个阶段，在第一阶段即社会主义社会阶段，实行按劳分配的制度。公平分配就在于"以同一尺度——劳动——来计量"[①]，等量劳动获取等量报酬，马克思认为劳动者由于个人天赋不同，因而工作能力也不同，会产生收入的不同。马克思认为只有在第二阶段即共产主义社会阶段才能实现真正的自由和平等。在该阶段，生产力高度发达，脑力劳动和体力劳动的差别消失，劳动不再是谋生的手段，整个社会实现各尽所能，按需分配。

我国的按劳分配制度从单一按劳分配阶段（1956~1978年）转变为按劳分配为主体、多种分配方式并存阶段（1978年以后）。按劳分配是以往一切分配制度不可比拟的，具有先进性和重要的意义。但按劳分配也有局限性，马克思指出："生产者的权利是和他提供的劳动成比例的；平等就在于以同一尺度——劳动——来计量。"他默认人们之间不平等的天赋，平等是以劳动为同一尺度而言的，不平等是以承认劳动能力差异的天然特权和同等劳动能力因家庭人口不同而带来的富裕差别而言的，但这些弊病在社会主义社会是不可避免的，因此是合理的。我国收入分配制度的不断完善和发展是马克思主义与中国建设具体实践相结合的产物，是对马克思主义的发展和升华。党的十五大、党的十七大、党的十八大中提出的有关收入分配的思想是不同时期我国收入分配的指导思想。

（二）马克思、恩格斯的农业发展理论

农业是国民经济的基础，这是马克思、恩格斯很早就做出的科学论断。马克思指出："超过劳动者个人需要的农业劳动生产率，是一切社会的基础。"[②] 之所以说农业是国民经济的基础，主要有以下三个方面的原因：首先，农业是人类生存和发展的基础。其次，农业为工业提供积累，是资本发展的基础。最后，其他剩余劳动都是建立在农业劳动基础之上的。只有农业基础牢固了、农村经济社会得到繁荣发展、农民收入得到明显提高，农村社会事业的发展才能取得实质性的进展，整个国家的经济社会发展才有了基础和动力源泉。

在有关农业发展的重要思想中，马克思、恩格斯非常重视农业合作社的建立

---

① 马克思恩格斯文集：第3卷 [M]. 北京：人民出版社，2009：435.
② 马克思恩格斯列宁斯大林关于农业问题的部分论述 [M]. 北京：人民出版社，1981：1.

和推进。他们的合作社理论核心在于，不能剥夺小农阶级，而要通过合作社吸引个体农民进入社会主义经济建设中。为了提高农业的生产效率和增加农民的收入，马克思又提出了工业得以发展是以农业为基础的，工业发展后必须对农业进行反哺。马克思指出："因此，只有通过〔工业对农业的〕反作用，资本才能掌握农业，农业才能工业化。"①

（三）马克思、恩格斯的城乡发展理论

马克思主义关于城乡关系的论述主要有以下两个方面：城乡分离与对立理论和城乡融合理论。一切发达的、以商品交换为媒介的分工基础，都是城乡的分离。可以说，社会的全部经济史，都概括为这种对立的运动。② 他们深刻阐明了城乡之间的关系演变，提出了新的城乡发展理论。从城乡对立到城乡融合是马克思主义经典作家对城乡关系和城乡发展的基本概括。城乡关系是社会生活中最重要的，也是涉及最多人利益的关系。马克思说过："城乡关系的面貌一改变，整个社会的面貌也跟着改变。"③ 城乡关系包括城乡之间劳动生产力、生产关系和上层建筑等方面关系的总和。分工是城乡分离的根源，城乡分离是社会进步的一个标志。

恩格斯指出，在资本主义社会，乡村人口分散居住和城市人口的集中只不过是工农业发展水平较低的表现。恩格斯也预测到，废除私有制后，在共产主义社会中，城市和乡村的对立将会逐渐消失，不断走向融合。在马克思、恩格斯看来，消除城乡对立，化解工农业生产方式的对立，实现共产主义的重要措施之一就是"把农业和工业结合起来，促使城乡对立逐步消灭"。④

在人类发展的历史长河中，城市与农村将要经历三个辩证发展的阶段，即由一体到分离，再由分离到融合。在资本主义条件下，要根本消除城乡之间的辩证发展，一般地说是办不到的。因为，人类社会只有进入生产力水平很高的共产主义社会，才能真正实现城乡融合。城乡融合是指在生产力高度发展的基础上，城市与乡村之间经济均衡布局、互相渗透、人口融合、文化均衡发展、城乡之间的基本差别完全消失。城乡融合主要包括经济的融合、人口的融合和生活方式的

---

① 马克思恩格斯全集：第46卷〔M〕．北京：人民出版社，1997：181．
② 资本论：第1卷〔M〕．北京：人民出版社，1975：390．
③ 马克思恩格斯文集：第1卷〔M〕．北京：人民出版社，2009：618．
④ 马克思恩格斯文集：第2卷〔M〕．北京：人民出版社，2009：53．

融合。

马克思、恩格斯提出了城乡一体的理论。他们在《共产党宣言》中提出共产主义社会是在物质极大丰富基础上，消灭了一切阶级的生产者的联合组织。每个人都充分自由发展，消灭城乡差别、工农差别、脑力和体力劳动差别，废除生产资料私有制。马克思、恩格斯在《共产党宣言》中提出，消灭城乡对立的最重要条件是，工业生产资料和农业生产资料都实现公有化。①

在《德意志意识形态》中，马克思、恩格斯指出："某一民族内部的分工，首先引起工商业劳动和农业劳动的分离，从而也引起城乡的分离和城乡利益的对立。"② 马克思、恩格斯有关城乡一体化理论的论述，主要是从社会学和经济学两个角度进行分析的。马克思、恩格斯认为，城乡发展要经历三个阶段：第一阶段，乡村中诞生了城市，乡村是城市的母体，乡村占据主导地位；第二阶段，发生工业革命以后，城市化进程加速发展，城市经济逐渐代替农村经济占据主体地位，城市工业化的迅速发展以及生产效率的提高使得城市和农村在经济、社会和文化上的差距越来越大，城乡分离和对立现象也越来越严重；第三阶段，随着城市的不断发展，城乡间的联系越来越紧密，相互融合发展，并逐渐消除差距走向城乡一体化。

城乡一体化即利用城市的优势推动农村产业结构的改变，使城乡之间形成双向流动的结构，实现城市与乡村的综合协调发展，使城乡在产业结构、收入水平、生活方式、价值观念等方面相互渗透，达到消灭城乡之间的对立与重大差别，实现城镇工业化、乡村城市化的目标。③ 城乡一体化是实现城乡关系通开、协调、融合的锁链。在城乡关系通开时，需要城乡联合，为实现城乡一体化创造条件。城乡实现融合的标志有：一是农村与城市在产业结构上的接近，二是农村与城市居民收入水平的均衡化，三是农村家庭结构城市化，四是农村居民科学文化素质的城市化。④ 马克思、恩格斯认为，随着生产力的发展产生了城市，而随着生产力的向前发展，城乡差别也必然会消失。

①　马克思恩格斯生平事业年表［M］. 北京：人民出版社，1976：545.
②　马克思恩格斯全集：第3卷［M］. 北京：人民出版社，1966：24.
③　徐荣安. 中国新型城乡关系［M］. 北京：重庆出版社，1988：29.
④　徐荣安. 中国新型城乡关系［M］. 北京：重庆出版社，1988：53-55.

二、列宁的理论

列宁继承了马克思、恩格斯的理论成果并结合俄国的具体实际，对农业发展、农村建设、农民增收以及城乡关系的协调进行了艰苦的探索，得出了丰富的理论。

（一）合作社理论

列宁继承并发展了马克思和恩格斯有关合作社的思想，并提出了垄断资本主义时期的合作经济理论。在十月革命发生以后，列宁明确指出，走联合道路是农民摆脱贫穷的必由之路。列宁强调，要鼓励农业合作社的发展，在政策上要给合作社以优待。合作社是不以盈利为目的的经济组织，它的经济财力不厚，国家政权要在财政上对发展合作社这项事业进行大力援助。列宁的合作社理论是用合作社将农民逐步吸引到社会主义建设事业中，再实现对小农的社会主义改造，主要内容是鼓励农民发展商品生产，将他们先组织到消费、信贷、供销合作社中，等到电气化实现后，国家具备了足够的物质条件，再将农民引向生产合作社阶段。这一理论得到了广大农民的认可和接受，使遭受严重破坏的农业很快恢复和发展起来。1923 年 1 月，列宁在《论合作制》一文中全面地论述了由合作社向社会主义过渡的思想。

列宁提出发展合作社必须重视提高农民的文化水平，进而提高农民的思想觉悟水平。要使农民群众更好地走向合作化，不能强迫农民，而是要通过示范、教育的方式来实现。更加重要的是，"就是要使我国居民'文明'到能够懂得人人参加合作社的一切好处"，① 促进农民积极地、主动地参加合作社。列宁继承了马克思和恩格斯关于合作社要坚持自愿的方式这一理论成果，要通过国家示范引导，不能强迫和剥夺农民，要考虑满足农民的要求。列宁认为，进一步发展农民经济必须"使利益最小的、最落后的、细小的、孤立的农民经济逐渐联合起来，组织成公共的大规模的农业经济"。②

（二）城乡协调发展理论

列宁结合俄国实际，对俄国的城乡关系将经过城乡分离、对立最终走向城乡

---

① 列宁全集：第 43 卷 [M]．北京：人民出版社，1987：363．
② 列宁全集：第 32 卷 [M]．北京：人民出版社，1958：275．

融合作出判断，并结合马克思、恩格斯的观点提出了通过社会革命推翻资产阶级统治，发挥工人阶级的作用，消灭城乡对立，缩小城乡差别，最终走上城乡融合之路。列宁的城乡协调理论丰富和发展了马克思主义的城乡统筹思想。

列宁指出，进行共产主义建设的根本任务之一就是要消灭城乡对立，促进城乡协调发展。"建立城乡之间的结合"是"党和国家实践的基本问题"。列宁认为，存在工农差别的社会不是平等的社会主义，必须逐步消灭城乡差别。在资本主义发展的初期阶段，发展工业需要建立在对农业的剥削基础上，城市的发展也建立在对农村的剥削基础上，通过压低农产品价格和征收苛捐杂税来剥削农民，农民努力耕作但收入很低。同时，城市商品经济的发展吸引大量农村中最优秀的劳动力涌向城市，带来农村耕地荒废，农村更加贫穷，而城市则更加富有，城乡差别不断拉大，使城乡对立加剧。当然，列宁也肯定了资本主义发展在促进城市发展进步、带动农村消灭愚昧和落后等方面所起到的积极作用。1918 年 5 月列宁提出了实行"不劳动者不得食"原则，并提出具体措施即国家粮食垄断，禁止私运；余粮收购措施；公平地把粮食分配给全体公民，绝不给富人任何特权和优待。①

列宁高度关注农民状况，主张消灭工农差别。列宁提出："劳动的平等和分配的平等。"列宁实行了对技术专家的"高薪制"和对国家工作人员的"低薪制"。列宁认为共产主义社会时期才能缩小城乡差别，实现城乡融合。列宁提出的消灭城乡差别和城乡融合的路径如下。

第一，重视农民的主体地位。列宁不断总结历史经验和教训，认识到农民是社会的主体，绝不能剥夺农民，要尊重农民，在社会主义革命和建设中必须处理好农民问题。他指出，在一个落后国家，由于"经济的真正基础是粮食储备"②，"没有这个基础，任何经济建设都不能进行，无论多么伟大的计划都会落空"③，"农民是我国的决定因素，这是谁也不会怀疑的"④，"勤劳的农民是我国经济高涨的'中心人物'"⑤。

第二，通过革命的方式建立工农联盟，保护农民利益不受损害，保证农民的意愿得到尊重，努力处理好工农关系，不断缩小工农之间的社会和经济差别，充

①　列宁全集：第 33 卷 ［M］. 北京：人民出版社，1985：171.
②　列宁选集：第 4 卷 ［M］. 北京：人民出版社，1972：391.
③　列宁全集：第 40 卷 ［M］. 北京：人民出版社，1986：146.
④　列宁全集：第 33 卷 ［M］. 北京：人民出版社，1957：383.
⑤　列宁全集：第 32 卷 ［M］. 北京：人民出版社，1958：312.

分调动农民的生产积极性。列宁认为："贫困不堪的农民经济如果不加改变，就谈不到如何巩固和建立社会主义。"[1] 列宁也重视社会保障的作用，重视对农民的保护。1912 年 1 月，列宁在《关于对杜马的工人的国家保险法案的态度》中提出保险要包括一切雇佣劳动者及其家属的观点。1918 年，苏维埃政府规定社会保险费用在社会总产品中扣除，职工个人不用承担保险费。

第三，倡导利用城市优势对农村进行帮扶，带动农村发展和农民富裕，促进城乡走向融合。列宁非常重视电气化对城乡关系的重要作用，他认为电气化是消除城市与乡村之间差别、实现城乡融合的主要途径。

第四，大力推行惠农政策，增加农业补贴，增加农民收入。马克思主义经典作家认为，要根本改变农村的落后和农民的贫困，必须增加国家对农村的投入。列宁提出，要支援农业和支持农业发展的小工业。

第五，重视提高农业科技进步水平，重视农民教育和提升农民文化素质等。列宁在领导经济建设时指出："必须在现代最新科学成就的基础上恢复工业和农业。"[2] 科学进步和成果的转化是工业、农业发展的主要推动力。列宁还提出，国家要加强国民的初级教育，尤其要重视农村教育投入的增加，提高国民教育水平。

第六，发展商品经济。列宁认为，商品经济的发展是城镇化的动力。商品经济不发达时，全部都是农村人口，随着商品经济的发展，便有工业部门开始从农业部门中逐渐分离出来，同时农业人口也逐渐从农业中分离出来。此外，他强调国家对商业的调节是必不可少的。

第二节　毛泽东思想和中国特色社会主义理论体系中关于缩小城乡收入差距的理论

马克思主义中国化实现了两次历史性飞跃，形成了毛泽东思想和中国特色社会主义理论体系两大理论成果。在这两大理论成果中，有着丰富的缩小城乡收入差距的思想，这些思想是我国缩小城乡收入差距的直接指导思想。

---

① 列宁全集：第 37 卷 ［M］. 北京：人民出版社，1986：360.
② 列宁全集：第 39 卷 ［M］. 北京：人民出版社，1986：301.

一、毛泽东思想中的缩小城乡收入差距的理论

（一）将农民问题视为中国重大的社会和经济问题

毛泽东十分重视农民问题、研究农民问题。他主动接近农民，发动农民，提出"农民问题乃国民革命的中心问题，农民不起来参加并拥护国民革命，国民革命不会成功"[①]。抗日战争期间，毛泽东进一步认识到农民问题对中国的重要性，他说，"农民在全国总人口中大约占百分之八十，是现时中国国民经济的主要力量"[②]，"抗日战争，实质上是农民战争"，"抗日的一切，生活的一切，实质上都是农民所给"[③]。

毛泽东也非常尊重农民的主体地位，他提出所谓人民大众，主要就是农民，忘记了农民就没有中国的民主革命。

（二）重视土地改革和土地政策的制定

毛泽东说，"谁赢得了农民，谁就会赢得中国"，"谁能解决土地问题，谁就会赢得农民"。[④] 农民问题在于土地，所以毛泽东在不同时期实行了不同的土地政策来调动农民参加革命和生产的积极性。新民主主义革命时期，毛泽东在《湖南农民运动考察报告》中指出"没有贫农，便没有革命"。肯定"将耕地无条件的转给耕田的农民"的革命原则，但同时又提出小地主的土地不没收、没收地主土地必须先取得"小资产阶级"的同意。到土地革命时期，确定了实行土地革命和武装起义的方针。将"打土豪、分田地"确立为土地革命的核心内容。1928年6月，中共六大通过《土地问题决议案》，提出无代价地没收豪绅地主阶级土地归苏维埃，分配给无地及少地的农民。1928年底毛泽东设计制定井冈山《土地法》，提出没收一切土地归苏维埃政府所有；为广泛争取富农和中农支持，1929年4月又主持制定兴国《土地法》，又将这一规定修改为"没收一切公共土

①　毛泽东年谱（1893-1949）：上卷［M］. 北京：人民出版社，1993：168.
②　毛泽东选集：第2卷［M］. 北京：人民出版社，1991：642.
③　毛泽东选集：第2卷［M］. 北京：人民出版社，1991：692.
④　刘利仄. 马克思主义经典作家关于农民地位的认识及启示［J］. 农业考古，2009（3）：5-7.

地及地主阶级的土地"。①

　　1930年2月，毛泽东到达江西兴国等六县后就提出，"得田的人，即由他管所分得的田，这田由他私有，别人不得侵犯"，"租借买卖，由他自主"。② 毛泽东在关于新民主主义经济的论述中再次谈及土地问题，提出了没收地主的土地，分给没有土地和拥有很少土地的农民，培育农民个体经济。1937年2月，在《中共中央致国民党五届三中全会电》中提出，停止没收地主土地之政策，坚决执行抗日民族统一战线之共同纲领。同年8月，洛川会议通过《抗日救国十大纲领》，决定以减租减息作为解决农民土地问题的基本政策。1945年4月，毛泽东在党的七大提出，减租减息政策，首先在全国范围内实现减租减息，然后有步骤达到耕者有其田。该政策保障了广大农民的利益和抗日民族统一战线的形成，体现了党的土地政策在原则性与灵活性上的有机统一。

　　解放战争时期，毛泽东指出，"土地制度的彻底改革，是现阶段中国革命的一项基本任务。如果我们能够普遍地彻底地解决土地问题，我们就获得了足以战胜一切敌人的最基本的条件"。解放战争的胜利证明了"耕者有其田"政策的正确性。新中国成立后，废除地主阶级封建剥削的土地所有制，实行农民的土地所有制，取得了卓越成效。之后随着改革开放的伟大实践，土地政策得到进一步发展与深化。③

　　（三）高度重视农业生产，推进农业集体化道路

　　毛泽东非常重视农业，他在第二次国内革命战争期间就明确指出农业生产是经济建设工作的第一位。毛泽东提出，一家一户的小农生产不可能使生产力有较大发展，要在"耕者有其田"的基础上，发展各种合作经济，合作经济具有社会主义的因素，有利于创造更高的生产力。试办合作社的效果明显，使毛泽东产生了"改造"能够创造生产力的想法，认为早改造就早受益。1953年10月毛泽东在与中共中央农村工作部负责人谈话时指出，个体农民，增产有限，必须发展互助合作。对于农村的阵地，社会主义如果不去占领，资本主义就必然会去占

　　① 赵鲲，农业农村部政策与改革司．牢记初心使命处理好农民与土地的关系——中国共产党农村土地政策百年回顾与启示．https：//www.workercn.cn/c/2021-10-23/6920107.shtml.

　　② 胡绳．中国共产党的七十年［M］．北京：中共党史出版社，1991：94.

　　③ 赵鲲，农业农村部政策与改革司．牢记初心使命处理好农民与土地的关系——中国共产党农村土地政策百年回顾与启示．https：//www.workercn.cn/c/2021-10-23/6920107.shtml.

领。① 关于合作社的发展问题，在历史上有过四次主要争论，分别是 1950 年、1951 年、1953 年、1955 年。前两次是以刘少奇为代表的和以毛泽东为代表的两种观点之间的争论，后两次是以邓子恢为代表的和以毛泽东为代表的两种观点之间的争论。这场争论，谁是谁非？从现在来看已经无须多说，历史和实践都已作了结论。我们能够从这场争论中得到的教训是：第一，要重视生产关系对生产力的反作用，建立任何一种新的所有制形式都必须与生产力发展水平相适应。第二，发展经济必须遵循经济发展的客观规律，不能凭主观热情。第三，农村经济的变革，必须尊重农民的意愿，不能强迫命令，要采取示范、引导的方法。

（四）收入分配理论

毛泽东在 20 世纪 20 年代末就已经确立了按劳分配的思想。其主要内容有：第一，各尽所能，按劳分配。为了纠正"大跃进"和人民公社时期出现的平均主义的错误，毛泽东于 1958 年提出要"保留适当工资，保留一些必要的差别，保留一部分多劳多得"。② 第二，既反对平均主义，又防止过分悬殊。第三，取消薪水制，恢复供给制。按劳分配仍然是我国分配制度的基础，在按要素分配发展迅速的今天，农民收入相对于城镇居民有很大差距，缩小这一差距需要认真反思收入分配调节方式。

（五）国民经济按比例发展的思想

毛泽东强调，新中国是在落后的农业大国的基础上建立起来的。他指出，"我国是一个农业大国，农村人口占全国人口的百分之八十以上，发展工业必须和发展农业同时并举，工业才有原材料和市场，才有可能为建立强大的重工业积累较多的资金。"③ 中国实行工业化必须从这个基本国情出发，中国革命的成功是以工农联盟为基础的，要加强工农联盟，不能损害农民的利益。

在"一五"计划中，毛泽东对于消费与积累的比例，农、轻、重的比例，公营与私营经济的比例有较多论述。1959 年底，毛泽东明确了覆盖农、轻、重的国民经济发展方针，这是对马克思主义两大类理论的发展。毛泽东还提出了三种平衡论，即农业内部农、林、牧、副、渔的平衡，工业内部各个部门、各个环

---

① 毛泽东选集：第 6 卷［M］. 北京：人民出版社，1999：299.
② 李君如. 毛泽东于当代中国［M］. 福州：福建人民出版社，1991：281.
③ 毛泽东文集：第 7 卷［M］. 北京：人民出版社，1999：241.

节的平衡，工业和农业的平衡。① 此时，毛泽东非常注重农业发展中不能超越阶段和不能剥夺农民的思想。1962 年毛泽东又提出了以农业为基础，以工业为主导的国民经济发展方针，这是对马克思主义工业化道路的重要发展，是不同于西欧也不同于苏联、东欧的第三条工业化道路。

（六）关于科教兴农的战略思想

毛泽东注重农业技术的推进，提出"先合作化后机械化"的思想，农业机械化可以大大提高劳动生产率，可以大大节约农村劳动力，还可以反过来带动机械工业和电力、冶金工业的发展。但是农业机械化也要考虑农业的实际情况，当时很多机械根本用不上，处于闲置状态，没有发挥使用价值。机械化是有条件的：一是土地的相对集中和种植农业产品的相对集中；二是要使农业剩余劳动力有转移出路，不能出现机器干活，农民失业的情况；三是要降低机器的使用成本，不能出现机械化使用率提高，而农民的收入降低的现象。此外，要遵循农业生产规律，尊重人民的意愿，不能强迫和命令，否则终将一事无成。②

二、中国特色社会主义理论体系中的缩小城乡收入差距的思想

自中共十一届三中全会以来，我们党继续坚持把马克思主义基本原理与改革开放和社会主义现代化建设的具体实践相结合，从而开辟了中国特色社会主义道路，形成了中国特色社会主义理论体系，包括邓小平理论、"三个代表"重要思想、科学发展观和习近平新时代中国特色社会主义思想，它们和马克思主义、毛泽东思想一道，成为我们党必须长期坚持的指导思想。而其中关于"三农"问题、城乡统筹发展问题和城乡收入差距的理论是我们今后进一步缩小城乡收入差距、统筹城乡发展实践探索中的理论指南。

（一）邓小平理论中的缩小城乡收入差距的思想

邓小平理论内容丰富，涵盖了经济、文化、教育、军事、科技、外交和党的建设等各个方面，其中的经济思想理论是最核心的内容，仍然为我们今天的经济

---

① 逢先知，金冲及. 毛泽东传：下 ［M］. 北京：中央文献出版社，2003：946.
② 程恩富. 马克思主义经济思想史 ［M］. 东方出版中心，2006：352.

发展提供指导。本书所探讨的城乡收入差距问题仍然可以从邓小平理论中得到启发和思考。

1. 重视农业发展问题

这里的农业指的是"三农"，即农业、农村、农民。邓小平强调："农业是根本，不要忘掉。"① 他又进一步提出："中国社会是不是安定，中国经济能不能发展，首先要看农村能不能发展，农民生活是不是好起来。"② 邓小平非常重视科技在农业中的作用，他认为，必须树立农民的科技意识，必须依靠科技进步，必须将科技成果转化为生产力。将来农业问题的出路，终要由生物工程来解决，要靠尖端技术。

邓小平重视农民、关心农民。他提出："占全国人口百分之八十的农民连温饱都没有保障，怎么能体现社会主义的优越性呢?"③ 他认为："农民没有摆脱贫困，就是我国没有摆脱贫困。"④ 中国是否稳定要看农民是否稳定，农民的稳定决定了整个社会的稳定。邓小平注重给农民自由选择的权利，对于当时安徽小岗村的家庭联产承包责任制的改革壮举，邓小平给予了肯定。

2. 避免两极分化，实现共同富裕

邓小平有关收入分配的思想论述主要有：第一，坚持按照劳动的数量和质量进行分配，主张打破平均主义的"大锅饭"，调动人们的积极性。他强调，按劳分配"就是按照劳动的数量和质量分配"。⑤ 第二，按劳分配是社会主义个人分配的主要原则，但不是唯一的原则，提倡以其他方式为补充的分配原则。第三，强调通过对收入分配的调节，解决收入差距。1992 年初，邓小平在"南方谈话"中指出："社会主义的本质，是解放生产力，发展生产力，消灭剥削，消除两极分化，最终达到共同富裕。"⑥ 他在 1992 年明确提出，中国发展到一定程度后，一定要考虑分配问题，要考虑落后地区和发达地区的差距问题，如果仅仅是少数人富有，那就会落到资本主义去了。⑦ 这些都体现了邓小平同志对于我国收入分配差距问题的重视和为缩小收入差距所做的努力。但是，我国收入差距不断扩

① 邓小平文选：第 3 卷［M］. 北京：人民出版社，1993：23.
② 邓小平文选：第 3 卷［M］. 北京：人民出版社，1993：77.
③ 邓小平文选：第 3 卷［M］. 北京：人民出版社，1993：255.
④ 邓小平理论学习纲要［M］. 北京：人民出版社，1997：94.
⑤ 邓小平著作专题研究［M］. 北京：人民出版社，1988：117.
⑥ 邓小平经济思想［M］. 北京：人民出版社，2004：125.
⑦ 改革开放 30 年思想史：上卷［M］. 北京：人民出版社，2008：430.

大，因此，在我国经济发展过程中，要兼顾效率和公平，初次分配重视效率，再次分配更加注重公平。这样既发挥了个人的潜力，调动了积极性；又能够通过再分配调节收入差距。

3. 建立社会主义市场经济

邓小平认为，发展才是硬道理。他提出的社会主义也可以搞市场经济的思想，打破了人们长期禁锢的思想，即认为市场经济就是资本主义的观点。社会主义市场经济体制改革是一个系统性的改革，改革首先从农村开始，以安徽省凤阳县小岗村为突破口，以家庭联产承包责任制为主要内容的农村改革迅速展开，废除了农民公社制度。农村的改革为城市改革提供了宝贵的经验借鉴。在所有制结构上，他提出坚持公有制为主体，发展多种所有制形式。

在市场经济条件下，要正确处理好公平和效率的关系。邓小平提出，在社会主义市场经济下不能忽视共同富裕的目标。邓小平告诫我们：如果改革造成了两极分化，那改革就失败了。我们应该尽量避免这样的情况出现。当前我国的居民收入差距和城乡收入差距过大问题正是邓小平同志所担心的事情，我们党也认识到收入差距问题的重要性，因此加大政府对收入分配的调节力度是社会主义国家义不容辞的责任。

4. 实施科教兴国战略

"科学技术是第一生产力"，这是邓小平对于科技作用的最深刻评价。中国要实现现代化，必须把科技搞上去，他提出要尊重知识，尊重人才。发展科学技术要重视抓教育问题。1977年，邓小平在与中央两位同志谈话时指出，"我们要实现现代化，关键是科学技术要能上去。发展科学技术，不抓教育不行"，"抓科技必须同时抓教育。从小学抓起，一直到中学、大学"。① 党的十二大把教育列为经济建设的战略重点之一。党的十三大提出"百年大计，教育为本"。党的十四大提出，教育优先发展和提高全民科学文化素质是实现我国现代化的动力源泉和根本大计。

（二）江泽民"三个代表"重要思想中的缩小城乡收入差距的思想

以江泽民同志为核心的党的第三代中央领导集体经受了国内外诸多政治风波、经济发展风险和自然灾害频发的严峻考验，依靠党和人民，捍卫中国特色社

---

① 邓小平文选：第2卷［M］. 北京：人民出版社，1994：40.

会主义，创立了"三个代表"重要思想，其中所蕴含的经济思想，进一步丰富了中国特色社会主义理论体系。

1. 确立社会主义市场经济体制的目标

党的十四大确立了建立社会主义市场经济体制的目标，党的十四届三中全会系统阐述了社会主义市场经济的基本框架。围绕社会主义市场经济体制的目标，全面开展了在财政、税收、金融、外贸、投资、住房和社会保障等领域的改革，经济发展取得了显著效果。党的十五大把以公有制为主体、多种所有制经济共同发展，确定为我国社会主义初级阶段的一项基本经济制度，同时也确立了以按劳分配为主体、多种分配方式并存的分配制度，坚持效率优先、兼顾公平的方针。党的十五大的这些论述为我国经济体制改革指明了方向。此外，党的十五大也提出了科教兴国战略、可持续发展战略、西部大开发战略、新型工业化道路等，社会主义市场经济体制初步建立。

2. 重视收入分配制度改革

进行收入分配制度改革是由我国社会主义初级阶段的基本经济制度决定的。在党的十五大上确立了以按劳分配为主体，多种分配方式并存的分配制度，也提出了把农业放在经济工作的首要位置上。党的十六大确立了分配原则，即劳动、资本、技术和管理等生产要素都要按各自的贡献参与分配。这是我们党对我国经济建设实际探索的经验总结和对马克思主义收入分配理论的升华。同时，党的十六大提出初次分配要重视效率，再分配要注重公平，加强政府对个人收入分配的政策调节，很好地将社会主义的本质要求及其实现途径结合起来。

3. 注重协调城乡关系

江泽民重视发展小城镇。他认为发展小城镇非常必要和重要，而城乡差距大，农业人口多，是制约经济和社会发展的重要因素。实践证明，加快小城镇建设的确对转移农村剩余劳动力起到了积极作用。这一阶段国家已经逐步重视城乡发展是否协调这一问题，一些政策也开始逐渐关注农村，向农村倾斜。

（三）胡锦涛的科学发展观中的缩小城乡收入差距的思想

进入 21 世纪，中国特色社会主义面临的国内外环境发生了新的深刻的变化。中国面临着前所未有的机遇和挑战，进入发展的关键期、改革的攻坚期和矛盾的凸显期。以胡锦涛为总书记的党中央抓住机遇，创造性地提出了科学发展观等一系列具有重大价值的战略思想。科学发展观中包含的经济思想，丰富和深化了中国特色社会主义经济理论，为全面协调可持续的发展指明了方向，为中国特色社会主义理论增添了新内容，为城乡发展和缩小城乡收入差距提供了理论启发。

1. 继续高度重视"三农"问题

随着改革开放的不断推进，我国经济发展和人民生活都取得了令人瞩目的成绩。但是新的矛盾和问题也逐渐显现出来，如收入分配不公问题、城乡差距问题、自然环境恶化问题等。因此，促进社会和谐发展就成为主要课题。在 2004 年的中央一号文件中，做出了在 5 年内取消农业税和废除烟叶税以外的全部特产税的决定，同时对农民种田还给予直接的粮食补贴、良种补贴和农机补贴。胡锦涛强调，要坚持把增加农民收入作为农业和农村工作的中心任务，坚持"多予、少取、放活"的方针，建立健全促进农民收入持续增长的长效机制"。[①] 2006 年的中央一号文件指出了我国城乡居民收入差距持续扩大的矛盾依然突出，重点解决"三农"问题仍然是我国重中之重的历史任务。

2. 公平分配，共享改革发展成果

针对收入分配问题，2006 年 5 月 26 日胡锦涛在中共中央的专题会议上提出了"在经济发展的基础上，更加注重社会公平"，"使全体人民享受到改革开放和社会主义现代化建设的成果"等论断。我国人均国民生产总值处于 1000 ~ 3000 元，改革开放处于一个关键时期。处理好会进入"黄金发展期"，处理不好则会跌入"中等收入陷阱"。因此，要在经济发展基础上着力调整社会的收入分配，彰显社会公平。党的十六届三中全会提出，坚持效率优先、兼顾公平的收入分配原则。在此基础上，把改革的重点放在整顿和规范收入分配秩序、缩小收入差距和关注弱势群体利益上。胡锦涛指出，我国城乡发展失衡和居民收入差距拉大是全民普遍关注的焦点。

3. 大力推进城乡统筹发展

在党的十六届四中全会上胡锦涛同志提出，在工业化初期，农业为支持工业发展提供了必要的积累，但在工业化发展到一定程度后，就需要反哺农业，达到工农业的协调发展以及城乡的协调发展。这表明了我们党在不同发展阶段有不同的城乡政策倾向，有理论联系实际和用发展的眼光看问题的优良作风。

党的十七大提出促进教育公平，教育资源重点向农村、边远和贫困地区倾斜，积极推动农民工子女平等地接受教育。推进城乡居民最低生活保障制度和城

---

① 胡锦涛. 在中央政治局第十一次集体学习时的讲话 [N]. 人民日报，2004-03-31（1）.

乡医疗救助制度，不断完善农村的社会保障体系。在党的十八大报告中，胡锦涛指出，在经济发展中，首先要注重农村、农业和农民，逐步转变城乡二元结构，发挥城市的辐射作用，带动农村发展，推进城乡的协调统一发展。从过去过分突出城市发展转向城乡统筹发展。该报告还提出了"四化同步"的思想，即工业化、信息化、城镇化、农业现代化同步推进。统筹推进城乡社会保障体系建设，将农村居民不断纳入社会保险范围，逐步缩小城乡居民在养老、医疗等社会保障上的差别待遇。

（四）习近平新时代中国特色社会主义思想中的城乡发展和城乡融合思想

以习近平总书记为核心的新一届党中央领导对于收入分配和城乡统筹问题高度重视。习近平认为我国城乡收入差距和城乡统筹发展的关键在乡。同时，习近平也重视缩小城乡收入差距，通过统筹城乡发展来实现社会公平。针对"三农"问题和城乡统筹问题，习近平的观点主要体现在以下三个方面。

1. 强农业——创新农业科技，促进农村改革

2013 年 11 月，习近平在山东考察时指出，我国农业的出路在于现代化，而实现农业现代化的关键在于农业科技进步，农业科技人才的作用不可忽视，新型职业农民的培养至关重要。我国农业要告别以往的粗放型增长道路，走内涵式发展道路。对于农业现代化，习近平同志经常会做重点强调。2015 年 4 月，中共中央政治局进行了第 22 次集体学习，习近平提出，为了加强农业基础地位，必须加快农业现代化的推进进程，进而保证我国粮食安全问题，提高农民的农业经营性收入，促进一二三产业的融合发展和相互带动。这些都明确表达了习近平对农业中科技作用的重视。我国农业面临着种植结构调整和过剩劳动力需要转移的问题，因此在今后的农业发展道路上，提高农民的科学文化素养，"给农业插上科技的翅膀"是习近平对于农业发展之路的期望。创新农业科技，离不开乡村人才的支持。要以习近平新时代中国特色社会主义思想为指导，坚持把乡村人力资源培养放在首位，大力培养本土人才，健全乡村人才机制。打好乡愁情感牌，吸引人才返乡建设，同时也引导城市人才下乡。[①] 在党的十九大会议上，习近平提出要培养一支懂农业、爱农村、爱农民的工作队伍。尤其要鼓励能人返乡创业和大

---

① 中共中央办公厅国务院办公厅印发《关于加快推进乡村人才振兴的意见》. http：//www. gov. cn/zhengce/2021－02/23/content_5588496. htm.

学生村官扎根基层，培养更多知农爱农型人才，为推进乡村全面振兴做出贡献。[①]

习近平重视推动农村改革。2014年3月，习近平在全国"两会"期间与安徽代表团交流时指出，我国全面深化改革的一个重要组成部分就是要继续进行农村改革，解决"三农"问题的关键方向是向改革要活力，唯有改革才有出路。我国当前农村面临的主要改革就是农业产业结构转换、农村经营方式创新和农村土地流转，改革正在积极推进。2016年4月25日习近平在安徽小岗村重温改革并召开农村改革座谈会时再次强调，农村改革的伟大实践，推动我国"三农"发生了巨大变化，为我国社会主义建设做出了重大贡献。对于农村改革的成功实践和经验，要长期坚持、不断完善。

2. 富农民——奔向共同富裕，一个都不能少

2013年习近平提出，要大力促进农民增加收入，不能让农民的平均收入掩盖了大多数农民的收入。习近平指出，在我国工业化、信息化、城镇化进程中，不能忽略农业现代化的工作，也不能忽略新农村建设的任务，要通过破除城乡二元结构，逐步促进城乡一体化的形成，达到城乡的协调发展。这明确了我们党对于农民增收和农民富裕的高度重视，同时提出了农民富裕的主要路径是缩小城乡收入差距，推进乡发展一体化。2015年习近平提出，工业和农业要统筹发展，城乡要均衡发展，城乡居民要公平分配，收入要均衡。

富农民，不仅要物质上富裕，精神上也要富裕。改善农民的精神风貌，提高乡村社会文明，加强精神文明建设也是极其重要的。2017年习近平在江苏考察时，强调农村精神文明建设很重要，实施乡村振兴战略要物质文明和精神文明一起抓，以社会主义核心价值观为引领，挖掘乡土文化，培育文明乡风、良好家风、淳朴民风，焕发乡村文明新气象。当习近平总书记走进徐州马庄村文化礼堂，观看关于宣传党的十九大精神的快板时，被其深深吸引，于是鼓励大家要丰富村民文化生活，继续关注精神风貌。习近平强调，实施乡村振兴战略不能只看农民口袋里票子有多少，更要看农民精神风貌怎么样。[②]

3. 美农村——建设美丽乡村，农民安居乐业

习近平高度重视农村建设和发展。2013年习近平提出，要重视新乡村建设，

① 习近平给全国涉农高校的书记校长和专家代表的回信［EB/OL］.（2019-09-06）［2022-11-25］.http：//www.moe.gov.cn/jyb_xwfb/moe_176/201909/t20190906_398023.html.

② 拥抱新时代迈上新台阶——习近平总书记江苏徐州考察回访［EB/OL］.［2022-10-01］.http：//news.cnr.cn/native/gd/20171215/t20171215_524063663.shtml.

把钱用在关系农民切身利益的事情上。现实中可以看到，近些年我国对于新农村建设的投入大幅度增加，帮助农民盖新房或翻新旧房、统一规划修建整齐的院子、修建农民休闲广场和配置路灯等，给农民带来了真正的实惠。2014年12月习近平再次强调，要重视推动农村医疗等公共服务均等化，解决农村居民看病难和看病贵的问题。2015年习近平提出，要特别重视农民工进城后农村留守儿童和留守妇女问题，关心农村老人的生活问题。这都体现了党对农村建设和发展的重视与支持。2018年，习近平在党的十三届全国人大一次会议上指出，推动乡村生态振兴，要处理突出的环境问题；推进农村"厕所革命"，让良好生态成为乡村振兴的支撑点。2021年，我国农村户籍人口达到7.6亿人，常住人口达到4.98亿人，[①] 未来仍将有数亿人生活在农村，要顺应农民群众对美好生活的向往，深入推进宜居宜业和美乡村建设，让他们过上与城镇居民一样的美好生活。党的十九大提出"产业兴旺、生态宜居、乡风文明、治理有效、生活富裕"乡村振兴战略的总要求，在党的二十大上习近平提出"建设宜居宜业和美乡村"，深刻把握乡村建设规律。2023年的中央一号文件指出，加强村庄建设，防止大拆大建，实施农村传统村庄连片保护政策，推进农村人居环境整治，持续加强乡村基础建设。[②]

4. 重脱贫——抓实精准扶贫，实现精准脱贫

扶贫是习近平总书记最在意的事情，不仅常挂于心，更是身体力行深入贫困地区实地考察。党的十八大以来，从云贵川到东三省，习近平的扶贫脚步遍布全国各地，尤其是偏远山区，习近平非常重视农村地区的教育问题，2014年6月就加快发展职业教育作出重要指示，要加大对农村地区尤其是农村贫困地区的农民职业教育的财政支持和人力支持力度，努力创造机会使每个人都能够拥有出彩的人生。2016年4月25日习近平在安徽小岗村召开农村改革座谈会时强调，"增加农民收入，要构建长效政策机制，通过发展农村经济、组织农民外出务工经商、增加农民财产性收入等多种途径，不断缩小城乡居民收入差距，让广大农民尽快富裕起来"。2016年7月18日，习近平到宁夏固原考察时指出："全国还有5000万贫困人口，到2020年一定要实现全部脱贫目标。这是我当前最关心的事

① 建设宜居宜业和美乡村（认真学习宣传贯彻党的二十大精神）[EB/OL]. [2022-12-20]. http://news.cnr.cn/native/gd/sz/20221115/t20221115_526062495.shtml.
② 2023年中央一号文件（全文）[EB/OL]. [2022-10-25]. http://www.lswz.gov.cn/html/xinwen/2023-02/13/content_273655.shtml.

情。"习近平说："一定要把孩子教育搞好,学知识、有文化,决不能让他们输在起跑线上。"2016年7月20日在银川的东西部扶贫协作座谈会上习近平提出,进一步做好东西部扶贫协作和对口支援工作,明确东部对西部的对口帮扶是实现先富帮后富、最终实现共同富裕目标的大举措。2017年习近平在深度贫困地区脱贫攻坚座谈会上指出,① 深度贫困地区是脱贫攻坚的坚中之坚。脱贫工作要实打实干地解决群众贫困问题,各级财政要加大对深度贫困地区的投入,解决贫困地区公共服务、基础建设及医疗保障问题。深度贫困地区要改善经济发展方式,依据特色农业来提高区域精准扶贫成效,激发贫困群众的内生动力。

"十二五"规划特别是党的十八大以来,党和政府把扶贫开发工作摆到更加突出的位置,大力度、宽领域、多层次向前推进,全力补齐贫困地区发展短板。据统计,从2011年到2015年,中央财政专项扶贫资金从272亿元增长到467.45亿元,几乎翻了一番;贫困地区基本公共服务体系建设加快推进,城乡基本养老保险制度全面建立,全国农村5000余万人被纳入农村最低生活保障范围。习近平尤其重视精准扶贫工程,大力推进精准扶贫工作,他提出:"扶贫要实事求是,因地制宜。要精准扶贫,切忌喊口号。"党和国家对"三农"的重视不断加强,2016年中央一号文件提出坚持强农惠农富农政策不减弱。"十三五"规划提出:"要以协调促进发展平衡,大力发展现代农业,扩大公共产品和公共服务供给,缩小城乡、区域差距。"这为解决我国"三农"问题和城乡统筹发展问题提供了指导思想,必将对城乡收入差距的缩小和城乡发展一体化起到重要推动作用。脱贫攻坚取得胜利后,"三农"工作发生了历史性的转变,全面推进乡村振兴成为战略性要求。习近平在党的十九大报告中提出实施乡村振兴战略,强调建立健全城乡融合发展体制机制和政策体系,加快推进农业农村现代化。乡村振兴,多渠道增加农民的收入,关键在于产业的振兴,要鼓励农民依据特色农业、红色文化资源、绿色生态资源发展农村经济,搞活农村经济,这是振兴乡村的好做法。抓好农民合作社和家庭农场两类农业经营主体发展,发展壮大新型集体经济。同时,要发展农村绿色产业,深入推进农村三产融合,深化产权制度改革,但仍要稳步提升粮食产能,不能影响到粮食安全;深入建立防止返贫长效机制,稳步推进全面脱贫与乡村振兴的有效衔接。2021年两会期间,习近平在参加内

---

① 习近平:在深度贫困地区脱贫攻坚座谈会上的讲话 [EB/OL]. [2022 - 10 - 25]. http://www.gov.cn/xinwen/2017-09/02/content_5222125.htm.

蒙古族代表团审议时指出，内蒙古农牧民生活居住比较分散，生态环境脆弱，推进乡村振兴难度大、挑战多，要坚决守住防止规模性返贫的底线。

5. 兴乡村——农业农村现代化，乡村全面振兴

乡村是具有自然、社会、经济特征的地域综合体，兼具生产、生活、生态、文化等多重功能，与城镇互促互进、共生共存，共同构成人类活动的主要空间。乡村兴则国家兴，乡村衰则国家衰。我国人民日益增长的美好生活需要和不平衡不充分发展之间的矛盾在乡村最为突出，我国仍处于并将长期处于社会主义初级阶段，它的特征很大程度上表现在乡村。全面建设社会主义现代化强国，最艰巨最繁重的任务在农村，最广泛最深厚的基础在农村，最大的潜力和后劲也在农村。实施乡村振兴战略，是解决新时代我国社会主要矛盾、实现"两个一百年"奋斗目标和中华民族伟大复兴中国梦的必然要求，具有重大现实意义和深远历史意义。

2017 年习近平总书记在党的十九大报告中首次提出乡村振兴战略。党的十九大报告指出，农业农村农民问题是关系国计民生的根本性问题，必须始终把解决好"三农"问题作为全党工作的重中之重，实施乡村振兴战略。同年，中央农村工作会议首次提出要走中国特色社会主义乡村振兴道路，要让农业成为有奔头的产业，让农民成为有吸引力的职业，让农村成为安居乐业的美丽家园。2018年，中共中央政治局就实施乡村振兴战略进行第八次集体学习，习近平同志在学习中强调，乡村振兴战略是党的十九大提出的一项重大战略，是关系全面建设社会主义现代化国家的全局性、历史性任务，是新时代"三农"工作的总抓手。

在持续推进乡村振兴中，要继续选派驻村第一书记，2020 年习近平在湖南考察时了解基层公共服务情况，并强调要把村作为基本阵地来为民服务，增强为民服务的精准性和实效性。继续选派驻村第一书记，提高基层党组织的政治素养。[①] 当习近平总书记调研贵州省毕节市黔西县时，多次强调基层党组织是乡村振兴的"主心骨"，体现出总书记对乡村振兴中基层党建的重视，也体现出对实现乡村振兴的伟大坚持。

在《"十四五"推进农业农村现代化规划》中，明确提出了推进农业农村现代化要聚焦"三个提升、三个建设、一个衔接"这七个方面重点任务。要提升

---

① 习近平在湖南考察时强调：在推动高质量发展上闯出新路子谱写新时代中国特色社会主义湖南新篇章［EB/OL］．［2022-10-01］．http：//www.gov.cn/xinwen/2020-09/18/content_5544581.htm.

重要农产品供给保障水平、提升农业竞争力、提升产业链供应链现代化水平，同时要建设宜居宜业、绿色美丽、文明和谐的乡村，还要巩固脱贫攻坚的成果，有效衔接全面推进乡村振兴。

"十四五"时期，要做到推进农业农村数字化发展，重点是要做到完善农村信息化基础设施的建设，加快数字经济的推广和应用，让广大农民能够享受到数字经济发展的红利。加快农业农村现代化发展，还要走好城乡融合的道路，要统筹推进户籍制度改革和城镇基本公共服务常住人口全覆盖。同时，要将县域作为城乡融合发展的切入点，加强以县域为载体的城镇化建设。此外，还要促进城乡间的要素流通，打通城乡间要素自由流动的制度性通道，促进城乡人力资源双向的流动。

2021年的中央一号文件强调，要守住保障国家粮食安全和不发生规模性返贫两条底线，突出年度性任务、针对性举措、实效性导向，充分发挥农村基层党组织领导作用，扎实有序做好乡村发展、乡村建设、乡村治理重点工作，推动乡村振兴取得新进展、农业农村现代化迈出新步伐；构建现代乡村产业体系，依托乡村特色优势资源，打造生产、加工、仓储保鲜、冷链物流等农业全产业链，发挥一二三产业融合的乘数效应，提高农业质量效益。该文件还提出，要立足县域布局特色农产品产地初加工和精深加工，建设现代农业产业园、农业产业强镇、优势特色产业集群，促进乡村农产品加工业高质量发展；推进农业现代化示范区建设，到2025年创建约500个示范区，形成梯次推进农业现代化的格局。

2022年发布的《乡村建设行动实施方案》指出，乡村振兴战略的重要任务和国家现代化建设的重要内容都是乡村建设，该方案明确了乡村建设的路线图，并确保到2025年取得实质性进展。

6. 促城镇——以人为核心，低碳可持续发展

（1）推进以人为核心的新型城镇化。缩小城乡差距，城镇建设也非常重要，要推进以人为核心的新型城镇化、推进低碳可持续发展的新型城镇化、加快城乡多维深度融合的新型城镇化。

2013年习近平在中央城镇化工作会议上指出：城镇化建设，要"让居民望得见山、看得见水、记得住乡愁"，体现了以人为核心的新型城镇化理念。[①] 以

---

① 新型城镇化，让乡愁不只存在于记忆［EB/OL］.［2022-12-12］. http：//www.gov.cn/zhuanti/2014-03/06/content_2631564. htm.

人为核心，不仅要求我们注重地域上的差异，不刻意打造城市面貌，而且要求我们关照人文情怀。同年，习近平在党的十八届三中全会上指出要通过推进城乡一体化发展来解决城乡之间的差距较大、农村发展跟不上城市进度等问题。2015年习近平在中央经济工作会议上谈到，推进城镇化，要更加注重以人为核心。2018年习近平在中央经济工作会议上指出，推动城镇化发展，需要注重在城镇就业的农业转移人口的落户工作，提高大城市管理水平。2019年习近平在上海考察时强调，城市是人民的城市，新城建设、老城改造，都要以人民为中心，聚焦人民群众的需求。

（2）推进低碳可持续发展的新型城镇化。习近平对于城乡间生态的发展一直秉持着"既要金山银山，又要绿水青山"的发展理念，[1] 在城乡发展中，坚持贯彻绿色新发展理念，把生态环境保护放在更加突出的位置。2020年，习近平在江苏考察时强调，城市是现代化的重要载体，要科学规划城市的生产、生活、生态空间，处理好生态环境与城市生产生活的关系。2021年，习近平在福建考察时提出，福州是有福之州，生态条件得天独厚，同时指出要把人居环境、城市空间工作做好，更好地造福人民群众。在"十四五"期间，要依据科学规划，构建绿色低碳的发展路径，盘活、优化城市空间，在深入落实"碳中和、碳达峰"的前提下，开展"零碳城市"建设。

（3）加快城乡多维深度融合的新型城镇化。新型城镇化要聚焦历史文化、空间布局、产城融合等多个板块。2014年习近平在北京考察时指出，要本着对历史负责、对人民负责的精神，处理好城市改造和历史文化遗产保护，切实做到发展中保护，保护中发展。2020年习近平在中央财经委员会第七次会议上强调，要因地制宜地推进城市空间布局形态多元化，有意识地培育多中心城市，目前中国特大城市和超大城市的人口密度偏高，要在遵循人口向优势区域集中的客观经济规律下，合理控制人口密度，建设一批产城融合、职住平衡、生态宜居、交通便利的新城。[2] 城镇化的可持续发展应从产业支撑方面进行突破，依据"城市"功能，构建韧性城市长效治理机制，加快促进产城融合发展，同时要高度重视城乡产业的协同推进。

城乡的发展不是相互割裂的，而是相互协调、全面融合的。党的十九大报告

---

① 习近平谈治国理政：第一卷［M］．北京：外文出版社，2014：434.

② 国家中长期经济社会发展战略若干重大问题［EB/OL］．［2022-12-28］．http：//www.qstheo-ry.cn/dukan/qs/2020-10/31/c_1126680390.htm.

明确提出了建立健全城乡融合发展体制机制，重塑城乡关系。2021 年"十四五"规划重点阐述了"优先发展农业农村，全面推进乡村振兴，加快城乡融合发展的体制机制改革"等内容，表明城乡关系演进到城乡融合的全新阶段。习近平总书记在乡村振兴和城镇化建设方面做出了伟大的贡献，也取得了丰硕的成果。2022年，提出县城是我国城镇体系的重要组成部分，是城乡融合发展的关键支撑。党的二十大进一步强调推进以县城为重要载体的城镇化建设。县城作为连接城市、服务乡村的中间载体，县城发展起来了，那么将向下辐射乡村，进而实现乡村发展和农业农村现代化，向上承接城市，实现城镇化的进一步深化，从而间接联系村与城。通过资源、公共服务、产业链等多方位交流，可以调节大中小城市、小城镇、乡村等向城乡融合迈进。城市的多种要素要积极向乡村"下沉"，积极引导人才入乡发展。同时，要促进城镇公共服务向乡村拓展覆盖。只有依据习近平新时代中国特色社会主义思想中对于城乡发展的新指导，才能将城乡融合推向另一个高度。

第三节　坚持以马克思主义为指导

马克思主义、毛泽东思想和中国特色社会主义理论体系中关于农业发展、农村建设、公平分配和城乡统筹发展的理论，以其具有前瞻性的探索和精辟的论断为我国农村社会发展、收入调节和城乡统筹发展提供了强有力思想指导和实践武器，为继续缩小我国城乡收入差距和实现城乡发展一体化提供了指导。

一、坚持马克思主义和中国特色社会主义理论体系的指导地位

首先，中国社会主义初级阶段的收入分配制度是按劳分配为主体，多种分配方式并存，其理论依据是马克思主义分配理论而不是其他理论。必须以马克思主义分配理论为指导，坚持按劳分配的主体地位。其次，我国社会主义初级阶段存在收入差距是必然的，平均主义只会导致效率低下和共同贫穷。最后，用发展的观点来处理我国的城乡关系。与时俱进是马克思主义最优秀的品质，在不同的阶段要采取不同的政策，早在工业化初期，农村支持城市，农业哺育工业；在工业

化达到一定程度后，城市支持农村，工业反哺农业。2004 年 9 月胡锦涛同志在党的十六届四中全会上指出，我国现阶段已经在总体上达到以工促农、以城带乡的发展阶段。在今后一段时期内，我国的主要政策取向是工业反哺农业、城市支持农村。因此，要坚持马克思主义基本原理与中国国情和时代特征相结合，坚持中国特色社会主义理论体系。

二、农业是国民经济的基础，任何时候都不能放松农业工作

马克思主义观点认为，农业是国民经济的基础，是人们赖以生存的物质基础，也是人类社会进步的物质基础，任何时候都不能放松对农业生产的重视。由于农村发展相对落后和农业具有弱质性的特点，加大对"三农"的投入是解决"三农"问题的必由之路。为了从根本上改变农村的落后面貌，进一步提高农业生产效率和农民的生活水平，国家必须加大支农惠农力度。

有人认为，我国农业产值在国民经济中所占比重越来越少，已不能起到"基础"作用了。这种观点是错误的、有害的，我们必须予以批判和抵制。农业的基础作用，不仅要从量上看，更要从质上看，是农业所处的地位决定的。世界上一些小国可以他国的农业为基础，我们这样的大国绝对不能有这样的幻想。因此，无论在任何时候、任何情况下，必须牢牢谨记农业是基础，要以农、轻、重的合理次序来安排国民经济计划。

三、农民转移就业、城乡发展一体化是城乡发展的历史必然规律

城乡差别的产生是分工发展的必然结果，马克思主义经典作家分析了他们所处时代的城乡差距情况，也看到了城乡差距带来的后果。他们提出了缩小城乡差距，实现城乡协调发展，并最终走向一体的历史发展趋势。这为解决我国城乡收入差距问题提供了"钥匙"，也是当前我们解决农村建设、农业发展、农民增收问题的必然选择。

随着经济社会的发展和城镇化的推进，农村居民逐步转移到城镇就业，是历史的必然，也是社会进步的表现。因此，在我国农业人口占多数的情况下，必须鼓励农村富余劳动力有序向第二、第三产业转移，必须让农民享受和城镇居民平等的待遇，让我国亿万农民能够共享改革开放的成果。城乡最终会走向融合，融

合的根本路径在于改造农业和转变农民，实现农民向市民的转化。

四、提高农业科技进步水平，提高农民的文化教育水平

马克思主义认为，科学技术的进步是农业劳动生产率提高的主要推动力。要用科技和先进的生产要素来改造传统农业，"创新驱动"已经是我国经济健康稳定发展的主要动力，是转变经济增长方式的必然要求。农业科技的进步需要农民文化素质的提升，因此要重视农民的教育问题，尤其是职业培训和科技素养的提升，从而为发展现代农业、缩小城乡收入差距和统筹城乡发展提供人力资本支持。目前，我国对农业新型经营主体带头人和农民工的职业培训已经起步，并不断在扩大，但是对普通农民的培训较少甚至有些地方是空白的，应引起重视并逐步加强，为农业经营注入优秀的人力资本。

在用科技武装农业的同时，要坚持走农业生态文明的发展道路，实现人与自然和谐相处。历史经验告诉我们，在社会主义经济建设过程中，我国不能走牺牲环境的道路，经济发展和环境保护要同时兼顾才能为国家经济发展和人们生活健康提供一个良好的环境。

五、建立有利于改变城乡二元经济结构的体制

缩小城乡收入差距要求从城乡分割、工农差别发展转向城乡互通、协调发展，把工业化、城市化与农业现代化结合起来；统筹城乡规划建设，推进城乡一体化发展；统筹城乡配套改革，建立促进城乡要素自由流动和资源优化配置的制度；统筹国民收入分配，加大对农村基础设施的投入和对农民的补贴，逐步建立和完善城乡社会保障体系。① 改变农村落后面貌，必须发挥市场和政府的双重作用，必须遵循马克思主义理论中有关城乡统筹发展的基本理论，建立新型的城乡关系，促进城乡统筹发展，实行以工补农、以城带乡的政策，最终达到"农城均富"的城乡发展一体化格局。

---

① 顾海良. 中国特色社会主义理论体系研究［M］. 北京：中国人民大学出版社，2009：180.

第四节 对其他理论的借鉴

研究城乡收入差距问题涉及经济学、政治学、社会学、地理学等多学科领域，在坚持以马克思主义、毛泽东思想和中国特色社会主义理论体系为指导思想的基础上，有必要对有关城乡收入差距的其他理论成果进行评析和借鉴，进而为进一步缩小我国城乡收入差距和促进城乡一体化提供有益借鉴。

一、二元经济发展理论

（一）刘易斯的二元经济发展理论

二元经济发展理论主要是由美国经济学家刘易斯（Lewis，1954）提出的，后来成为一种经典的处理城乡关系的理论基础。他针对有些国家不适合凯恩斯分析的现实，采用了一个新的分析框架，即古典分析框架。古典分析框架和新古典分析框架的主要不同点在于对劳动力供给的不同假设前提。古典分析框架认为农业劳动力是无限供给的，所以农业部门会存在大量的边际劳动生产力为零的剩余劳动力。新古典分析框架认为农业劳动力是稀缺的而不是无限供给的，只有牺牲农业，才会使工业部门得到充足的劳动力，工业才能不断发展。

刘易斯（1954）继承了"支付维持生计的最低工资就可获得无限劳动力供给"的古典学派的假说前提，探讨了二元经济背景下的劳动力无限供给条件下的经济发展问题，对发展中国家的发展问题更是进行了重点论述。刘易斯把发展中国家的经济部门划分为两个，一个是农村的传统农业部门，生产效率很低，收入仅够维持生计；另一个是城市的现代部门，劳动生产率高且可以获得更多收入。在传统农业部门中，人口相对于资本和资源比较多，也即存在大量的农业剩余劳动力，劳动的边际劳动生产率基本接近于零，甚至为负，减少劳动力不会影响农业的产出，所以劳动力工资很低，基本维持在一个仅能维持生存的水平上，劳动力无限供给，由此形成了"城乡二元经济结构"状态。

舒尔茨则认为农业部门不是劳动力过剩供给，而是受到宏观因素制约其他的要素不能自由流入农业而导致农业资源不足。如果宏观背景是自由的，则其他的要素也会流入农业，否则存在政府的一些人为干预。我国正是如此，城乡要素流动不是自由的，导致其他的要素资源无法流入农业部门，使我国的城乡收入差距一直居于高水平。

刘易斯的二元经济发展理论提出时正是资本主义社会发展的蓬勃时期，发达的现代部门大多集中在城市，而落后的传统部门大多集中在偏远的农村，这就构成了二元经济产生和发展的根源。工业部门在吸收农村大量的剩余劳动力时，只要支付给农民相对较少的工资就可以吸收农业剩余劳动力，进而为工业发展注入能量，这就使企业有更多的资金用于企业的扩大再生产，又可以吸收更多的农业转移人口就业，结果就可以促进城乡间的交流，二元经济结构不断削弱，城乡统筹发展进一步推进。

刘易斯的二元经济发展理论为发展中国家的农村剩余劳动力转移问题提供了理论支撑。我国是典型的二元经济体制国家，应借鉴刘易斯的理论，为缩小我国城乡收入差距消除制度性和非制度性障碍，为农村剩余劳动力顺利转移提供良好自由的环境，促进城乡融合发展。刘易斯的二元经济发展理论有一定的缺陷。其只强调农业为工业部门发展提供无限的劳动力资源，而对农业自身的发展有严重忽略。

(二) 拉尼斯-费景汉模型

拉尼斯（Ranis）和费景汉（Fei）（1964）的研究对刘易斯的二元经济发展理论进行了发展。他们认为刘易斯没有考虑到农业技术进步的影响，是存在不足的。他们考虑到工业和农业之间需要平衡发展，进而丰富和完善了刘易斯的二元经济模型，并根据农村劳动力供给的不同将经济发展划分为三个阶段：第一阶段，农业部门有大量的剩余劳动力，边际生产率为零，即减少劳动力，农业生产产量不会下降。这些劳动力需要向工业部门转移就业，而他们在工业部门所获得的收入只要与在农业部门大体相当即可。农业剩余劳动力转移一方面促进了工业部门的积累和扩张，另一方面转移之后使农业部门的人均收入提高了。第二阶段，农业部门仍有部分剩余劳动力，边际生产率大于零，但仍小于不变的制度工资。[①] 这些剩余劳动力的转移会使农业产出下降、农村剩余农民人均收入减少，

---

① "不变的制度工资"是指不是由市场决定，而是由习惯、道德和社会制度等条件决定的工资。

这会引起农产品价格的上涨，进而工业部门的消费支出就会提高，工人就会要求提高工资以保证实际生活水平不受影响。因此，不断提高农业生产效率就是首要选择，即通过机械化的实施以及科技在农业中的应用促使农业现代化的实现。第三阶段，农业部门不存在剩余劳动力，农业部门劳动力的边际生产率大于制度工资，此时因为将现代要素引入农业部门，农业部门的劳动生产率不断提高，农业产出增长能够有效地满足城市现代部门的需要，传统农业部门转变为商业化农业，各部门之间相互支持和补充，部门之间实现均衡的发展，最终实现城乡一体化。综上可知，在前两个阶段都存在农业潜在的失业。从第一个阶段向第二个阶段过渡是第一个转折点，即刘易斯第一转折点——农业劳动力供给从无限供给转向有限供给；从第二阶段向第三阶段过渡是第二个转折点——农业有限的劳动力剩余被完全吸收。城乡收入差距逐渐缩小，最后消失，城乡平衡发展最终达到一体化。

拉尼斯-费景汉模型肯定了农业在发展中国家中的重要作用，认为农业部门为现代工业部门提供了丰富的劳动力，农业生产率提高不仅是解决发展中国家粮食短缺问题的主要途径，也是保证工业部门扩张的必要条件，同时农业和工业的平衡增长对发展中国家的二元经济转化和城乡一体化形成至关重要。这一理论对我国现阶段缩小城乡收入差距和制定具体的工业反哺农业的政策措施具有重要的理论指导作用。但是模型中假定不变的制度工资和假定工业部门不存在失业等条件与现实中的发展中国家情况不相符，因此模型仍需修正。

（三）乔根森模型

美国经济学家乔根森（Jorgensen）对经济学最大的贡献在于对刘易斯模型和拉尼斯-费景汉模型进行了修正和发展，科学地建立了自己的二元经济学说。

乔根森否定了农村剩余劳动力边际生产力为零的假设，提出了自己模型的假定条件：一是农业传统部门的发展取决于土地和劳动的投入，土地供给不变且边际报酬递减；二是城市现代部门的发展依赖劳动和资本的投入，生产函数规模报酬不变。乔根森的观点主要有三个：其一，农业部门是工业部门乃至整个国民经济发展的基础，农业技术水平和农业供给能力的大小决定了工业的发展水平；其二，任何农业劳动的边际生产力都是大于零的，都会为农业产出做出贡献，只有当农业存在剩余产品且不断增加时，农业劳动力才开始转移，工业部门的发展才有劳动力的保障；其三，工业发展是建立在牺牲农业发展的基础上的。

乔根森模型非常重视农业的地位，提出农业是整个国民经济发展基础的重要论断，更加强调农业发展和农业技术的作用。这些对于我国解决"三农"问题，改造传统农业和发展现代农业，增加农民收入，制定城乡统筹发展战略具有理论指导作用。同样，乔根森模型并不是完美无缺的，该模型对农业中物质投入的重要性没有给予重视，对农村劳动力的回流现象没有解释力。同时土地报酬递减也不符合现实，技术进步以后，土地边际报酬不但没有递减，还呈递增趋势。这些乔根森模型都没有给予很好的解释。

（四）托达罗的乡-城人口迁移模型

20 世纪 60 年代末 70 年代初，许多发展中国家出现了严重的城市失业现象，而这时仍然有大量农村剩余劳动力转移到城市，人口流动成为城市经济发展的障碍。这一现象使传统的劳动力流动理论失灵，托达罗通过自己的研究提出了针对城市失业和农村人口转移并存现象的理论，即托达罗乡-城人口迁移模型。托达罗在 1969 年发表的《发展中国家的劳动力迁移和产生发展模型》中提出，发展中国家的农村剩余劳动力转移分为两个阶段，第一个阶段是剩余劳动力先转移到城市的传统部门，第二阶段是剩余劳动力从城市的传统部门再逐渐转移到城市的现代部门。

托达罗乡-城人口迁移模型的主要思想是：农村劳动力向城市转移的动机主要取决于城乡收入差异和城乡预期收入差异。但如果考虑到迁移成本较高和信息不对称等其他影响因素，即使城市失业严重，农民仍不断转移到城市，但找不到工作，在城市逗留时间较长。模型用公式表示如下：

$$M=f(d) \quad f'>0 \tag{3-1}$$

$$d=P \cdot W_u - W_r$$

式中，M 为从农村到城市的转移人口数量；d 为城乡预期收入差异，人口流动 M 是预期收入差异 d 的增函数；P 为农村转移人口在城市的就业概率；W_u 为城市实际工资水平；W_r 为农村实际工资水平。强调收入的预期是托达罗模型和以往的劳动力流动模型最大的不同。

托达罗的乡-城人口迁移模型表明，农村剩余劳动力向城市的转移意愿和数量取决于在城市中获得较高收入的概率和对进入城市后失业风险的权衡。而由于二元经济结构的存在，发展中国家存在较大的城乡收入差距，从而导致农村劳动力不断地被转移到城市，造成城市失业问题越来越严重。他提出城市每增加一个就业岗位，就有 2~3 个农村剩余劳动力转入，城市提供更多的工作机会无益于解决农村失业问题，对此，托达罗提出，应当重视农业和农村的自身发展，增加农村自身的就业机会，进而缩小城乡间的就业不平衡。①

托达罗的乡-城人口迁移模型对处于发展中国家的我国有一定的理论借鉴。其一，在我国城乡收入差距过大情况下，农村剩余劳动力向城市转移也具有一定的盲目性，增加了不少城市病问题。应注重农业自身发展，吸收资本流向农业，促进第一二三产业之间的融合发展，在农业部门内创造更多的就业机会，以缩小城乡之间的收入差距和不平衡发展，减少农村中盲目迁往城市的人口数量。其二，我国的户籍制度仍然是阻碍劳动力自由有序流动的主要障碍。虽然当前户籍改革力度大，取消了农村户籍与城市户籍的区别，但是真正地做到统一还需要很大的决心和努力。应不断完善外来务工人员在城市就业、入学、购房等方面的不平等机会和待遇。托达罗模型的不足在于：其理论假设中提出，在发展中国家，农业部门是不存在过剩劳动力的，农业的边际生产力一直为正数，这与现实中的情况是极不相符的。

（五）产业结构变迁理论

柯林·克拉克（1951）在《经济进步的条件》中说明了城乡存在差距的必然性。他通过对发达国家的数据资料进行实证分析得出：随着经济的发展，农村劳动力转移呈现了第一产业→第二产业→第三产业的规律。他进一步指出，第一产业就业比重和地位的相对下降会造成农业劳动生产率低于工业劳动生产率，必然会有城乡收入差距的产生。

我国的三次产业无论从就业比重上看，还是从产值增加上看都是第一产业在下降，第二产业和第三产业在上升，尤其是第三产业上升明显。而发达国家更是第一产业产值占有很少的比重，而第三产业产值比重大，高达 80% 左右。这些现实都印证了克拉克的三次产业变化的规律。城乡劳动生产率不同，进而工资水平不同，农业部门的工资水平明显低于城市部门，并最终形成城乡居民的收入差距。我国工业化和城市化过程中通过大力发展第三产业来吸收农业转移人口就是对这一理论的实际应用。

---

① 王洋、李翠霞. 西方人口流动理论经典模型分析［J］. 东北农业大学学报，2006（4）：57-65.

二、制度变迁理论

（一）新制度经济学理论

20 世纪 80 年代中期兴起的新制度经济学认为，制度变迁为经济发展提供契机的，一国产业结构变迁与该国的各种制度有密切关系。新制度经济学最主要代表人物诺斯提出，决定经济增长的是能够提供适当激励作用的制度，而人们常常说的扩大资本、追加劳动和技术进步本身就是增长。制度变迁理论认为，经济成长过程就是不断产生新的能降低交易费用的制度演进过程，制度变迁就是人们不断选择更有效率制度（交易费用更低、产出更高）的过程。制度提供给人们相互关联、相互影响的框架。① 制度变迁的作用主要在于它可以改变资源的配置方式，可以有效节约交易成本并且能够促进社会的和谐。诺斯还提出了"路径依存"理论，是指后期采用的技术会与前期技术在发展方向上存在依赖关系。一国经济在发展之初走上某一路径，那么它的既定方向会在以后发展中得到自我强化。这就很好地解释了不同国家和地区的发展差异性。因此，诺斯主张，发展中国家必须打破对原有路径的依存关系才能取得更好的发展，这对我国进行总结和反思过去的发展战略，进行有效改革具有很好的理论指导意义。在我国缩小城乡收入差距的问题上，必须打破原有的农村支持城市的城市倾向政策，进行制度创新和优化。

（二）产权理论

一国的经济发展必须处理好产权、市场、企业与国家等几个方面的制度安排。产权界定在不同人身上会带来收入分配上的不同。何为产权？产权是指人们对某项财产的占有、使用、收益和让渡的权利。产权理论问题是经济学研究中最基本的问题之一，也是社会经济建设中必须重视的问题。

1. 马克思的产权理论

马克思的产权理论在产权理论中占有重要的地位。马克思重点研究了资本主

---

① 程莉. 1978—2011 年中国产业结构变迁对城乡收入差距的影响研究［D］. 成都：西南财经大学博士学位论文，2014：38.

义的财产关系，他揭示了在经济活动中劳动与资本之间对立的对立关系，提出价值增殖过程是对产权中的所有权占有的回报，涉及所有权、占有权、使用权、支配权、经营权、索取权、继承权等一系列权利的统一与分离。① 马克思以历史的眼光论述了所有与占有的区别和联系，同时还区分了公有产权和私有产权的不同概念范畴。产权的统一和分离的理论思想是马克思关于产权的最重要内容，他认为产权包含多种权利，多种权利之间是既可以统一，又可以分离的辩证关系。统一时保持产权的完整，分离时可以使所有权和使用权等分离开来。马克思的产权理论是代表无产阶级的利益，并主张产权的主要取向是公有化方向。

2. 西方的产权理论

西方的产权理论具有一定的合理性。西方的产权理论主要观点是，产权是对经济品的权利，包括使用、收益和处置的权利。产权的主要特点是排他性和可分割性。产权的基本功能有：第一，产权是有界的，也是确定的，可以减少人们交易中的不确定性，而没有进行界定的财产则权利是不确定的。第二，生产者或消费者的行为会对他人产生有利或不利的影响，称为外部经济或外部不经济，影响着资源配置。如果对产权进行界定后会使经济活动的外部影响内部化，资源有可能朝着帕累托最优的状态优化配置。第三，产权具有激励和约束的功能。产权界定可以使市场行为中的利益关系得到保障和激励，也使责任关系得到约束，提升经济效率。

现代产权理论的创始人科斯提出了著名的科斯定理，包括科斯定理Ⅰ和科斯定理Ⅱ。科斯定理Ⅰ的主要内容是：只要假定市场交易费用为零，无论最初将产权赋予何方，通过谈判和交易都可以使资源配置达到最优，实现社会福利最大化。科斯定理Ⅱ的主要内容是：即使交易费用不为零，只要明确界定产权就可提高资源配置效率，使外部不经济问题内部化，逐步实现资源配置的帕累托最优状态，而无须抛弃市场机制或引入政府干预。

西方的产权主要强调的是私有产权的确立及私有产权明确后可以提升市场效率，尽量减少政府对市场的干预，认为在产权明确下市场可以通过交易让资源配置自动达到帕累托最优状态。事实上，并不是所有的产权都是可以被明确的，如空气、环境。已经明晰的产权也不一定能够交易或交易成本过高，如具有污染的化工厂和受影响的众多农民之间关于河流污染权的谈判成本和交易成本过高而无

① 周子健. 国内马克思主义产权理论研究综述［J］. 人力资源管理，2016（1）：203-204.

法进行谈判。

当前我国的经济改革已进入"深水区"和"攻坚期",而产权改革又是经济改革中非常重要的一个组成部分,尤其是土地产权制度改革。姚洋(2000)和钱忠好(2002)研究表明,不安全的土地产权和较低的土地产权稳定性不仅会抑制农户对土地的长期性投资和土地流转行为,还会降低农村剩余劳动力的迁移意愿,进一步阻碍土地要素市场的发育。随着农村土地制度改革的深入和法律赋予农户更为全面的土地财产权益,农户对土地的收益、处分等权利有助于强化农户对土地的生产性投资,也会激发他们对土地的主人翁意识,激励土地的保护性投资,同时有利于农业的可持续发展。① 产权问题不仅是当前我国农村土地制度改革的关键,更是"三农"问题的重点。当前我国农村土地制度存在的问题促使国家加快了土地产权制度的改革步伐,不断完善我国的土地管理制度,促进农村经济不断发展,增加农民收入和缩小城乡收入差距,这个过程要以马克思的土地产权学说为指引。② 在社会主义市场经济条件下,我国农村土地制度的改革必须借鉴马克思土地产权理论,建立完善的社会主义市场经济体制,加快农村土地制度的改革,健全现代土地产权制度是处理好"三农"问题的重要内容。如何将土地制度建设得更好,将农民的权益保障得更好,一直是我国政府重点关注的问题。但土地改革的道路并不是一帆风顺的,需要社会各界人士的共同努力。马克思的土地产权理论为我国的土地改革提供了理论基础,不断推进我国农村土地制度改革走向完善。

综上可知,制度变迁对推动经济发展和社会进步具有重要作用。分配制度就是一种重要的制度安排。面对我国过大的城乡收入差距,如果政府能够推动有利于农村居民收入增长的产业结构调整,那么会有利于缩小城乡收入差距。当前我国政府就是在做这方面的努力,促进三大产业的结构调整和产业融合,供给侧结构性改革坚决而有效地进行。农村产业结构的调整也在积极推进,当前我国粮食的供给侧结构性改革的重点是减少玉米种植,增加豆类、稻谷、蔬菜、马铃薯等的种植,推进"粮改饲"等。

蔡昉(2003)采用制度变迁的理论来解释城乡收入差距的演变。他提出制度

---

① 仇童伟,李宁,邹宝玲,等. 产权实施如何影响农户的土地知觉控制——一个认知平衡理论的分析视角 [J]. 上海财经大学学报,2016(6):94-107.

② 韦向阳,钱方圆. 马克思土地产权理论对我国农村土地制度改革的启示 [J]. 阳师范学院学报(社会科学版),2016(2):1-4.

变迁临界点与城乡收入差距拐点之间存在一致性。当城乡收入差距过大时，农民就会打破原有的制度平衡，建立新的平衡，进而缩小城乡收入差距。如1978年我国的城乡收入差距水平打破了传统城乡关系的制度平衡，农村经济改革开始，我国城乡收入差距开始缩小，由1978年的2.57∶1下降到1983年的历史最低水平1.82∶1。等到城乡收入差距缩小到一定程度时，城市的利益群体感到利益受损，开始增强自己的影响力而去改变政策和制度，如继续维持城市偏向的政策，阻碍农村剩余劳动力的永久性转移等，以城市为中心的改革开始，从而城乡收入差距又开始扩大，从1983年的1.82∶1迅速扩大到1994年的2.86∶1。以后经历了1994～1997年国家加快农村剩余劳动力的转移的政策，城乡收入差距再次缩小；紧接着1997年的城市偏向的积极财政政策，又导致城乡收入差距的持续强化，到2003年已经破"3"达到3.23∶1。2004年以后虽然国家重视"三农"和积极统筹城乡发展，但是政策力度较小，抵不过实施有利于城镇居民的收入分配政策以及大力发展房地产的政策效果，城乡收入差距一直攀升到2009年的3.33∶1的历史最高水平。2009年以后聚焦"三农"的更多惠农政策使城乡收入差距持续弱化，才有今天的效果，即城乡收入差距缩小至3倍以内，2015年为2.9∶1。从我国城乡收入差距演变和国家制度和政策变化的一致性可以看出，国家政策的倾向和力度直接影响了城乡收入差距，只有国家对"三农"的重视和支持的力度不减，我国城乡收入差距的继续缩小才有希望。

此外，发展战略也是导致城乡收入差距的主要方面。发展战略是指发展中国家领导人坚信工业部门是经济迅速增长的源泉和催化剂，也是实现经济赶超的必然选择。[①] 发展中国家会通过获取大量的农业剩余来支持工业发展。同时，由于在政治结构中城市居民相比农民在政治上具有更大的影响力，在政策制定和收入分配中获得更多的收益。

三、收入差距理论

关于城乡收入差距的成因和缩小差距的对策选择主要有以下几种代表性的理论。

---

① 费舒澜. 中国城乡收入差距的度量改进及分解研究［D］. 杭州：浙江大学博士学位论文，2014.

(一) 个人收入差距理论

关于个人收入差距的形成，现有研究主要从机会不平等和现代人力资本两个方面进行分析。机会不平等理论的主要观点是：由于发展中国家二元经济结构的存在，农村人口相对于城市人口在受教育机会、享受社会保障机会以及就业机会等方面都存在不平等。这种外在因素的影响作用往往超过了内在的个人努力和奋斗的影响，导致农村居民长期处于较差的教育环境、较低的社保水平、较少的就业机会，这种差别导致了收入上的差距，而收入上的差距又会加重这些不平等，形成一个恶性循环。这种不平等又体现在区域上的差异，发达地区和不发达地区在政策上有明显差别，也导致了区域收入差距问题。个人收入差距理论认为收入不平等主要是由于制度原因，是人为导致的。

此外，美国经济学家舒尔茨 (Theodore W. Schultz) 的现代人力资本理论认为全面的资本应包括人力资本和物力资本。就像贝克尔 (Gary S. Becker) 认为，物力资本就是体现在物质产品上的资本，而人力资本是体现在人身上的资本。人力资本包括保健投资、职业培训、正规的教育投资和成人教育投资等。很多国家都忽视人力资本的重要性，尤其是发展中国家。舒尔茨指出："在发展中国家里，低估人力资本情况更为严重，人力资本受到人们的忽视，而钢铁成了工业化的标志。"①

我国对农村的人力资本忽略现象尤其严重，除了正规的九年义务教育，其他的各种职业培训和提升机会的投资在农村中基本没有，农村居民子女上大学的机会也远低于城市居民。不可否认的是，人力资本投资差距是城乡收入差距的主要原因，造成了我国城乡收入差距的"代际传递"，农村居民的文化素质提升对农村居民增加收入和农村经济发展具有关键作用。受长期以来的城市偏向政策影响，我国农村居民相对于城市居民在教育、医疗、养老、就业和基础设施建设等方面都存在机会不平等，因此缩小我国城乡收入差距必须改变这种城市倾向的政策，塑造机会平等、起点公平的城乡发展环境。

(二) 地区收入差距理论

瑞典经济学家 G. 缪尔达尔 (G. Myrdal) 的代表性著作《经济地理和不发达

---

① 叶普万. 贫困经济学研究 [D]. 陕西：西北大学经济管理学院博士论文, 2003: 98.

地区》出版于 1957 年。在这本著作中缪尔达尔提出了地理上的"二元结构"理论,他认为一个地区的经济发展会对周围产生两种效应,即回波效应和扩散效应。回波效应是指一个地区的经济扩张,导致周围地区的经济衰退,由于循环累积作用地区差距会扩大。扩散效应是指一个地区的经济增长促进和带动周围地区的经济发展,使地区差距缩小。[1] 缪尔达尔研究认为,地区间相互作用的最终效应是回波效应和扩散效应共同作用的结果。回波效应和扩散效应可能相等并相互抵消,从而达到暂时的平衡,但在现实中回波效应总是远远超过扩散效应,扩大了区域差距[2]。市场经济使地区发展不平衡,有些地方发展得较快,有些地方发展得较慢,发展较快而有优势的地区会保持这种发展优势,会越发展越好,而发展较慢的地区也会因为累积循环作用而发展得越来越慢,从而使地区收入差距不断扩大。如果仅依靠市场的力量,不会消除地区差距,相反会使地区发展差距越来越大,必须借助政府的力量来缩小这种不平衡。我国的城乡收入差距在经济发达的地区小一些,在经济不发达的地区大一些,因此在制定缩小城乡收入差距政策时更应多关注不发达地区,尤其是不发达地区的农村地区,对其进行精准扶贫。

(三)收入差距趋势理论

刘易斯的"二元经济结构"理论认为,随着农村劳动力由过剩转变为短缺,农村居民的工资收入会由较低水平不断上升,城乡之间的收入差距会呈现出先上升后下降的变化趋势。诺贝尔经济学得主,俄裔美国现代经济学家西蒙·史密斯·库兹涅茨利用刘易斯的二元经济发展理论探讨了城乡劳动力转移问题,有力地解释了随着经济发展,传统农业部门向现代的工业部门转化的过程以及这种结构转化对收入分配的影响,形成了经典的库兹涅茨倒"U"形理论。

倒"U"形理论来自库兹涅茨的《经济增长与收入不平等》,在这本著作中,他提出,城乡收入差距源于工农业之间不同劳动生产率。在工业化初期,城乡收入差距开始出现,而后不断扩大;工业化中期,城乡收入差距相对稳定;而到工业化后期阶段,城乡收入差距开始逐渐缩小,到工业化完成时,城乡收入差距才能够基本消失。在整个工业化过程中,这种收入差距随着工业化先上升后下降的

① 靳贞来. 城乡居民收入差距变动及其影响因素的实证研究 [D]. 南京:南京农业大学马克思主义学院博士学位论文,2006:26.
② [瑞典] G. 缪尔达尔. 经济理论与不发达地区 [M]. 伦敦:达克沃思出版社,1957:26.

趋势呈现出倒写的"U"字，因此称为倒"U"形理论。这种变化形成的原因在于：在经济发展初期，先发展起来的现代工业部门收入快速增长，储蓄和积累主要集中在城市少数富裕阶层手里，这种累积循环会使穷者越穷，富者越富，城乡收入差距拉大；而随着工业化和城市化进程的推进，传统部门的劳动力不断向城市现代部门转移，加上政府对于收入分配的政策干预等，城乡收入差距会缩小。在库兹涅茨看来，在经济增长早期收入不平等的发生和加剧是不需要证明的事实，他只引用了普鲁士的数据就说明了这一问题。而在经济发展后期收入不平等状况会有所改善，他引用了美、德、英等多个国家的数据进行证实。数据显示，在工业化后期，这几个国家的富裕阶层的收入份额呈现不同程度的下降趋势，而贫困阶层的收入份额不同程度地上升了，意味着收入差距随着经济的发展有所改善。而数据也显示，处于工业化后期的发达国家要比处于工业化初期的发展中国家的收入不平等程度要低。

这种"先增长，再分配"的发展思路和"先恶化，后改善"的分配趋势在不同国家有不同形式和程度的表现，但这个过程是不可避免的。我国的城乡收入差距演变和政策实践表明，政府的行为选择在很大程度上可以缩短或延续这个过程的周期。一般来说，在工业化早期，政府往往是向农业征税，农业部门生产者众多，受教育程度低且属于一家一户小农生产，自己生产食物也购买食物，当农产品价格上涨时，他们的收支大致相抵。所以在这一阶段，政府主要实行降低农产品价格的政策，农业因而为工业和城镇的发展输入源源不断的物质基础。在工业化发展进入中期阶段，政府才开始保护农业并协调城乡发展，直到工业化的后期，政府才会有真正的努力和较强的农业支持力度。

2002 年我国人均 GDP 达到 1090 美元，农业份额占 GDP 的 14% 以下，城镇化提高到 40% 以上。主要经济指标表明，2002 年我国已经进入工业化中期阶段，这一阶段中国政府诠释为新型工业化阶段。可以说，工业化中期阶段是一个国家经济发展的关键阶段，这意味着在这一时期内政府在增加农民收入、缩小城乡收入差距的措施选择上有了更大的空间，这也是各级政府面临的重大课题。2009～2015 年我国城乡收入差距持续下降被很多学者认可为我国城乡收入差距进入库兹涅茨倒"U"形发展阶段的转折点，今后在政府的政策引导下，会持续下降。库兹涅茨倒"U"形理论对于我国城乡收入差距的形成和缩小有一定的指导意义。但是偏重或放任市场机制的作用，而忽略政府政策在经济发展初期的收入调节作用是不妥的，必然会浪费大量成本，我国在城乡收入差距调整过程中一定要克服这一现象的发生。

（四）收入再分配理论

因为社会福利是关于收入的函数，所以无论是个人福利还是整个社会福利都取决于收入分配。收入分配分为初次分配和再分配，初次分配是指按照收入分配制度获得的各种收入，由于个人的性别、才智、家庭、种族、努力、健康和运气不同，所以初次分配的结果必定存在差距。再分配是指政府通过税收、社会保障等政策，或者是社会慈善组织进行的非政府的居民收入调节。在市场经济条件下，市场配置资源只能保证经济意义上的帕累托最优状态，而无法保证收入分配在社会意义上达到理想状态，同时市场也不能解决收入差距过大和贫困问题等。所以必须有政府的介入和慈善机构等非政府组织的共同努力进行收入再分配，对收入不平等进行纠正和调节。收入再分配包括两个方面，一个是税收方面，包括所得税和财产税等，通过累进的税率使高收入者的收入以税收方式被征收用于国民收入再分配；另一个是政府支出方面，包括政府购买和转移支付，政府购买是指政府进行公共商品支出或公共服务支出；转移支付是指政府通过各种补贴如失业保险、农业直接补贴等形式直接把货币发到人们手上，成为人们可支配收入的一部分。

福利经济学的主要代表人物庇古在 1920 年出版了著名的《福利经济学》一书。他提出，由于边际效用递减规律[①]的存在，货币的边际效用也在递减。同样 1 美元对于穷人来说效用很大，它可能是维持一天的生存，而同样 1 美元对于富人来说效用很小，甚至为零。所以政府通过再分配的政策，如通过税收等途径将富人的收入转化成国家的税收收入，再通过转移支付形式转移给穷人，可以增加整个社会的总福利或总效用。这一观点的典型代表还有美国的政治哲学家约翰·罗尔斯。

凯恩斯认为产生有效需求不足的一个重要原因就是收入分配不公，所以要实现供求平衡和充分就业必须处理好收入分配不公问题。他提出解决收入分配不公的三种主要方法：第一，提高对富人征收的个人所得税税率，同时加强对富人直接税的征收范围和额度。因为边际消费倾向是递减的，高收入者的收入增加不会

---

① 边际效用递减规律：是指一定时期内连续增加对某一产品的消费，消费者从连续增加的每一单位产品中获得的满足感呈现不断下降的规律。

增加社会消费。第二，消灭食利者阶层，如借贷资本家。第三，国家通过增加支出政策来提高社会福利，尤其是针对低收入者的，如提高工资标准，以抑制经济危机的发生。①

我国公有制为主体，多种经济所有制共同发展的基本经济制度决定了我国实行以按劳分配为主体，多种分配方式并存的分配制度。由于劳动、资本、技术等贡献度不同，人们初次分配得到的收入也不同。尤其是相对于城市工业部门，农村发展落后、农业生产效率不高、农民收入较低，进而城乡收入差距较大。在初次分配的基础上，政府必须通过积极的再分配机制来调节收入差距，这也是社会福利最大化和社会稳定的要求。但是追求平等要以保证一定的经济效率为前提，不能损害市场对个人的激励机制。

① ［英］弗里德利希·冯·哈耶克. 自由秩序原理［M］. 邓正来译. 北京：商务印书馆，1997：97.

第四章
我国城乡收入差距的问卷
分析和调研总结

实践是理论的源泉和发展的动力。本章将对问卷调查结果和实践调研资料进行分析，为进一步缩小我国城乡收入差距提供实践支撑和理论指导。

第一节　我国城乡居民收入状况及
满意度调查问卷分析

本节对问卷调查的过程和收获进行分析和总结。根据问卷的统计结果来分析我国城乡居民对生活、养老、医疗、教育和收入分配的满意程度以及居民对城乡收入差距现状、缩小对策的选择和建议等。结合本节问卷调查结果，联系我国的实际情况，为进一步缩小我国城乡收入差距提出可行的对策。

一、数据来源与样本介绍

2021年7~8月，笔者在暑假期间回到家乡内蒙古，围绕农民增收问题、农业生产经营方式转变问题和城乡收入差距问题进行实地调查，并做了题为"我国城乡居民收入状况及满意度调查问卷"的问卷100多份。经过这次试调查，并吸收多位专家、同事和同学的建议，对问卷设计和问卷内容进行了反复的修改和完善。

这次调查让笔者对农村的变化和农村、农业的发展有了更深刻的感触，从对普通农户以及合作社带头人的访谈中获得了很多启发。2022年3~8月，笔者与同学、同事先后到天津、安徽、河北等地进行了一系列实地考察，走访了多家种粮大户、家庭农场、合作社、农业产业联合体，对农业现代化经营模式有了较多的认识，对新时期农民增收有了全新的理解并获取丰富宝贵的资料。

2022年3~8月笔者完成了调查问卷的修改完善、发放、回收、录入和分析工作。问卷设计→问卷试调查→问卷完善→问卷发放→问卷回收→录入系统整个过程共历时近一年时间。为了保证问卷调查的质量，调查工作的具体安排如下：其一，为了扩大地域范围，设计了网上填报方式，可以动员不同地区、不同年龄、不同职业的人参与问卷调查。在采用网上填报的受访者中，城镇居民较多。其二，根据各地不同的社会经济发展水平，选择不同生源地的学生调查员，使其在暑假回乡期间进行实地的面对面问卷调查。同时在正式调查前，对调查员进行了详细的统一的调查培训。由于调查员对当地的情况比较了解，因此最大限度地保证了调查问卷的真实可靠性。其三，动员在校学生的力量来参与问卷调查，因为他们来自不同的省份，可以代表全国不同地区的人们的感受。其四，为了能够亲自深入农村做更详细的调查，笔者到内蒙古、安徽、天津、河北等地调研，将问卷发放到调研地的居民手上。整个问卷的发放和录入过程需要付出很多劳动和努力，截至2022年8月8日共回收有效问卷2006份，其中网络版问卷912份，纸质版问卷1094份。2006份问卷反馈代表了2006个受访者对我国城乡收入差距问题的关切，这种情感感染并鼓励着笔者。作为一个理论工作者，笔者对他们怀有深深的敬意和感激，也会利用好问卷调查结果，为我国城乡收入差距问题的深入探讨做出贡献。

二、问卷调查结果分析

（一）问卷概况分析

本问卷分为两个部分，第一部分是独立设置的选择题，共13个，其中单项选择题11个，多项选择题3个，对于多选题，除了选项，还增加了其他建议项，有利于吸收更多更全面的建议；第二部分是针对收入满意度评分而组合设置的单项选择题，共7项。

在回收的2006份有效问卷中，城市居民1039份，占51.79%；农村居民967份，占48.21%，城乡居民基本上各占一半，参与问卷调查的居民城乡来源结构合理。参加问卷调查的男性为 937 人，占 46.71%；女性为 1069 人，占 53.29%，参与问卷调查的居民性别结构合理。在年龄结构上，基本包括了各个年龄阶段。主要年龄阶段集中在 20~50 岁，20 岁以下是未参加工作的受访者，不能很好地反映有关收入的相关信息，所以在问卷调查中没有访问太多。21~30 岁占比最多，主要由于问卷调查采取了纸质版问卷和网络版问卷两种途径，处于 21~30 岁的受访者在进行网络填报时比较活跃。参与问卷调查的居民的年龄结构如图 4-1 所示。此外，网络版问卷可以扩大受访者的地域范围，克服了纸质版问卷的地域限制，问卷调查方式互补且合理。

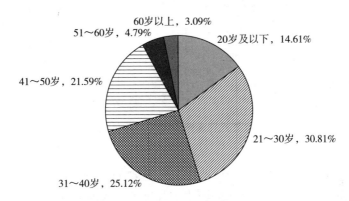

图 4-1　参与问卷调查的居民年龄结构

参与问卷调查的居民涵盖了各种受教育程度的人群。其中本科文化程度占比最高，其次是初中。这正是城镇居民与农村居民的文化程度的真实反映。城镇居民本科文化程度占比较大，农村居民初中文化程度占比较大，如图 4-2 所示。

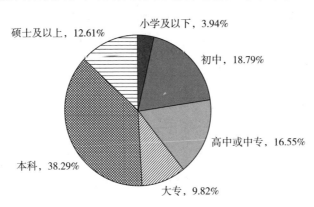

图 4-2　参与问卷调查的居民文化程度结构

（二）问卷结果分析

1. 城乡居民家庭收入主要来源分析

根据问卷调查的统计数据，城乡居民家庭收入主要来源如图 4-3 所示。

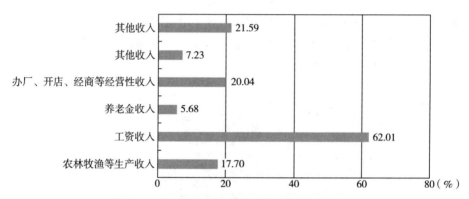

图 4-3 　参与问卷调查的居民家庭收入主要来源

这是一道多项选择题，从中可以看出，在受访者中城镇居民与农村居民各占一半的情况下，在家庭主要收入来源中选择工资收入的有 62.01%，充分说明工资收入不但是城镇居民的主要收入来源，也成为农村居民的主要收入来源。选择其他收入的有 21.59%，表示居民收入渠道的多样性，如房屋租金、股票等投资收入，农民打零工的收入等。选择办厂、开店、经商等经营性收入的有 20.04%，选择农林牧渔等生产收入的有 17.70%，这主要是因为农村居民外出务工人数较多，主要收入来源于工资收入，在北方，农业经营性收入会相对高一些。由于参与问卷调查的老年人人数较少，养老金或退休金收入选项占比较低。此外，还可以看出政府补贴即政府转移支付占居民收入的比例较小，民生福利有待进一步提升。

2. 城乡居民家庭支出主要途径分析

根据问卷调查的统计数据，城乡居民家庭主要支出结构如图 4-4 所示。

在家庭主要支出中，日常生活支出是最主要的方面，有 86.59% 的人选择，这与现实是吻合的。其次是教育和医疗，选择比例分别为 63.76% 和 40.73%。随着我国教育事业的发展，考取大学的人数上升，尤其是农民子女上大学的机会大大增加。子女上大学的学费和生活费等对于许多家庭尤其是农村家庭来说是高昂

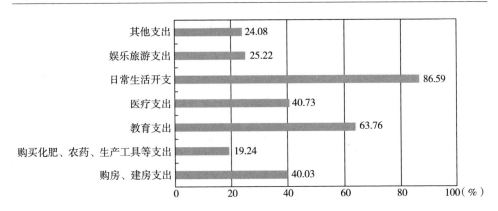

图4-4　参与问卷调查的居民家庭主要支出结构

的，在家庭支出中占据了较大比重。虽然我国城镇居民有城镇居民医疗保险，农村居民有新型农村合作医疗，在一定程度上减轻了居民医疗费用负担。但是，医疗费用支出仍然是家庭支出的主要方面，尤其是新型农村合作医疗处于起步中，大病救助还没有明确的保障措施，医疗保障工作需要不断完善。由图4-4也可以看出，选择购房、建房为主要支出的有40.03%，近些年随着我国城镇房价的不断攀升，以及农村居民对于居住环境要求的提高，购房、建房的支出是巨大的。选择娱乐旅游支出的为25.22%，这体现了人们生活质量和消费水平的提高。由于农村务工人员不断增加，从事农业经营的居民比重不断减少，用于购买化肥、农药、生产工具等生产资料的支出相应减少。

3. 城乡居民家庭人均年收入情况分析

根据问卷调查的统计数据，城乡居民家庭人均年收入及占比情况如图4-5所示。

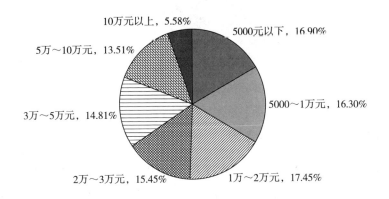

图4-5　参与问卷调查居民家庭人均年收入及占比

由图 4-5 可以看出，家庭人均年收入在 1 万~2 万元的占比最多，为 17.45%，2 万~3 万元的占 15.45%，通过加权平均得出平均收入大概为 29000 元，这与我国现实相符，2021 年我国居民平均收入为 35128 元，居民人均可支配收入的中位数为 29975 元。城镇居民人均收入为 47412 元，农村居民人均收入为 18931 元，基本接近平均水平。收入处于 1 万元以下的占比为 33.20%，平均水平的数据有时确实掩盖了一些人的低收入这一现实，我国居民之间收入差距普遍存在。

根据 2021 年的五等份分组情况，农村低收入组为 4855.9 元，中等偏下收入组为 11585.8 元，中等收入组为 16546.4 元，中等偏上收入组为 23167.3 元，高收入组为 43081.5 元；城镇的五等份分组收入分别为 16745.5 元、30132.6 元、42498 元、59005.2 元、102595.8 元。问卷调查的统计数据显示，收入在 1 万元以下的占比为 33.20%，1 万~2 万元的占比为 17.45%，2 万~3 万元的占比为 15.45%，3 万~10 万元的占比为 28.32%。本问卷关于居民年收入的调查结果基本上符合城乡居民五等份分组的划分比例。

4. 城乡居民期待的家庭人均年收入情况分析

根据问卷调查的统计数据，城乡居民期待的家庭人均年收入及占比如图 4-6 所示。

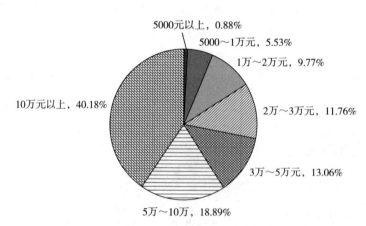

图 4-6　参与问卷调查的居民期待的家庭人均年收入及占比

关于城乡居民期望的家庭人均年收入，有 40.18% 的人选择了 10 万元以上的期望值，是 2021 年城镇居民人均可支配收入的 2 倍多，是农村居民人均纯收入的 5 倍多，是全国居民人均收入的 3 倍左右，这体现了人们对于未来收入的期待与向往，这一目标的实现是一个长期艰巨的任务。有 18.89% 的人选择了 5 万~10 万元的期望值，这大概是 2021 年城镇居民人均可支配收入的 2 倍（2021 年我国城镇居民人均可支配收入为 47412 元），对于一部分先富裕起来的人来说是比较容易达到的。有 13.06% 的人选择了 3 万~5 万元的期望值，这是 2020 年我国城镇居民人均收入的目标，即要比 2010 年翻一番（2010 年我国城镇居民人均可支配收入 19109 元），已经顺利实现。有 11.76% 的人选择了 2 万~3 万元的期望值，这是 2015 年城镇居民人均收入的水平。有 9.77% 的人选择了 1 万~2 万元的期望值，这是 2020 年我国农村居民人均收入的目标，即要比 2010 年翻一番（2010 年我国农村居民人均收入 5919 元），已经实现。还有 5.61% 的人选择 1 万元以下的期望值。

5. 城乡居民感受到的当前我国城乡居民收入差距分析

根据问卷调查的统计数据，参与问卷调查者通过自己的观察而估计的我国城乡居民人均收入比值范围（城镇居民人均可支配收入与农村居民人均纯收入的比值，即倍数）如图 4-7 所示。

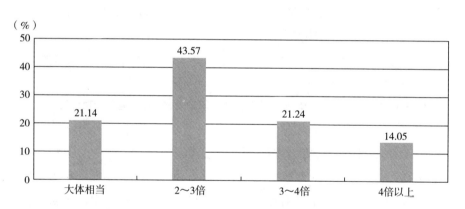

图 4-7 参与问卷调查的居民估计的我国城乡收入差距

选择城乡收入差距在 2~3 倍的占 43.57%，这与国家的统计数据是比较切合的，2014 年我国城乡居民收入差距为 2.97 倍，2015 年为 2.90 倍，说明近一半人的感受和统计数据是相符的。选择差距在 3~4 倍的占 21.24%，而我国城乡收入差距自 2002 年开始超过 3 倍，一直到 2014 年才降到 3 倍以下，这说明群众的感受和判断还是比较准确地反映了现实情况。有 14.06% 的人认为城乡收入差距在 4 倍以上，这可能是看到了现实中城乡差别之大的片面现象而做出的个人判断。也有21.14%的人认为城乡居民人均收入大体相当，根据访谈，这是因为很多城镇居民看到农村政策越来越好，尤其是近些年来的拆迁补偿造就了很多一夜暴富的农民，觉得农民收入比城镇居民收入要高，当然这只代表了部分城镇居民与部分农村居民的收入对比情况。我国城乡人均收入达到大体相当的程度还需要很长一段时间才能实现。

6. 城乡居民对于我国现阶段城乡收入差距合理性的判断分析

根据问卷调查的统计数据，参与问卷调查的城乡居民对于我国现阶段城乡收入差距合理性的判断如图4-8所示。

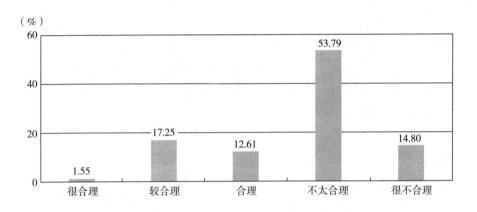

图4-8 参与问卷调查的城乡居民对于我国现阶段城乡收入差距合理性的判断

对于我国现阶段城乡收入差距，认为不太合理的占53.79%，认为很不合理的占14.81%，两者共占68.60%，可以看出大多数人认为我国城乡收入差距不够合理，说明我国城乡收入差距确实影响人们心中公平分配的尺度，这也是有这么多人关注农民增收、关注城乡收入差距和城乡统筹发展问题的原因。党和国家必须下决心采取有效措施以缩小城乡收入差距，否则将产生不利的社会影响和经济影响。同时，也可以看出大部分人选择的是不太合理，而不是很不合理，这说明我国现阶段的城乡收入差距还在人们的可容忍范围，只要政府加强调控，努力缩小城乡收入差距，目前就不会带来严重的不利影响。

7. 城乡居民对于缩小我国城乡收入差距的最急需措施的选择

民声大于天，对于缩小我国城乡收入差距的最急需措施，我们应聆听来自人民大众的声音。根据问卷调查的统计数据，在缩小农村居民与城镇居民之间收入差距的措施中，参与问卷调查的居民对于最亟须解决的一项措施的选择情况如表 4-1 所示。

表 4-1　缩小城乡收入差距最急需的措施

选项排序	选项	小计/人	比例/%
1	加大投入，完善农村地区医疗和养老保障	642	32.00
2	提高农业补贴和农产品价格	386	19.24
3	增加农村基础教育投入	355	17.70
4	加大农村金融支持力度	237	11.81
5	提高农民工进城务工工资	196	9.77
6	农村剩余劳动力转移到城镇	114	5.68
7	其他	76	3.80
本题有效填写人数		2006	100.00

对于缩小城乡收入差距对策措施中最亟须解决的一项，选择"加大投入，完善农村地区医疗和养老保障"的占比最高，为 32.00%，这体现了医疗和养老对于农民极其重要，同时这也是国家需要持续加强的方面。在与农民的交流中，农民也透露出了对医疗和养老问题的重视，因此，要把社会保障放在重要位置。医疗和养老占据了家庭支出的主要方面，提升农村居民医疗和养老的补贴力度无疑会减轻农村居民的负担，进而增加农村居民的人均纯收入，缩小城乡收入差距。

选择"提高农业补贴和农产品价格"的占 19.24%。这充分体现了农业补贴和农产品价格对农民收入的影响，现在我国面临着农产品价格下降的困境，农民收入受到严重影响。在符合 WTO 补贴规则的前提下，如何增加对农民和农业的补贴是亟待解决的问题。

选择"增加农村基础教育投入"的占 17.70%。教育是提升国民素质，增加收入的长久战略。随着我国城镇化进程的加快，部分农民转移到城市，今后如何在城市安家落户、拥有稳定的工作，进而真正融入城市生活，其受教育水平起到了至关重要的作用。同时，义务教育水平的提高直接影响到农民子女的高等教育是否能够顺利实现，也是克服农村贫困代际传递的必由之路。

选择"加大农村金融支持力度"的占 11.81%。在实地调研中，在对农民和合作社带头人的访谈中得知，他们对于当前存在的困难都提到了资金不足和贷款难的问题。如果能够给予贷款方面的政策扶持,农业经营就会突破资金瓶颈而得到更好的发展。

选择"提高农民工进城务工工资"的占 9.77%。工资收入超过经营收入成为农民收入的最主要来源,进城农民工的工资收入直接影响了农民家庭人均收入的高低。除需要提高工资外,农民工还需要更多的政策支持,如最低工资保障,在城镇中的医疗保障、养老保障等。

选择"农村剩余劳动力转移到城镇"的占 5.68%。城镇化是我国缩小城乡差距、统筹城乡发展的必由之路。农村剩余劳动力的转移是城镇化的必然选择,但转移人口进城后的各种保障问题以及城市的健康发展问题也是非常重要的。

选择"其他"的占 3.79%,关于缩小城乡收入差距最亟须解决的措施,除了以上列出的六个方面,受访者给出了自己的建议,整理如下:

(1) 提高农村人口创业的扶持力度;

(2) 促进土地流转,提高农民的自主性,加快市场化步伐;

(3) 将相对落后的产能转移到农村,吸收农民就业;

(4) 调整二元城乡制度;

(5) 完善农村最低生活保障体系;

(6) 对于农村经济的发展和建设给予更多支持;

(7) 政府扶持农民办厂办公司;

(8) 推进农村向小城镇转变;

(9) 为农村投资建立产业,促进当地经济的发展;

(10) 增加农村的公共基础设施建设;

(11) 重视农村发展,加快农村产业调整;

(12) 加大种田补贴;

(13) 提供更广阔的农产品销售渠道;

(14) 提高农业生产技术和生产效率;

(15) 降低农村消费价格,对农民进行技术培训;

(16) 建立小型的手工工厂等;

(17) 大力加强农村创业指导;

(18) 加大投资,让农村整体发展起来;

(19) 科学发展农业,引进先进技术设备,提高农业生产率。

问卷饱含了人们对农民增收和缩小城乡收入差距的情感,补充的建议都是难能可贵的关切和思考，相信可以集众人智慧，在党的坚定信心和明智措施指导下，我国城乡收入差距可以不断缩小，最终达到城乡发展一体化，农村和城市齐头并进，呈现一片和谐与繁荣景象。

8. 城乡居民对于我国城乡收入差距实现连续 12 年缩小的原因的选择

根据问卷调查的统计数据，自 2009 年以来农民收入实现 12 年连续快速增长，自 2009 年以来其增幅连续 12 年超过城镇居民。城乡收入差距实现连续 12 年缩小的主要原因是什么，参加问卷调查者的选择如表 4-2 所示。

表 4-2　我国城乡收入差距实现连续 12 年缩小的原因

选项排序	选项	小计/人	比例/%
1	农民工进城务工收入增加	1083	53.99
2	农业补贴增加和农产品价格上升	995	49.60
3	农村医疗、养老等投入增加	903	45.01
4	耕作机械化、科学化	886	44.17
5	重视农村教育	664	33.10
6	其他	161	8.03
本题有效填写人数		2006	

这是一道多项选择题，对于我国农民收入增长速度连续 12 年超过城镇居民，实现城乡收入差距连续 12 年缩小的良好趋势的原因，受访者做出了自己的选择并给出了补充答案。

有 53.99% 的人选择了"农民工进城务工收入增加"这个原因。近年来，工资收入成为农村居民收入的首要来源，农民工收入增加成为农民收入增加并超过城镇居民的最主要原因。2023 年《国家经济社会统计公报》显示，2022 年全国农民工总量 29562 万人，比上年增长 0.1%；全国农民工人均月收入 4615 元，比上年增长 4.1%，农民工的务工工资收入在收入中所占据比重越来越大。

有 49.6% 的人选择了"农业补贴增加和农产品价格上升"这个原因。农业经营收入是农村居民收入的次要来源。农产品价格尤其是玉米、小麦、稻谷的价格不断上涨使农民经营收入不断增加，促使农村居民收入增长速度超过城镇居民，城乡收入差距不断缩小。

有 45.01% 的人选择了"农村医疗、养老等投入增加"这个原因。农村"新农合"和"新农保"的推广和实施确实给农民减轻了不少负担，间接增加了农民的收入。目前我国不断完善这一措施，加强大病救助保障措施的推进，同时，农村养老金额有望不断增加。

有44.17%的人选择了"耕作机械化、科学化"这个原因。毋庸置疑，农业机械化的使用和种田科学化使农业经营的生产效率大大提高，也为农村劳动力从土地经营的束缚中解放出来提供了前提条件。种植大户、家庭农场和农民合作社等新型农业经营主体的兴起促使农业现代化的步伐加快，效率提升，收入增加。

有33.10%的人选择了"重视农村教育"这个原因。无论是从事农业经营还是进城务工，教育水平的提升都是其提高收入的内在动因。近年来，我国加大对农村教育的投入，义务教育全部免费、为困难家庭提供助学贷款等都大大减轻了农民的负担。但教育对增加收入而言是一个长期过程，在短时间内很难见到明显效果，因此对于自2009年以来的农民收入增长速度超过城镇居民、城乡收入差距连续12年不断缩小的作用并不是最主要的。

还有8.03%的人补充列举了其他原因，给出了自己的宝贵见解，具体如下：

（1）由于农民收入基数小，所以收入增长速度快一些；

（2）免除农业税，义务教育免费，推进合作医疗以及进行产业转移；

（3）技能及劳动能力价值得到体现；

（4）城镇居民收入增长缓慢；

（5）数据较为片面；

（6）丰富农村文娱生活，提高思想修养以及文化素质；

（7）我国经济发展，收入多元化；

（8）农民创业意识增强；

（9）农民文化程度、素质、专业知识的提升；

（10）农村产生大量拆迁户；

（11）国家的扶贫倾向和政策；

（12）局部农业经营规模化程度提高；

（13）农村地区基础弱，成长空间大；

（14）进城务工人员多，勤劳肯干；

（15）新农村建设取得明显效果；

（16）农民收入基数小，城市居民收入基数大；

（17）房地产的病态发展。

9. 城乡居民对于我国农业生产经营模式的主要发展方向的选择

根据问卷调查的统计数据，参与问卷调查的居民对于我国农业生产经营模式的主要发展方向的选择如图 4-9 所示。

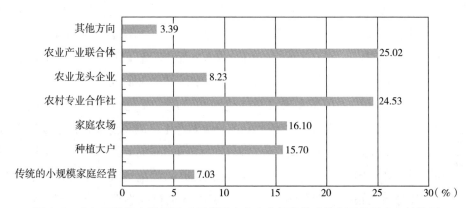

图 4-9　参与问卷调查的居民对于我国农业生产经营模式的主要发展方向的选择

参与问卷调查的居民对我国农业经营模式的主要发展方向的选择按比重由高到低分别为：农业产业联合体 25.02%，农业专业合作社 24.53%，家庭农场 16.10%，种植大户 15.70%，农业龙头企业 8.23%，传统的小规模家庭经营 7.03%，其他方向 3.39%。可以看出，在农业生产经营模式的发展方向上，人们更多地倾向于农业产业联合体和农村专业合作社，共占约 50% 的比例。2016 年 5 月 24 日，习近平总书记在黑龙江省抚远市玖成水稻种植专业合作社考察时说，价格一头连着的是老百姓，要做好农业的精准补贴工作。东北地区有条件发展农业规模化经营，农业专业合作社是发展方向，有助于农业现代化路子走得稳、步子迈得开。可以看出习近平总书记对于我国未来农业经营方式的看法。而农业产业联合体是一种新兴的经营方式，在全国尚处于初步示范阶段，是未来农业经营的远期发展目标，但是人们对于产业联合体这种经营模式给予了肯定。

对于种植大户和家庭农场的选择都是 15% 左右，而只有 7.03% 的人选择了传统的小规模家庭经营这种经营模式。随着农业现代化和城镇化的推进，农业传统经营模式确实已经不再具备潜力。当然，由于统计地域范围原因，问卷在安徽省做得较多，安徽省人均耕地面积较少，新型农业经营主体发展迅速并得到人们的认可，而在人均耕地较多的北方农村，家庭经营仍然占有较大比重。这只是人们关于未来谁来种地，怎样种地的一种判断和选择，具体哪一种方式更适合我国并没有定论，必须因地制宜，不能搞"一刀切"模式，且需要在实践中不断探索。

10. 城乡居民收入满意度分析

收入满意度是指人们对收入的主观满意程度。收入满意度与个人绝对收入水平成正比。城乡居民收入差异影响其收入满意度，城镇居民和农村居民收入差距扩大，将降低低收入者的收入满意度，提高高收入者的满意度，因为收入较高的居民收入满意度较高，而低收入者的收入满意度较低（文建东等，2011）。

文建东等（2011）研究指出，人们对收入差距的容忍度逐渐下降，分配公平对人们幸福感有明显的正向影响。中国社会科学院社会学研究所（2011）的专题调查显示：2010年，中国城乡居民整体生活满意度，无论是城市、小城镇还是农村均全部下降。彭代彦、吴宝新（2008）认为，生活满意度又称快乐或者幸福感，是评价生活质量的一个重要指标，已经在美国、欧洲等许多国家和地区得到应用和分析。在我国对于这方面的研究和重视也开始渐渐增加，主要是描述性的研究，实证分析还很少（罗楚亮，2006），表4-3通过问卷调查来考察城乡居民的生活满意度以及收入满意度。

表4-3　关于参与问卷调查的居民的收入满意度的分析

题目	选项					合计	平均分
	非常满意人数（占比）			比较满意人数（占比）			
对目前的生活状态	121 (6.03%)	583 (29.06%)	882 (43.97%)	340 (16.95%)	80 (3.99%)	2006 (100%)	2.90
对目前的家庭人均收入	59 (2.94%)	369 (18.39%)	868 (43.27%)	574 (28.61%)	136 (6.78%)	2006 (100%)	3.21
对目前养老、教育、医疗等	73 (3.64%)	291 (14.51%)	786 (39.18%)	647 (32.25%)	209 (10.42%)	2006 (100%)	3.35
与家庭生活支出相比，对家庭收入	54 (2.69%)	287 (14.31%)	803 (40.03%)	670 (33.4%)	192 (9.57%)	2006 (100%)	3.36
与城镇（农村）居民家庭相比，对目前家庭收入	70 (3.49%)	370 (18.44%)	771 (38.43%)	627 (31.26%)	168 (8.37%)	2006 (100%)	3.26
对目前的收入分配方式	69 (3.44%)	492 (24.53%)	924 (46.06%)	400 (19.94%)	121 (6.03%)	2006 (100%)	3.04
对国家的收入分配调节政策	76 (3.79%)	442 (22.03%)	888 (44.27%)	430 (21.44%)	170 (8.47%)	2006 (100%)	3.13

注：该矩阵题平均分为3.18。

表4-3是通过问卷调查得出的关于居民收入满意度的分析结果。参加问卷调查的居民根据自己的实际感受，选择最符合的一项进行评分。

综合满意度满分设定为5分，本问卷综合得分为3.18分，高于对一般满意所设置的3分。这说明人们对于问卷调查中涉及的整个生活、收入、医疗、养老以及国家分配和再分配政策一般满意。对于每一小题，受访者的打分集中在3分即一般满意项上，可以看出人们在心理上对于现实收入分配问题的接纳度较好，收入差距仍在人们可接纳范围内。群众是我们党和国家事业的基础，有良好的群众基础，我们缩小城乡收入差距和城乡发展一体化的任务定会胜利完成。

具体来说：

（1）"对目前的生活状态"评分2.90分，低于总体满意度平均分3.18分。接近一般满意，属于基本满意。必须继续增加民生投入，提高人们的生活满意程度和幸福指数。

（2）"对目前的家庭人均收入"评分3.21分，高于一般满意。和过去相比，我国居民收入增长较快，所以人们对收入的满意程度比较高。

（3）"对目前养老、教育、医疗等"评分3.35分，表示人们对于国家的养老和医疗整体满意度较好。近些年来，农村养老和医疗社会保障的推进使农民的满意度得到大大提高。今后，随着农村养老和医疗等社会保障的不断加强和完善，相信人们对于这一方面的满意度会继续提升。

（4）"与家庭生活支出相比，对家庭收入"评分3.36分，高于对家庭收入的单独打分3.21分。这在一定程度上说明我国居民消费不旺和动力不足的现象。我国居民储蓄愿望较强，消费意愿不足，这在一定程度上制约了经济的发展。

（5）"与城镇（农村）居民家庭相比，对目前家庭收入"评分3.26分。这说明在农村居民与城镇居民之间的收入差距问题上，高于一般满意，两大群体在收入差距问题上比较和谐。

（6）"对目前的收入分配方式"评分3.04分，低于总体满意度平均分3.18分。这说明人们对于收入分配方式和收入分配政策的满意度不高。现实中看到的高收入阶层，如明星、富商等富人阶层的过高收入和奢侈消费，影响了人们对国家收入分配方式公平的认可。生产要素分配造成的居民收入差距的扩大，需要政府采取积极的措施进行纠正。

（7）"对国家的收入分配调节政策"评分3.13分。初次分配的不公平需要再分配来调节，但是我国再分配的调节力度非常有限，人们对此满意度一般。所以，通过再分配政策增加低收入者的补贴是一项重要工作。

第二节　实地调研分析及总结

在问卷调查分析基础上，本节内容将对实地调研的进程和收获进行总结，发现问题、深入思考、提出建议。主要针对农业经营方式转换和新型农业经营主体进行案例介绍和分析，探讨农业经营方式转换对农民增收和缩小城乡收入差距的作用。

一、数据来源与样本介绍

2021年7~8月，笔者在暑假期间回家乡内蒙古围绕农民增收问题、农业生产经营方式转变问题和城乡收入差距问题进行实地调查，和农民进行面对面交流和讨论。这次也做了题为"我国城乡居民收入状况及满意度调查问卷"的问卷100多份，这是问卷的试调查阶段。这次调查让笔者对农村的变化和农村、农业的发展有了更真实和深刻的感触，对普通农户以及合作社带头人的访谈给了我很多启发。2022年3~8月，笔者和同学、同事又先后到天津、安徽、河北等地进行实地考察，走访多家种粮大户、家庭农场、合作社、农业产业联合体，对农业现代化经营模式、农民增收和农村建设等方面有了更多的认识和思考，同时也在安徽宿州农业委员会的支持和配合下进行了深入的调研，并获取了宝贵的资料。

调研中让笔者明确的一个道理是：在缩小城乡收入差距过程中，国家支农惠农政策等外部力量对农业的"输血"作用是一方面，另一方面，还要注重从农民自身和农业内部挖掘潜力，注重农业自身的"造血"作用，尤其是农业经营现代化对农民增收极其重要，探索农业经营方式的转变是改革的第一步。以下针对在调研中获得的有关新型农业经营主体以及农民增收问题的典型案例和收获进行叙述和总结。

二、关于新型农业经营主体的案例分析

在家庭联产承包责任制的潜力基本释放完毕的基础上，探索农业生产经营方式的创新至关重要，目前在我国主要存在种植大户、家庭农场、专业合作社、龙头企业、产业联合体等几种新型农业经营主体形式。下面结合案例针对典型的几种新型农业经营主体的实际情况进行分析。

（一）种植大户

 案例

某粮食种植大户

共经营土地 140 亩（1 亩 = 666.667 平方米），其中 24 亩为家庭自有，其余 116 亩由流转承包而来，租金是 700 元/亩左右。主要种植玉米，一年一季作物。家庭共 5 口人，主要劳动力 3 人。

2021 年，投资成本为 1200 元/亩（主要用于购买种子、化肥、农药、柴油以及雇机器收割等），玉米价格 2.40 元/公斤，产量为 900 公斤/亩~1000 公斤/亩，每亩利润为 800 元左右，年末净收入 12 万元。家庭人均年收入为 24000 元，高于 2021 年我国农村居民人均纯收入 18930 元。

2022 年，投资成本为 1300 元/亩，总成本比 2021 年多出 1.4 万元，原因是土地、种子和化肥等农业生产资料价格上涨。2022 年玉米价格为 2.2 元/公斤，每亩利润为 780 元左右，年末净收入 11 万元。由于产量上升，玉米价格下降 2.2 元/公斤，因此总收益下降，扣除高于 2021 年的成本，2022 年人均收入明显降低。未来受种植成本上升和粮食价格不确定的双重影响，农民收入增长困难。

从该案例可以看出，这家种植大户的家庭人均年收入在 2000~25000 元，当然其中不包括自家机器的折旧等，其家庭人均年收入处于农村居民中等偏上收入组行列，收入尚可。因此，对于有能力经营更多田地的种植大户，国家应该给予

一定的政策支持和鼓励，有利于农民增收。目前，国家还没有针对种植大户的政策优惠，应该加强。在调研中笔者也深深体会到种植大户对国家政策的期待与渴望。

（二）家庭农场

 案例

某家庭农场

该家庭农场成立于 2010 年 4 月，家庭农场占地面积 1312 亩，土地通过流转获取，租金 1200 元/亩。农场主为人耿直、真诚、勤劳，有带动大家一起致富的愿望和热情。

农场经营的业务主要包括以下四大块：①蔬菜大棚。大棚成本 1200 元/个，由农场主的舅舅负责统一管理，农场主支付其工资。雇佣本村妇女种植，按天计酬，90 元/天，种植的蔬菜销往就近的批发市场。②养殖泥鳅。由农场主的表哥负责统一管理，利润基本归表哥，如果农场主提供了销售信息等资源，则两人分享利润。农场与六安一公司合作，采用公司—农场—农户模式，由公司提供给农场泥鳅苗和技术指导，农场推广到农户，农户养殖成熟后由公司统一回收销售，每年利润在 12000 元/亩。目前已带动 50~60 户农户参与养殖。③苗木。苗木面积共 100 多亩，以树木为主，兼营休闲农业和农家乐，散养的鸡和鹅由父母负责饲养和管理。④大田种植。共 900 多亩土地用于种植玉米和水稻等粮食作物，由农场主叔叔负责管理，以工资方式结算。该家庭农场通过加入合作社，利用合作社的资源和平台开展产供销一体化的经营模式。

从这个案例可以看出，家庭农场是以血缘关系为纽带的经营模式。通过带头人的资源和信息带动整个大家庭共同经营，共同致富。同时，通过公司—农场—农户的模式带动周边的农户从事优质养殖或种植来增加收入。家庭农场对农民增收、缩小农民内部收入差距和实现共同富裕具有很好的示范作用。农场运营过程中最主要的困难是资金不足、贷款难以及缺乏有力的金融支持。

案例

某种植家庭农场

  该家庭农场于 2014 年注册成立，当时种植面积共 2000 多亩。农场购置大型拖拉机、旋耕机、插秧机、收割机等农机具开展家庭农场规模化种植。通过流转获得土地 1198 亩，与市种子公司联合繁育小麦良种，同时与 400 家农户签订了 3300 亩小麦育种和托管合作协议，采取"合作社+公司+家庭农场+农户"运行的联合管理的新模式，集中采购生产资料，实行"六个统一"，降低生产成本，并以高于小麦市场价格 17% 的收购价格回收良种，仅此一项，可使 400 户农民收入共增加 80 万元。2021 年流转土地 380 亩从事西瓜、蔬菜大棚种植，并承包838 亩从事苗木花卉种植。一部分大棚自己种植，另一部分大棚承包给个人经营，根据自己的能力大小，一个人最多承包 3~5 个大棚。这种方式可带动周边农户共同致富。凭借"四统一"，即统一肥料配方、统一种苗、统一技术、统一销售，走出一条农业机械化、规模化、现代化、社会化，多方合作共赢的成功之路。

  同时，为帮助贫困户、残疾人就业、创业，农场先后对贫困户和残疾人进行了种子繁育、西瓜和蔬菜大棚种植、养殖、机械维修等技术培训。通过技术培圳与帮助寻找创业门路等方式，共吸收 70 余名农民就业，其中低收入户 11 名，带动他们就业、创业，发家致富。

  通过以上这个案例可以看出，家庭农场可以集中经营，发挥规模优势，种植优势作物，并实行规范化的育苗、管理、销售等，走绿色农业之路，加上统一的技术服务和统一收购，使农户抵御市场风险能力增强。农场集中购置大型机械，效率高且节省了一般农户不必要的购买机械支出。通过让农户承包大棚、帮助贫困户和残疾人创业等对农民发家致富具有很好的带动作用，有助于贫困人口增加收入，脱贫致富，逐步走向共同富裕。

（三）专业合作社

某奶牛养殖农民专业合作社

创始人担任村书记多年，在当地具有一定的资源和群众口碑。合作社由县委书记担保从银行贷款1000万元，现已投入资金3000万元左右，其中，2000万元用于养牛场地和设施（挤奶、储奶设备）建设。现有17家农户参与合作社，农民自己购买奶牛（20000元/头）后送入养殖场。养殖场统一饲料（合作社有农场，种植青贮玉米，作为奶牛的饲料，合作社与农户之间通过市场方式进行结算），统一技术（与萧县钟建畜禽养殖场通过订单形式合作，由钟建公司的技术人员对养牛户进行技术指导），统一防疫（由乡兽医站免费提供防疫指导），统一进牛（保证质量，通过市场方式结算），统一挤奶（在养殖场建造挤奶车间，使用养殖场购买的机械挤奶，统一的挤奶时间是早上4:00~8:00和下午4:00~8:00），统一销售（由养殖场用专门的车辆运输至合作公司，合同一年一签），统一管理（每个月实行淘汰制，淘汰末尾后两位，原有36户，现有15户），合作社与农民之间的利润按二八比例分成。

从以上案例可以看出，规范的管理制度很重要，尤其像牛奶这样的食品行业，更加需要注重质量和品质。采取末尾淘汰制，严把牛奶质量关，能够树立自己的品牌意识。农户只需要提供奶牛成本和日常管理，牛奶的产销都由合作社牵头进行，农户面临较少的市场风险。这对农民在家乡就地致富具有很好的示范作用，保护了农民的故土情结。

某鸭业农民合作社

合作社共占地2000亩，主要是良种繁育1200亩和大棚蔬菜800亩。合作社在集团董事长的帮助下由其司机王某成立，董事长个人向其借贷130万元作为创始基金（董事长很看重这位司机的耿直、勤劳和善良），合作社创始资金98%由王某提供，其余9人占2%。

该集团开始是做鸭苗孵化的，后因市场竞争激烈，延长了自己的产业链，扩大至鸭苗孵化（公司）、饲料（厂）、养殖（合作社）、加工（屠宰，工厂形式）、销售一体的经营模式。

合作社联结600多户养鸭农户，参与合作养殖农户中多为留守农村的老人与妇女。农户按照合作社的要求自己搭建鸭棚，合作社为养殖户建棚提供贷款担保，每棚成本为8万元左右，鸭子成长期一般为38天，养殖周期短，资金周转快。每个鸭棚每期可养殖6000~7000只鸭子。合作社与养殖户之间以订单的形式合作，合作社统一鸭苗（由集团孵化公司提供，每只鸭苗收取5~9元押金），统一饲料（饲料厂提供），统一技术（集团提供），统一防疫（兽医站提供），统一收屠，统一加工，统一销售，最终以市场的方式进行结算，合作社先行垫付，待鸭子销售后从农户的销售收入中扣除。

养殖户经营一个鸭棚每年可获利13万~15万元，合作社通过差价获利，每年利润在1000万元左右。合作社雇佣14人，主要是技术人员，对养殖户进行上门技术指导，电话随叫随到。集团近年来发展态势良好，在同行业中具有成本低、品质高的优势，产品质量按照出口的标准制定，销往20多个省（市、区），销售给全国知名的绝味鸭脖、煌上煌等品牌连锁店。通过复制相同的模式，养殖范围不断扩大。负责人透露，公司即将上市，员工可购买股份。

目前，合作社发展存在的主要问题有：当饲料价格下降时会亏本，末端销售存在困难。另外，由于养鸭的工作脏、累且需要养殖户勤劳肯干，农民养鸭的积极性不够高。政府政策精神好，但实际支持力度不大，建议政府应更多地重视企业，当企业的坚强后盾，让企业有荣誉感。

从这个案例可以看出，就地发展养殖产业可以调动当地农民一起勤劳致富，尤其是可以促进农村的留守老人和留守妇女就业，增加收入来源，弥补农户致富途径单一（单纯依靠种植业）的不足。政府应鼓励和支持发展适合本地特色的产业，为农民寻找和创造更多的致富途径，降低农户的经营风险，促进当地农民共同致富。在这个鸭业合作社中，农民只负责具体的养殖，饲料、技术、防疫、加工、销售全部交给合作社去做，农户可以避免诸多风险。

（四）产业联合体

 案例

某农业产业联合体

联合体由5家家庭农场、5家种植合作社、1个农机服务合作社、1个农资公司、1个龙头企业组成。现有6名管理人员，常年雇佣近20人，主要负责会计、仓管、市场和农机维修等，另外还需雇佣大量的季节性短工。有专门的技术人员，当地县农委每个月来人检查指导，并与某职业技术学院合作，职业技术学院为联合体提供技术指导并进行项目合作。联合体通过合同订单形式统一购买农资，将农产品统一销售给龙头企业。龙头企业统一收购的价格高于市场价格。同时，技术、质检、防疫都由龙头企业免费提供。

目前，联合体的发展存在的主要困难有：仓库的修建跟不上，租用厂房租金高且不及时，影响粮食储藏和晾晒；融资难，政策性资金不到位；农业保险力度小，合作社抵御自然灾害的能力不够，近两年庄稼倒伏和严重病虫害等造成收益减少；基础设施落后尤其是水利灌溉设施落后，农民灌溉成本高；利益衔接不紧密，近90%还是散户，土地租种一般是5年，3年调整一次。

 案例

某蔬菜产业联合体

联合体由1家农业科技公司、5家合作社和合作社所属的10个蔬菜种植家庭农场组成。

在前期基地建设投资2000多万元的基础上建立了直销网络，开发直销网点30多处，日销售无公害蔬菜16吨，建成集种植、收购、检测、加工、再检测和配送服务于一体的整套蔬菜销售冷链系统，基本形成了科、工、贸并举，产、学、研结合，上联市场、下联农户的产供销一体化的产业化经营管理格局。

产业联合体是以农业企业为龙头、家庭农场为基础、合作社为纽带的一体化新型农业产业经营组织。龙头企业负责联合体生产经营计划、生产标准的制定、全程技术服务、终端市场开发和产品销售。蔬菜种植合作社负责按照龙头企业的质量和数量要求，组织家庭农场开展蔬菜生产，为家庭农场提供农业生产资料供应和具体技术服务，统一组织蔬菜产品的供应。家庭农场负责按照龙头企业及合作社的技术标准，开展蔬菜种植，提供蔬菜产品。家庭农场一方面通过使用新技术、新装备来提高土地产出率和劳动生产率；另一方面从龙头企业那里以低于市场价格的优惠价格获得生产资料，并以高于市场的价格将产品售卖给龙头企业，获得更多的收益。联合体各方形成了"你中有我，我中有你"的一体化格局，也形成了产业联合体与传统"公司＋农户"模式的最根本区别。

从以上两个案例可以看出，联合体是利益共同体，大家采取抱团取暖的方式存在。这种结合方式相当于太阳系的存在，龙头企业是"太阳"，家庭农场、合作社、农机公司等都是围绕着龙头企业运行的"行星"。龙头企业、合作社、家庭农场三大经营主体通过签订生产服务合同和协议来确立各方的责权利。发挥企业、合作社和家庭农场各自的优势，实现三次产业联动、三大主体融合，提高经营主体的整体竞争力和经济效益。这一模式克服了单一新型经营主体各自存在的缺点，各个主体优势互补，获得更大的效益。产业联合体也是未来农业发展的理想目标。

（五）"全托管"

 案例

某农化服务公司

南通市首先创造了这一新的经营方式，本着"农户提供土地，由服务组织全程经营，收益协商共享"的原则进行土地耕种。农户把土地集中于一个合作社、龙头企业或者是联合体，这一服务组织为农民种田提供服务，既包括买种子、化肥等生产资料，雇工耕种，也包括后期的田间管理等，各个环节农民可以自由选择，最后的粮食也可以销售给龙头企业。

宿州某农化服务有限公司在农户土地托管中的经营模式如下：①测试土壤，

提供个性化肥。该农化服务公司与安徽农业大学合作，用30万元购买了由安徽农业大学的教授发明的智能配肥机，利用工信部的全国土壤测试数据库（具体到村），公司通过查询到的每个客户的土壤的性质，进行有针对性的配肥和出售。这样可以根据土地的具体特点配备肥料，做到了科学、节约、有效。②农机服务。每个村设立服务站，配备农机，负责耕种、农药喷洒和灌溉等田间管理的每个环节。在每个村中选择有一定能力的常驻联络员，临时雇佣，按天付薪。③帮助农民贷款。三户联保即可申请贷款。有合作社作为依托和担保，相比农户本身会更容易获得贷款。贷款500万元以上，省农委一次性给予30万元的利息补贴。④统一销售。农民自由选择是否由公司进行销售，在销售上节省了很多人力成本和时间成本。⑤引进新品种。合作社引进新麦26，由合作社成员通过参观商讨等形式引进新品种并带动散户种植，形成规模效应。比普通品种每斤价格高出0.2~0.3元。同时推广种植"黄金富士"苹果，批发价9.2元/公斤，零售价13.4元/公斤，相比市场上普通的富士苹果2元/公斤~3元/公斤，"黄金富士"苹果的利润更高。该农化服务公司在农作物生产上紧跟供给侧结构性改革的步伐，紧扣市场需求的步调，转变农作物品种。

"全托管"这种经营方式节约了土地租金成本，一定程度上保护了农民的惜地情结，为普通农户分散经营提供了一定的便利和实惠，就像负责人包某说的一句话，"农民轻松做'地主'，我们全心做托管"一样，道出了"全托管"的主要特点和优势。"全托管"释放了农业经营和新农村建设的活力，但是还需要积极引导和不断完善。目前存在的问题主要是，农村政策尤其是土地政策和补贴政策使农民惜地情结较重，土地集中困难或集中成本过高。

三、结语

在审视我国当前涌现出的新型农业经营主体时，在肯定它们的优点和活力的同时，也会发现很多问题和隐忧。首先，大多数难以做到有效管理，依托村委会、种植大户和村干部成立起来的合作社可能会导致国家的财政支持和一些优惠政策被合作社核心人员获取（徐旭初，2014）。在调研访谈中，这一现象也得到了证实。其次，农村合作社的组织结构不完善，运行效率低，利益分配机制不合理。以内蒙古扎赉特旗某合作社为例，其主要经营种植甜叶菊，从秧苗采购到耕种期间的管理再到售卖都是由一两个主要负责人负责，会出现高报秧苗价格、低报销售价格等现象。再次，政府对各项助农补贴和政策支持缺乏有效的监管。近些年，农民专业合作组织得到了国家财政资金的大力支持，但是目前我国还没有一个完善且有效的支农绩效的评价体系，按程序下拨的资金可能会因为缺少监管而被层层盘剥。有其名无其实的"假合作社"大量存在，套取国家资金的现象也时有发生，有效的监管亟待完善。

处在社会主义初级阶段的合作社等新型农业经营主体在实践中必然具有异质性和多样性的特点，只有在发展中才有可能逐步规范，关键是朝什么方向发展，作为社员的农民能否成为合作社利益的主体，他们的经济利益能否得到很好的维护，他们的民主权利能否得到很好的保障，这些都是使新型农业经营主体未来健康发展需要正视的问题。

第五章

进一步缩小我国城乡收入差距路径之一：市场行为选择

　　党的"十六大"报告首次提出要形成一个城乡统筹格局的思想，从而为"三农"问题找到一个新途径。2017年，党的十九大首次将"城乡融合发展"写入党的文献，这是对建立健全城乡融合发展体制机制和政策体系做出的重大决策部署，标志着我国城镇化和由此带来的城乡关系进入新的发展阶段。党的"二十大"报告提出，"全面建设社会主义现代化国家，最艰巨最繁重的任务仍然在农村"，要求"坚持农业农村优先发展，坚持城乡融合发展，畅通城乡要素流动"，为破解城乡发展不平衡、农村发展不充分等问题指明了方向。城乡融合发展的实质就是把城市与农村、工业与农业、城镇居民与农村居民作为一个整体进行规划，就是要通过市场经济的基础性作用，在城乡之间合理配置劳动、资本、土地等生产要素，实现城乡经济、社会、政治、文化的共同发展。[①] 统筹城乡发展是一项长期的重任，缩小城乡收入差距是城乡融合发展的关键环节，市场与政府必须在缩小城乡收入差距中起到双重调节作用。我国的学界和政界都对缩小城乡收入差距有着高度的关注，也在积极地献计献策并付诸实践，使我国城乡收入差距的缩小取得了一定的成效，2009~2021年城乡收入差距实现连续12年缩小，这就是最好的成绩单。今后在缩小城乡收入差距的道路继续发挥市场和政府两种手段以进一步缩小城乡收入差距，推进城乡统筹发展和城乡一体化的形成。本章主要讨论通过市场行为来缩小城乡收入差距的具体对策与措施。

---

　　① 中国社会科学院农村发展研究所. 中国农村发展研究报告 NO8［M］. 北京：科学文献出版社，2013：2.

第一节　农业现代化是缩小城乡
收入差距的长效机制

自 2006 年以来农业现代化是中央一号文件反复强调的有关农业发展的"热名词"。2016 年的中央一号文件提出，大力推进农业现代化，坚持强农惠农富农政策不减弱，推进农村全面小康建设不松劲，加快促进农民增收。2022 年中央一号文件提出，扎实有序做好乡村发展、乡村建设、乡村治理重点工作，推动乡村振兴取得新进展、农业农村现代化迈出新步伐。对于我国来讲，没有农村现代化，就没有国家的现代化。

根据《中国农村发展报告 2020》，预计到 2025 年，中国城镇化率将达到65.5%，保守估计新增农村转移人口在 8000 万人以上；农业就业人员比重将下降到 20% 左右；乡村 60 岁以上人口比例将达到 25.3%，约为 1.24 亿人。从事农业生产是农村常住人口的主要收入来源。"农业丰则基础强，农民富则国家盛，农村稳则社会安"，加快发展现代农业，提高农业产业收益，是构建农民增收长效机制的基础。农业现代化已成为中国现代化的一块短板。发展现代农业主要从以下五个方面努力。

一、创新农业经营模式，培育新型农业经营主体

培育新型农业经营主体，在社会主义市场经济中，就是培育新型市场主体。我国农业的基本组织形式是家庭联产承包责任制经营模式，这种模式具有普遍的适用性。但是，随着农业发展现实情况的改变，这种经营模式必须进行调整和创新（钱忠好，2002；赵永平，2010；陈锡文，2013；姜长云，2013；张海鹏、曲婷婷，2014）。张海鹏、曲婷婷（2014）提出，家庭农场、专业大户和农业合作社都是以农户家庭经营为主体的新型农业经营模式，创新家庭经营模式可行，但亟待创新，基本路径在于商品化、市场化、合作化、产业化。李谷成、李崇光（2012）认为，农户家庭经营作为农业生产最适合的经营模式必须得以坚持，立足家庭经营的现代化农业合作社能克服小农经济的先天性不足。

建设农业现代化，首先要解决好"谁来种田"的难题。随着城镇化的推进，农村的许多青壮年都转移到城镇第二、第三产业，农业经营主要依靠农村留守老人和留守妇女，这是推进农业现代化的一大困难。刘强（2012）研究得出，我国农村留守儿童为5000万人，留守老年人为4000万人，留守妇女为4700万人，农村务农主体为留守老人与留守妇女，其小学、初中文化占到70%以上，浙江、江苏务农平均年龄达到57岁。所以，未来谁来种地的问题尤其严峻，南北方各地区应差异对待。北方（以内蒙古为例）的人均耕地面积多，外出务工的青壮年较少，应主要选择以种植大户为主的经营方式，既能保证农民的收入，又能保证国家的粮食安全；南方（以安徽省为例）的人均耕地面积少，以留守老人和留守妇女为主要劳动力的地区，应主要选择合作社等道路，既能保持经营性收入，又能节约种植成本。在坚持以家庭联产承包责任制为基础的经营模式上培育新型农业经营主体是解决谁来种地问题和保证粮食安全的当务之急。2016年中央一号文件提出，坚持以农户家庭经营为基础，支持新型农业经营主体和新型农业服务主体成为建设现代农业的骨干力量。2022年中央一号文件提出，持续推进农村一二三产业融合发展。鼓励各地拓展农业多种功能、挖掘乡村多元价值，重点发展农产品加工、乡村休闲旅游、农村电商等产业。推进现代农业产业园和农业产业强镇建设，培育优势特色产业集群，继续支持创建一批国家农村产业融合发展示范园。实施乡村休闲旅游提升计划。目前，在我国主要存在种植大户、家庭农场、专业合作社和产业联合体等几种形式，下面结合对内蒙古扎赉特旗和安徽省宿州市新型农业经营主体的实地考察和调研，对农业新型经营主体和经营方式在农业现代化过程中所起的作用进行论述。

（一）种植大户

专业种植大户是相对集中成片承包耕地或租种耕地50亩（各地的具体标准不一样）以上，一年种植一季粮食作物，包括水稻、小麦、玉米、高粱、马铃薯、大豆等的自然人、法人、专业合作组织或其他组织。专业大户指的是围绕某一种农产品从事专业化生产，其种植或养殖规模明显高于传统小农却又小于家庭农场规模的经营主体。在内蒙古扎赉特旗的实地调研中看到，由于当地外出打工的年轻人不多，所以村子里从事农业种植的年轻人较多，种植大户也较多。种植大户要承包100亩左右的耕地进行耕种，这样才会有不错的收入，如果不承包土地只种植自家20亩左右的耕地根本获得不了利润，还使劳动力常年束缚在土地上。种植大户主要进行机械化种植、管理和收割。种植玉米作物需要的拖拉机等小型机械主要都是自家购买的，而在农忙季节则会雇大中型机器进行收割，大大节省了人力和时间，提高了生产效率，对农民增收具有显著作用。在农忙季节，种植大户也会雇佣临时工，如在水稻插秧等繁忙季节。当地种植大户表示，国家给予种植大户的补贴很少甚至没有，希望国家也能够像支持当地合作社那样来支持种植大户。由于土地租金、种子、化肥和农药等农资价格上涨明显，种田成本提高，农民增产不增收。以玉米为例，近10年来玉米产量大幅度提高，2005年为500公斤/亩，2015年为800～1000公斤/亩，翻了两倍。玉米价格2005年大概为1.12元/公斤，2015年大概为1.5元/公斤，上涨了三分之一，2021年大概为5.22/公斤，较2015年上涨约2.48倍。但是种植成本上升更快，2005年每亩平均成本为200元，2015年每亩平均成本则要900～1000元，2021年种植成本超过1000元/亩，综合来看，农民由于种植成本上升而面临着增产不增收的困境。尤其是需要雇工的家庭，根据农活的繁重程度和雇佣劳动力的年龄不同，每人每天的工资在100～200元不等，种植成本明显提高。2022年由于玉米、水稻价格上涨，使得2023年土地承包价格更快上涨，为每亩800～1200元不等，加上其他成本，每亩种植成本接近1500元。这使未来农民经营收入增长面临困难。

（二）家庭农场

家庭农场是指以家庭成员为主要劳动力，从事农业规模化、集约化、商品化生产经营，并以农业收入为家庭主要收入来源的新型农业经营主体。目前，家庭农场没有一定的规模标准，从实践来看，家庭农场的土地流转面积一般在50～500亩。2008年党的十七届三中全会报告第一次将家庭农场作为农业规模经营主体之一提出。2013年中央一号文件明确提出，将专业大户和家庭农场作为新型农业经营主体的重要组成部分。家庭农场规模比种植大户大，更容易形成规模效应，而且通过血缘关系而结成的家庭农场具有易于管理和沟通的优势。

近些年我国家庭农场发展迅速，根据农业农村部政策与改革司公开披露的信息，截至2019年底，全国家庭农场由34.3万个增加到85.3万个，与2015年相比，增长了约1.5倍；县级及以上示范家庭农场数量由3.9万个增加到11.7万个，增长了2倍。截至2020年6月底，全国家庭农场数量已经突破100万个。家庭农场的发展促进了农业产业化经营，增加了农民收入，对农业结构调整和改变农民在市场经济中的弱势地位起到了重要的作用。当地农业相关部门正积极引领全县家庭农场规范发展，通过完善农村土地流转管理和指导，规范流转合同。积极推动"农超"对接，使家庭农场的产品直接进入超市，减少中间环节，解决产品售卖困难问题，增加农场经营收入，促进产销一体化；通过阳光工程培训，积极培养一批职业农民带头人和农业服务人才，为家庭农场发展储备力量；倡导农场主参加各种学习，不断掌握现代农业先进技术，努力转变发展思路，提升自身综合素质；对家庭农场信息员进行培训，对家庭农场的运行情况进行网上监测和指导。

（三）专业合作社

农民专业合作社是以农村家庭承包经营为基础，通过提供农产品的销售、加工、运输、贮藏以及与农业生产经营有关的技术、信息等服务来实现成员互助目的的组织。从成立开始就具有经济互助性，拥有一定组织架构，成员享有一定权利，同时负有一定责任，一般有五名以上符合规定的成员申请即可。合作社可以实现土地集中和规模化经营，克服了农户家庭经营的弱点，在抗风险等方面都具有很好的优势。单个农户在生产资料购买中面临着卖方垄断，在农产品销售中又存在买方垄断，农产品的季节性又决定了单个农户在销售时没有更多选择的余地，因此在市场上起不了什么作用。另外，单独的小农户很难获得市场准确和及时的信息，信息的不对称导致农民在生产和销售中产生盲目性。尤其在目前农产品的总量阶段性过剩和结构性过剩的情况下，农民在种植方式和种植品种上很难做到及时调整，不能适应市场的需求，农产品卖不出去或者卖不上好价格对于农民增收会产生严重的影响，而农民专业合作社可以克服这些问题。目前，国家也在大力发展合作社，给予合作社许多政策优惠和财政补贴，培育农村合作社是农业经营方式转变、缩小城乡收入差距的长期选择。

宿州市是农民专业合作社示范地，其农民专业合作社快速发展，截至2021年底，登记在册的农民专业合作社达到15360家，其中国家级合作社示范社40家，省级以上合作社示范社159家，市级以上合作社示范社598家；家庭农场发展到22893家，其中省级示范家庭农场184家，市级以上示范家庭农场564家。宿州市通过大力扶持合作社的发展，促进了农村经济的快速增长。合作社带动示范效应十分显著，促进了宿州市农业产业结构的调整，延伸了产业链条，增加了农民收入，振兴了农村经济。具体表现在两个方面：一是在省市级合作社的带动下，农业产业结构得到了进一步优化，各类主导产业特色突出，优质砀山酥梨面积达到 30 万亩，新品种梨面积达到 20 万亩，设施水果面积达到 5 万亩，培育了一大批一村一品的特色农业示范村。二是产业链条进一步延伸，形成了生产、加工、销售完整的产业链，带动了农业标准化生产基地的建设及一大批农业产业化龙头企业的发展，逐步形成以农业企业为龙头、以合作社为纽带、以家庭农场为基础的现代农业产业联合经营模式。

（四）产业联合体

现代农业产业联合体是以"农业企业为龙头、家庭农场为基础、农民合作社为纽带"的一体化现代农业经营组织形式，由农业企业牵头，下联若干个农民专业合作社及家庭农场，采取"农业企业+合作社+家庭农场"的运行模式。联合体一般是至少一个公司+一个合作社+五个家庭农场，也可以是种植大户，形成 1+1+1>3 的效果。联合体的三大经营主体分工是：企业负责做市场，家庭农场负责产品生产，合作社承担各种服务功能。单一的经营主体独立经营面临诸多困难。例如，农业企业面临原材料供应渠道不稳定及质量安全无保障问题，家庭农场存在技术、资金、市场、社会化服务等问题，合作社存在缺少稳定的服务对象、难以保证效益等问题。产业联合体有效地解决了以上问题，采取"抱团取暖"的方式，互相促进。产业联合体具有以下六大优势：有利于促进农业经营产业化，有利于培育发展新型经营主体，有利于促进土地规模化经营，有利于促进农业服务社会化，有利于促进农民收入多元化，有利于促进农产品质量安全。

2012 年 9 月，宿州市委市政府出台了《促进现代农业产业联合体建设试点方案》，选择 16 个联合体开展试点，通过经营主体相互融合，相互服务，建立利益共同体，较好地解决了三大经营主体发展的困难和问题。截至 2021 年底，宿州市全市农业产业化联合体发展到 326 家，居全省第 1 位，加入联合体的龙头企业 341 家、合作社 903 家、家庭农场 2310 家，覆盖了粮食、畜禽、果蔬、林木等主导产业，年产值达 400 亿元以上。产业联合体经营模式连续 3 年写入了安徽省委一号文件，作为安徽省贯彻中央一号文件的创新举措，在全省推广。

"十三五"规划提出要大力推进农业现代化，推动粮经饲统筹、农林牧渔结合、种养加一体、一二三产业融合发展道路。① 国务院印发的《"十四五"推进

---

① 近年来，中央高度重视促进农村一二三产业融合发展，将其作为农业现代化和新型城镇化战略的一项重要举措，做出总体部署。自 2015 年以来多个中央一号文件都提出推进农村一二三产业融合发展战略。

农业农村现代化规划》指出，要立足国内基本解决我国人民吃饭问题，巩固和完善农村基本经营制度，引导小农户进入现代农业发展轨道，强化农业科技和装备支撑，推进农业全产业链开发，有序推进乡村建设，加强和创新乡村治理，推动城乡融合发展，促进农业农村可持续发展，促进农民农村共同富裕。新型农业经营主体的培养和农业经营方式的转变有助于土地的集约化经营、耕种的机械化、产供销一体化、抵抗自然灾害能力的增强和农业生产效率的提高。同时，土地的规模化集中和生产效率的提高有助于农业剩余劳动力转移到城镇，促进农民工资收入增加。《农村绿皮书：中国农村经济形势分析与预测（2015~2016）》显示，2015年农业科技进步贡献率达到56%，农作物耕种收综合机械化水平达到63%，畜禽养殖规模化率提高到54%，家庭农场、农民合作社、产业化龙头企业等新型农业经营主体接近250万家，农业现代化发展前景良好。《农村绿皮书：中国农村经济形势分析与预测（2021~2022）》显示，中国"三农"工作重心历史性地转移到全面推进乡村振兴，2021年取得了新成效：粮食总产量超过6.8亿吨，创下历史新高，比上年增加了1336万吨，增长2.0%；粮食总产量比政府确定的6.5亿吨（0.65万亿公斤）这一目标高出3000多万吨；粮食总产量自2015年以来连续7年超过6.5亿吨。

二、激发生产要素潜力，提高农业经营效率

土地、劳动和技术是最主要的三大生产要素。农业生产中应通过加快土地流转实行规模性经营，通过加大对农民的教育和职业培训提高劳动者素质，通过鼓励科技创新、提高资源利用率等途径来提高农业生产效率。

（一）创新农村土地制度，实行规模性经营

近年来，我国农村居民人均收入增长速度超过了城镇居民，一个很重要的原因就是机械化耕种的推广。随着农村剩余劳动力的转移，从事农业的劳动力减少，但是机械化的使用大大提高了农业生产的效率。机械化推广使用的前提是土地的规模化经营，我国以家庭联产承包责任制为基础的农业经营方式，土地分散，面积小，很难实现规模化和机械化经营。现实中通过土地流转也很难实现大面积的规模经营。在调研中发现，农民土地难以集中的原因主要是农民的惜地情结，即使家庭经营收益不大，也会由家庭成员尤其是老年人坚持小规模的低效率

的传统耕种方式。土地租金过高也是一个重要原因，种植大户或者合作社与每户进行谈判的成本较高。也存在一些农户个人原因，即使租金很高，自己耕种效果不好，也不愿意承包给种植大户或者合作社等新型农业经营主体去经营获利。

目前，我国的做法是承认土地流转的合法性，政府支持外出务工人员把土地承包或转包给当地的农民并收取一定的租金费用作为补偿，也可以土地作为资源进行入股分红。这在一定程度上促进了土地的集中和规模化，进而有利于机械化耕种。另外，可以借鉴法国在土地集中方面的经验，如组建"土地整治公司"，将低产量和荒芜的土地集中成片，整治成符合标准的农场后出租给有经营能力的主体。政府可以通过财政补贴、低息贷款等方式为农民租种土地和购买机械提供金融支持。国家在一些地方针对大规模经营给予一定的补贴，如在滁州某县种植100亩以上会给予相应补贴。在调研中得知，也有一些人租种土地得到较丰厚的补贴后再将土地转包，套取国家资金，也有抛荒现象，这使得我们人均本就稀少的土地又被抛荒浪费，让人忧虑和痛心。在访谈中也得知，由于资本的趋利性和投机性的本性，工商资本介入农业的目的是能从农业中获得利润，想方设法占有农业资源，这对真正经营农业的人会产生一种逐出效应。很多工商资本在不能获取满意的利润时说走就走，来农村经营的目的都不是想好好种地，而是获取最大的利润，往往钻政策空子套取补贴，也有将耕地转化为建筑用地的现象，这种现象继续恶化会影响我国粮食安全问题。实践证明，需要培育更多的对农业有深厚感情并有社会责任感的种植大户和合作社来从事农业经营，带动村民一起致富，才是最优选择。

因此，国家在种田补贴上应该规范标准，如以最终农作物产量为准，加强监督，使"惠农"资金用在刀刃上。蔡继明（2010）提出，缩小城乡收入差距的根本途径是加快城市化进程，而推进城市化进程最重要的配套改革就是推进土地制度改革。加快农村建设用地流转，合力推进城乡建设用地增减挂钩。加快廉租房和经济适用房的建设为低收入者尤其是农民工提供稳定的居住条件。加快农村家庭承包土地流转，实现土地适度规模经营。实行最严格的耕地保护制度，严格控制征地规模，加快征地制度改革，完善征地补偿机制，提高对农民的补偿标准，改革和完善农民土地权利，解决好被征地农民的就业问题和社会保障问题。

（二）加大对农民的教育和职业培训，提高劳动者素质

温家宝（2005）提出，没有教育机会的均等，就谈不上社会公平。谁能够享受良好的义务教育，谁就能获得更多的发展机会，否则就难以融入现代社会。①党的十八大以来，中央高度重视高素质农民培育和培训工作，将其作为一项重要工程逐步推进。《中华人民共和国国民经济和社会发展第十四个五年规划和2035年远景目标纲要》提出"提高农民科技文化素质""实施高素质农民培育计划"。2021年中央一号文件指出，"培育高素质农民，组织参加技能评价、学历教育，设立专门面向农民的技能大赛。"我国农村教育水平和城镇教育水平的差别明显。在农业现代化的推进过程中，尤其是在机械化、信息化的时代，提高农业劳动者的文化水平和素质是一个必然要求。正如一种粮大户所说，农业经营必须注重走市场路线，合上市场节拍，如经营100亩田地根本不够捕捉市场信息（参加培训班，与其他种植大户间的交流）的成本，种400亩也许会好一些。但是如果不捕捉市场信息盲目生产，产品没有市场，卖不出去则会亏损。捕捉市场信息需要农民具备一定的职业能力和素养，可见农民对于职业培训等教育形式的需求，而职业培训的成本比较高，农民依靠自身力量无法实现，需要政府部门来发挥作用。

国家为促进农民工就业、增加农民收入、提升农民工职业技能做出了大量工作，如取消了对农村务工人员失业登记的限制，全国招聘信息已经全覆盖，为农民工提供免费的就业信息和政策咨询。人社部、教育部、住建部、农业部、扶贫办等都加入了培训农民工的队伍，为农民工职业技能和素养的提升起到了推动作用。但是针对农业劳动力的继续教育和职业培训还不够，虽然也有一些地方开展了针对种植大户和农民专业合作社带头人等新型农业经营主体的会议和培训，但是各个省份地区情况也很不平衡。如在安徽宿州等国家新型农业经营主体示范基地中这样的机会较多，而在内蒙古扎拉特旗等新型农业经营主体刚刚起步的地区就很少有培训和提升的机会。同时针对从事农业生产的普通农民的培训还寥寥无几，在实际调研中发现农民对这一方面的需求很迫切。农民的天然弱势，让他们无法在信息化社会中捕捉到能够参加继续教育和培训的机会。在访谈中，很多种植大户都提出希望能够得到一些市场信息和科学化种植方面的培训机会和咨询平台。

因此，国家应该加大对农民培训的重视，做到不断扩大范围和提升培训的效果。首先，制定"自上而下"的有效政策和培训体系，通过农业委员会等农业

---

① 在联合国教科文组织第五届全民教育高层会议上的致词 [EB/OL]. (2005-11-28) [2022-12-25]. http://www.huaxia.com/xw/zdxw/gcdt/2005/00392890.html.

服务部门，使培训机会和场地延伸到县、村，也要重视农业带头人的作用，对于在农村中能够带动当地农民共同致富的带头人和骨干给予更多的提升和培训机会。其次，政府为构建农民职业培训体系而努力，应免费为新型职业农民提供服务，包括各种技术、管理和法律方面知识的培训。最后，应通过优惠贷款和减免学费等措施鼓励毕业大学生尤其是农业院校的大学生毕业后下乡或回乡创办新型农业经营模式，为农业发展献策献力。而这些都需要政府加大人、财、物的投入。随着我国对"三农"的重视和力度不断加大，对于农民的继续教育和技能培训会成为一种常态。

（三）科技创新，提高农业全要素生产率

农业全要素生产率是对农业生产系统总体效率的度量，即农业总产出与总投入之比。这里的"全"不是指全部生产要素，而是指除有形生产要素（如资本、土地、劳动等）投入外，能够影响农业产出增长的所有因素，包括品种改良、新技术推广、资源配置优化、产业结构调整、经营体制创新和调控政策改进等。全要素生产率可直观理解为科学技术，全要素生产率提高是科技进步的有效衡量指标。农业全要素生产率水平越高，表明农业发展对化肥、农药、劳动力等资源要素的依赖性越小，农业发展的科技含量越高、可持续性越强。重视农业科技一直都是发达国家的重要农业政策之一。美国非常重视农业技术支持，农产品的质量得到了可靠的保证。美国通过建立大量不同类型的农业研究机构，拥有大量的农业科技人员，为其农业现代化奠定了基础。发达国家农业中科技贡献率占到70%以上，而我国的科技贡献率较低，在40%左右。① 工业化、城镇化、信息化和农业现代化是中国经济发展的重要推动力，我国农业现代化滞后导致了"四化"协同性不足，也导致我国农产品科技含量不足，国际竞争力较弱，进口农产品数量大并在不断增加。

"十三五"规划提出，实现"十三五"时期发展目标，破解发展难题，厚植发展优势，必须牢固树立创新、协调、绿色、开放、共享的新发展理念②。加快推进农业信息化、物网化和农村电商发展，培养大批优秀具备农业经营能力的职

① 刘利. 中国城乡居民收入差距：理论分解·现状评判·对策思考 [D]. 长春：吉林大学，2010：152.

② 沈琼. 用发展新理念引领农业现代化：挑战、引领、重点与对策 [J]. 江西财经大学学报，2016（3）：81-90.

业农民，注重加大农业科研投入，并加快研究成果转化为现实劳动生产率；注重加强农业科技人员与农业从业者的交流平台建设，增进交流。[①] 可见，科技创新在农业发展中的作用，也指出了我国农业现代化的路径。党的十九届五中全会强调，坚持创新在我国现代化建设全局中的核心地位，把科技自立自强作为国家发展的战略支撑。这为做好农业科技工作提供了根本遵循。面向"十四五"，农业科技必须围绕"四个面向"，大力强化农业关键技术攻关，深入实施乡村振兴科技支撑行动，突破关键瓶颈、打造战略力量、强化科技服务、推进科企融合，不断提升自主创新能力和创新创业活力，加快推进农业科技自立自强，以高质量科技供给支撑引领农业农村现代化。

（四）加快推进生态农场建设，促进农业绿色低碳转型

党的十九大把"增强绿水青山就是金山银山的意识"首次写入党章，并指出，"建设生态文明是中华民族永续发展的千年大计"，"必须树立和践行绿水青山就是金山银山的理念"。农业是个生态产业，农村是生态系统的重要一环。推进生态农场建设，是探索农业现代化的有效路径。实现农业现代化，必须走产出高效、产品安全、资源节约、环境友好的发展道路。生态农场是依据生态学原理，遵循整体、协调、循环、再生、多样原则，通过整体设计和合理建设，将生态农业技术、现代先进装备、绿色低碳理念等引入农业发展的实践主体，以获得最大可持续产量，同时实现资源匹配、环境友好、食品安全的农业生产经营主体。当前，"三农"工作重心已历史性转向全面推进乡村振兴，推进生态农场建设意义重大。推进生态农场建设，既能够保障国家粮食安全和重要农产品有效供给，又能够有效地减轻生态环境压力，是推进品种培优、品质提升、品牌打造和标准化生产措施落地的有效载体，是提高农业质量效益和竞争力的有效实践。

三、完善农业风险防范机制，保障农民经营性收入

农业具有高风险和弱质性，对于自然界的多重自然灾害、社会风险和市场风

---

① 沈琼. 用发展新理念引领农业现代化：挑战、引领、重点与对策 [J]. 江西财经大学学报，2016（3）：81-90.

险都无法抵御。即使是在发达国家，如果没有农业保险的保障作用，农场主也是无法应对的，境况艰难。所以，农业保险制度是保障广大农民生产和生活的主要环节，也是农村发展、农业稳定、农民安居乐业的重要保证。

阎虹、韩静轩（2006）通过实证分析，发现自然灾害对农业增收具有重要影响，自然灾害的频繁发生意味着农民预期收入的减少；而自然灾害较轻时，将有助于促进农民增收。王国敏（2007）研究得出，我国农业生产的每次波动都使粮食减少，而每次波动都与自然灾害有密切的关系。马九杰（2005）运用描述性统计和相关分析等方法，通过对自然灾害变化程度与生产能力波动进行相关分析说明，自然灾害对我国粮食综合生产能力的确具有重要影响。王佳宁等（2021）通过构建灾情指数模型评估了 2000~2018 年中国 31 个省级行政单元的自然灾害受灾程度，采用空间计量模型和地理加权回归（GWR）模型揭示了自然灾害时空格局演变的社会经济效应。结果表明 2000~2018 年中国自然灾害受灾程度总体有所下降，受灾面积对经济发展、人口增长、农业生产具有明显抑制作用且空间溢出效应显著。

我国农业自然灾害时有发生，以小麦的赤霉病为例，其防治的关键时期就在 3~5 天，错过就很难防治，而一旦赤霉病发生率 > 5%，国家就拒绝收购，小麦不能正常销售，整个农业生产过程受到重创。另外，在收获季节，如果阴雨天持续较长，小麦不能烘干也会导致霉变。可以看出农民在农业生产中应对自然灾害的弱势性，每个环节出现问题则整个收成都会受到不同程度的影响。因此，政府有必要加强农村金融保险服务，提高农民在农业经营中的抗风险能力，构建农民增收的安全网，以确保农民在农业经营中收入稳定提升。完备有效的农业保险制度体系是农民防范市场风险和自然风险的有效途径。在调研中得知，现在的农业保险还很不完善，主要问题有：其一，保险种类少。一般一个县只有一家保险公司，农民没有其他的选择余地。其二，保险规模起点高。一般要求几百亩耕地或上千亩耕地同时购买保险才会受理，这就导致一般的种粮大户和合作社无法自己购买保险，都由村集体购买，会导致保险公司给村负责人回扣和保险的不利问题。其三，保险公司执行不力。一般的灾害发生，保险公司根本不会去田地检测和登记，都是等到秋收以后看最后收成再谈保险赔付，农民心里没有保障。其四，补偿率低。以宿州小麦种植保险为例，上交保费国家给予一定补贴，农户自己每亩出 2.4 元，一般灾害都不予补偿，在绝产情况下才予以补偿，2016 年补偿标准提高到每亩 375 元（之前仅为 200 多元），而每亩种植成本是 1400~1800

元，净收益是 500~800 元，补偿标准相对于收益来说较低。

因此，必须加强对农业保险的规范和监管，扩大保险种类，让农民自由选择。提高国家保费补贴，减轻农民负担，提高保险赔付率，让农民做到心里有保障，更好更放心地去经营农业，为我国农业发展和粮食安全做出贡献。

四、优化经营结构，抓实农产品供给侧改革

根据弹性理论，农产品和工业品的需求价格弹性和收入弹性均不同。工业品需求价格弹性高，价格下降可以做到"薄利多销"；而农产品弹性低，价格下降会出现"谷贱伤农"。工业品需求收入弹性高，即随着收入的增加，人们明显增加对其的消费量，进而增加生产者收益。农产品收入弹性低，即随着收入的增加，人们不会明显增加对其的消费量，因而不会明显增加农民收入。因此，应优化种植结构，选择有优势且市场需求量大的农作物进行种植，如水稻、大豆、棉花等，同时减少玉米等不具备市场竞争优势作物的种植面积。

在 2016 年两会上，习近平总书记参加湖南代表团审议时强调，我国农业当前主要矛盾已经由原来的总量不足转变为现阶段的结构性矛盾，积极推进农业供给侧改革，是当期和今后一个时期内我国农业政策改革和完善的主要方面。"十三五"时期，我们的结构调整要做好加减法，要增加高端产品的有效供给，减少低端产品的无效供给[①]。2016 年 4 月 28 日，习近平总书记在安徽考察时提出，唯有改革才有出路，唯有创新才有未来。我国农民生产粮食和增加收入齐头并进。2022 年，我国粮食总产量已达到 6865.30 亿公斤、增产 37 亿公斤，再创历史新高，实现"十九连丰"，农业生产也面临着去产能、去库存、去杠杆、降成本、补短板等五大任务。理顺农产品价格，坚持价格运行的市场化。以上论述体现了习近平总书记对于农业改革的决心。玉米价格的改革就是一个典型例子，由于过去我国实行玉米"临储保护价"，人为干预玉米价格，造成了玉米的供给大量增加，过剩严重，现在国家调低价格给农民带来了"短痛"。坚持玉米价格由市场形成，会优化农业资源配置，在逐步完善其他补贴方式的基础上，会避免给农民和国家带来"长痛"。

在调研中发现，很多农业经营者已经开始进行农业种植的供给侧改革，如在内蒙古扎赉特旗，部分农民在国家每亩 200 元的补贴鼓励下，已经进行改旱田为水田

---

① 韩长赋．"十三五"时期推进农业现代化的重点任务 [J]．上海农村经济，2016 (5)：1-5.

的工作，将一直以来的玉米种植改成水稻种植，因为东北大米的销售明显优于玉米的销售。又如在安徽省宿州市调研中发现，当地的家庭农场和种植大户也计划或已经开始进行种植改革。也有的种植青贮玉米作为饲料，在玉米成熟前 20 天左右收割，玉米连同秸秆一起粉碎做牲畜饲料，销售情况良好，也有较好的增收效果；还有的转型种植大棚蔬菜，种植芦笋、彩色辣椒等其他经济作物。他们坚持走市场路线，运用市场经济规律来经营农业，这对农业的长效发展具有重要意义。

值得一提的是，治理和修复农业生态环境和提升农业可持续发展的动力一样不可忽视。按照绿色发展理念来发展农业，是一项长久之计。减少农药、化肥和农业废弃物，提倡将自然的禽畜粪便和农作物秸秆用作肥料。不同于工业污染的"不可逆"性，农业污染是可逆的，农业污染可以通过农业自身吸收和稀释，如芦苇可以吸收和稀释很多农业污染。① 我国虽然耕地面积总量较大，但人均占有耕地的面积相对较小，2021 年中国人均耕地面积 0.007 平方千米，只有世界人均耕地面积的 1/4，所以保护有限的耕地，走可持续发展是我国的坚定选择。

工业化和城镇化是增加农民收入的有效路径，但此过程不可能一蹴而就。因此，促进农业发展，挖掘农业内部增收潜力仍是农民收入持续稳定增长的有效路径。一般来说，如果农产品价格增长较快，则农民收入也将出现快速增长的态势。缩小城乡收入差距，统筹城乡发展是手段，夯实农业农村发展基础是目的，两者都要考虑，缺一不可。

五、加强生产和市场监管，提高对农业的社会化服务水平

习近平总书记曾经讲过，保障人民群众能够吃上放心、安全的农产品，是对我们执政能力的重大考验。农产品进市场进工厂之前，农产品的质量和安全是由农业部门负责的，所以农业部责无旁贷。我们这样一个 14 亿人口的发展中国家，在短时间内能够把过去追求农产品数量转变成农产品质量标准较高，实属不易。树立中国农产品的品牌不是一朝一夕的事情，保证农产品在产前、产中和产后的加工等每个环节都要特别精心用心去做。相关管理部门要加强检测和监督，使农产品成为让人民放心的产品，并能提高农产品在国际上的竞争力和知名度。

建立综合性农业社会化服务体系，包括农业科研推广、组织和协调农业服务

---

① 韩长赋.“十三五”时期推进农业现代化的重点任务［J］.上海农村经济，2016（5）：1-5.

活动、提供农业贷款、提供市场信息、提供和修理农机具等,这项工作需要政府、农民合作社以及私人工商业组织一起努力。各个组成部分发挥自己的优势作用,从生产资料的购买,到农机具的提供,再到农产品生产、收购、加工、储藏和售卖等都要很好地安排和协调。

第二节 转移农村剩余劳动力是缩小城乡收入差距的必要条件

发达国家的经验表明,在经济发展过程中绝大部分国家都经历了农业在国民经济中所占比重下降,农村剩余劳动力由农业向城镇和非农就业转移的过程。正是在工业化和城镇化的过程中,逐步实现农村土地的规模经营,推动农村经济结构调整和优化,促使农业劳动生产率的提高,进而促进了农村剩余劳动力的顺利转移和农民收入的提高。

一、转移农村剩余劳动力的必要性

农民工是我国经济社会转型时期的一个特殊群体,具备农民和工人的双重身份,包括外出农民工和本地农民工,人们通常所指的农民工是外出农民工。国家为促进农民工工作、增加农民收入、提升农民工职业技能做出大量工作:一是取消了对农村务工人员失业登记的限制。二是全国招聘信息已经覆盖 29 个省、154 个地区的 196 家公共就业服务机构,为农民工提供免费的就业信息和政策咨询。三是积极开展以农民工为主要服务对象的专场招聘会达 2.35 万场。四是大力发展电子商务带动快递业务等新兴服务业吸收大量的新生代农民工就业。五是实施农民工职业技能提升计划取得明显效果,如人社部实施"春潮行动",培训农民工达到 1069 万人次。科技部实施"星火计划"培训农民工 58 万人次。教育部开展"岗位证书培训",培训了农民工 500 万人次。人力资源和社会保障部实施农民工稳就业职业技能培训计划,2020~2021 年,每年培训农民工 700 万人次以上,促进农民工职业技能提升,推动农民工稳岗就业和返乡创业,改善农民工就业结构。还有住建部、农业部、扶贫办等都加入培训农民工的队伍中,为农民工职业技能和素养提升起到了助推作用。六是有序推进农民工在城镇落户，在农民工子女教育、住房保障、医疗卫生等方面都取得显著成果。

国家统计局统计数据显示：2021 年，全国农民工总量 2.93 亿人，比上年增长 2.4%。其中，外出农民工 17172 万人，增长 1.3%；本地农民工 12079 万人，增长 4.1%。农民工月均收入 4432 元，比上年增加 360 元，增长 8.8%。其中，外出农民工月均收入 5013 元，比上年增加 464 元，增长 10.2%；本地农民工月均收入 3878 元，比上年增加 272 元，增长 7.5%。农民工市民化有利于扩大内需和经济增长，实现农村剩余劳动力的有序转移，优化农村外出务工环境。对农民工比较集中、工资比较低的行业，推动各地相关部门发布行业工资指导线，为农村剩余劳动力的转移创造条件。

二、发展第三产业是吸收农村剩余劳动力的必由之路

（一）工资性收入超过经营性收入成为农民最主要的收入来源

随着农村剩余劳动力向城镇的不断转移，农民进城务工收入持续增长，已经超过农民的农业经营性收入成为最主要的收入来源。2021 年农民人均可支配收入 18931 元，工资收入为 7958 元，占农民人均纯收入的 42.04%，经营收入为 6566 元，占农民人均纯收入的 36.69%，工资性收入超过经营性收入，成为农民收入的最主要来源（图 5-1）。

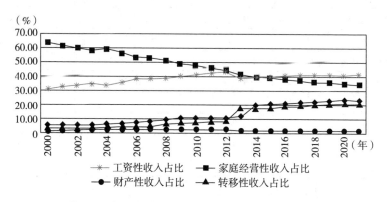

图 5-1　自 2000 年以来我国农村居民收入来源分解

注：2000~2013 年为农村居民人均纯收入分解，2014 年及之后年份为可支配收入分解。

资料来源：2013 年数据来自《中国统计年鉴 2014》，其他数据来自《中国统计年鉴 2022》。

从图 5-1 中可以看到，农村居民家庭经营性收入占家庭人均纯收入的比例由 2000 年的 63.34%下降到 2021 年的 35%；而工资性收入由 31.17%上升到 42%，①经营性收入与工资性收入构成农民纯收入的主体。从收入的各个组成部分增长速度来看，2021 年，人均工资性收入部分，城镇居民增长了 8.0%，农村居民增长了 14.1%；人均经营性收入部分，城镇居民增长了 14.2%，农村居民增长了 8.0%；人均财产性收入部分，城镇居民增长了 9.2%，农村居民增长了 12.1%；人均转移性收入部分，城镇居民增长了 12.2%，农村居民增长了 7.5%。所以，经营性收入和人均转移性收入方面，城镇居民增长速度快于农村居民，其他两种收入，即工资性收入和财产性收入的增长速度都是农村快于城镇，其中工资性收入最明显。农民工资性收入的较快增长以及占人均纯收入份额的不断上升是农村居民人均纯收入快速增长，城乡收入差距不断缩小的主要原因。

（二）积极发展面向"三农"的第三产业

从全球来看，发达国家和地区的第三产业比重较高，我国第三产业发展相对滞后（表 5-1）。推进新型工业化进程，转移农村剩余劳动力，发展面向"三农"的第三产业是战略性选择。

表 5-1　2017 年各地区内生产总值构成　　　　　　单位:%

地区	农业增加值占GDP 比重	工业增加值占GDP 比重	服务业增加值占GDP 比重
世界	3.5	25.4	65.1
高收入国家	1.3	22.9	69.6
中高收入国家	6.4	32.7	55.6
中低收入国家	15.2	28.2	49.6
中国	7.9	40.5	51.6
日本	1.2	29.3	68.8
韩国	2.0	35.9	52.8
新加坡	0.0	23.2	70.4
美国	1.0	18.9	77.0

资料来源：《国际统计年鉴 2018》。

---

① 由于国家统计局没有 2014 年的农村居民人均纯收入的分解数据，2014 年数据为农村居民人均可支配收入分解，所以工资性收入占比比 2013 年有所下降。

从表 5-1 可以看出，2017 年我国第三产业增加值占 GDP 比重为 51.6%，与世界平均 65.1% 水平相比占比较低，也低于我国所处的中高收入国家组的 55.6%，高于中低收入国家组的 49.6%。美国、新加坡等发达国家的第三产业比重都在 70% 以上。第三产业是吸收就业最重要的产业，我国农村剩余劳动力的转移必须以第三产业的发展为前提条件。第一产业增加值占国内生产总值的比重为 7.2%，第二产业增加值比重为 40.7%，第三产业增加值比重为 52.2%。和 2017 年的相比，第一产业呈下降趋势，第二产业上升 0.2%，第三产业上升 1.3 个百分点。这呈现了良好的趋势，并且符合世界各国发展的基本规律。

从三大产业吸收就业的能力角度来看，我国第三产业已经成为吸收就业最多的产业。从三大产业在就业构成方面上的国际比较来看，我国第三产业在吸收就业上还有很大的上升空间（表 5-2）。

表 5-2　典型国家按产业类型划分的就业结构　　　　　　　　单位:%

国家	第一产业			第二产业			第三产业		
	2000 年	2011 年	2017 年	2000 年	2011 年	2017 年	2000 年	2011 年	2017 年
中国	50.0	34.8	22.9	22.5	29.5	29.1	27.5	35.7	48.0
美国	2.6	1.6	17.5	23.2	16.7	26.6	74.3	81.2	55.9
法国	4.1	2.9	2.9	26.3	21.7	20.7	69.6	74.9	76.8
日本	2.2	—	3.5	23.7	—	25.6	73.0	—	70.9
韩国	10.6	6.6	4.9	28.1	17.0	24.8	61.2	76.4	70.3
俄罗斯	14.5	—	6.7	28.4	—	26.9	57.1	—	66.4
泰国	48.8	39.6	32.8	19.0	20.9	22.6	32.2	39.4	44.6
南非	15.6	4.6	5.6	24.2	24.3	24.3	59.4	62.7	71.1
印度	59.9	47.2	42.7	16.0	24.7	23.8	24.0	28.1	33.5

注：2000 年数据统一齐全。在 2011 年数据中，中国、南非为 2011 年数据；美国、日本、韩国为 2010 年数据；法国、泰国、印度为 2012 年数据。

资料来源：历年《国际统计年鉴》。

从表 5-2 可以看出，2000~2011 年我国的第一产业就业比重明显降低，由 50.0% 下降到 34.8%；第二产业有所上升但幅度不大，由 22.5% 上升到 29.5%；第三产业就业比重明显上升，由 27.5% 上升到 35.7%，成为三大产业中吸收就业最多的产业。但是和其他国家对比发现，我国的第三产业吸收就业能力远远低于美国、法国、日本、韩国等 70%~80% 的比重。这些国家在 2000 年时第三产业吸收就业就已经达到 70% 左右的水平，相对应的这些国家的第一产业就业比重都很低，农业生产效率高。所以，我国应注重发展第三产业，以吸收更多就业。

2014 年我国第一产业就业比重为 29.5%，第二产业就业比重为 29.9%，第三产业就业比重为 40.6%，相比 2013 年的第一、第二、第三产业比重 31.4%、30.1%、38.5%，第一、第二产业均呈现下降趋势，第三产业上升 2.1 个百分点。从 2013 年和 2014 年的数据中可以看出，我国第三产业已超过第一、第二产业成为吸收就业的最重要产业。2014 年第三产业就业上升 2.1 个百分点，显示了第三产业吸收就业的潜力和能力。需要指出，发展第三产业的同时，不能忽视第二产业即制造业的重要性，以免造成制造业空心化，经济发展向"服务员经济"和"仆人经济"转型，国民经济发展缺乏坚实后盾。

第三节　合理推进城镇化是缩小城乡收入差距的必然方向

张东生（2013）提出，加快推进新型城镇化建设，既是当前我国经济新的增长点，也是缩小城乡居民收入差距，走向城乡发展一体化的根本途径。2012 年，尽管我国城市化率[①]仅为 52.57%，但城镇居民收入占城乡居民总收入的比重高达 77%，国民收入分配明显向城镇倾斜，城乡居民收入结构有待进一步优化。[②] 兀晶、卢海霞（2015）利用 2000~2011 年中国 28 个省级面板数据进行研究，结果表明，东、中部地区城镇化水平与城乡收入差距呈负相关关系，西部地区城镇化水平与城乡收入差距呈正相关关系。加强对农村教育、公共设施等方面的投资，促进农产品出口，政府引导社会资本投资农村建设等可以降低城乡收入差距。即要从抑制对城乡收入差距产生消极影响的方面入手，着重发展和加强对城乡收入差距产生积极影响的方面。[③] 姚旭兵、罗光强、吴振顺等（2016）运用 1997~2014 年 30 个省的面板数据进行研究发现，城镇化对我国城乡收入差距的

---

① 常住人口城镇化率是根据城镇常住人口占我国总人口的比重计算的。而户籍城镇化率是按户籍人口计算的城镇化率，相对于常住人口城镇化率的概念。如 2011 年我国 51.3% 的城镇化率，是按城镇常住人口统计的，其中还包括了 1.6 亿的农民工群体。如果按籍来算，人口城镇化率只有 35% 左右。

② 张东生. 中国居民收入分配年度报告 2013 [M]. 北京：中国财政经济出版社，2014：19-21.

③ 兀晶、卢海霞. 城镇化、城市偏向对城乡收入差距的影响 [J]. 经济问题，2015(9)：29-33.

影响存在明显的门槛效应，回归结果表明：在西部区域，城镇化有助于缩小城乡收入差距，而在东部及中部区域，城镇化却恶化了城乡收入差距，应从实际出发选择最适合本地实际情况的新型城镇化模式，选择最有效的缩小城乡收入差距的政策目标[①]。周心怡、李南、龚锋（2021）基于 OLG 模型的理论分析表明，在农民工能够同等享有城镇公共服务受益的条件下，新型城镇化推进到一定程度后将有助于缩小城乡收入差距，但这一效应在区域间存在明显的异质性。

我国一直重视城镇化建设，党的十八大报告提出要走中国特色的新型工业化、信息化、城镇化、农业现代化的道路，其中的"新型城镇化"被赋予的主要政治任务之一是解决城乡二元对立问题，消除城乡收入差距。"十三五"规划提出，在经济保持中高速增长的基础上要加快提高户籍人口城镇化率。实施居住证制度，逐步消除居民由于户籍不同而享受的公共服务不同状况，努力实现基本公共服务常住人口全覆盖。深化住房制度改革，加大城镇棚户区和城乡危房改造力度。"十四五"规划提出，要完善新型城镇化战略，提升城镇化发展质量。完善财政转移支付与农业转移人口市民化挂钩相关政策。依法保障进城落户农民农村土地承包权、宅基地使用权、集体收益分配权，建立农村产权流转市场体系，健全农户"三权"市场化退出机制和配套政策。这些文件精神为我国的城镇化建设之路指引了方向。

一、我国处于城镇化的关键时期，城乡不断融合并走向一体化

随着我国的城镇化的推进，城乡关系不断调整。我国自 2000 年以来城镇化发展水平如图 5-2 所示，目前我国城镇化水平为 64.72%，城乡关系逐步走向协调和融合。

由图 5-2 可以看出，2021 年末常住人口城镇化率达到 64.72%，城镇人口比重已经超过农村人口比重。按照国际经验，正处于城市化由加速发展阶段向基本实现阶段过渡。加快推进以人为本的新型城镇化建设，既是当前我国经济新的增长点，也是缩小城乡收入差距、走向城乡发展一体化的根本途径。推进城镇化与工业化、农业现代化协同发展，创造稳定的就业机会，促使农民向市民有序转移。

---

① 姚旭兵、罗光强、吴振顺等．城镇化对城乡收入差距影响的区域异质性研究 [J]．经济体制改革，2016（1）：63-69.

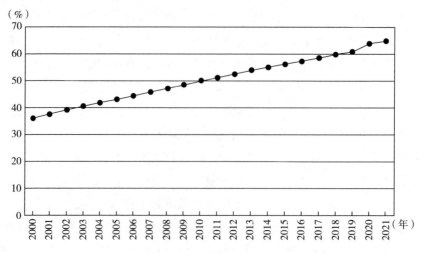

图 5-2　2000~2021 年我国城镇化水平

注：常住人口城镇化率，现役军人都计入城镇人口范围。

资料来源：《中国统计年鉴 2022》。

　　中国城市百人论坛成员、国家发展改革委城市和小城镇改革发展中心主任高国力（时任国家发改委国土开发与地区经济研究所所长）认为，"十四五"时期，我国新型城镇化进入快速发展的"五期叠加"，处于城镇化快速推进的中后期。从世界范围来讲，我国城镇化水平还有很大差距。发达国家城镇化率都较高，平均水平一般在 80% 左右，与我国人均收入水平相近的国家的城镇化水平也在 60% 左右的水平上，我国城镇化水平提升空间很大。[①] 十八届三中全会也提出："实现发展成果更多更公平惠及全体人民，以促进社会公平正义、增进人民福祉。"[②]

二、城镇化是提高农民收入，缩小城乡收入差距的治本之策

　　城乡差距随城乡分离而产生，也将随城乡的融合而消除。通过城镇化缩小城乡居民收入差距是必然选择。在城市化发展过程中，城乡之间通过分工进行自由迁居可消除二元结构矛盾，消除差别，不断走向融合。随着分工的发展，市场会自发地形成最优的分层城市结构，就会形成大中小不同规模的城市布局。城市的

　　① 参见《推进新型城镇化明确八大重点——国家发改委副主任胡祖才解读城镇化热点问题》。

　　② 参见《中共中央关于全面深化改革若干重大问题的决定内容》（2013 年 11 月 12 日中国共产党第十八届中央委员会第三次全体会议通过）。

专业化水平和生产率会高于农村，从而收入要比农村高，这就促使农村居民向城镇转移，农业剩余劳动力的出现为工业部门的发展输送源源不断的劳动力，这样，工业部门的产品剩余不断增加，资本积累扩大，而工业部门资本的积累和生产规模的扩大将吸引更多的农业剩余劳动力，直到农业剩余劳动力全部被吸收为止。城乡之间的自由迁居、自由择业、自由价格等都是二元经济状况消失的条件，城市化所带来的社会分工的进一步演化能够在更大范围内配置劳动力资源。同时，城市化所带来的分工自然演化促进农业现代化、农村城市化和农民市民化。随着经济活动从传统的农业向现代化的非农产业的转移，社会的整体生产力水平将得到提高，二元经济结构逐步向一元经济结构转化，二元经济结构中城乡间的劳动生产率、工资和生活水平差异将逐渐缩小或消失，有效地解决城乡居民收入差距问题。

统筹城乡协调发展，化解二元结构矛盾的根本出路是走农村城市化道路，城市化是二元结构向高级的一元结构转变的强有力的推进器。张曙光（2002）认为，将农民逐渐转移到非农产业和城镇，提高城镇化水平是提高农民收入的根本途径。马晓河（2003）认为，增加农民收入应调整经济发展思路，把重点放在提高城镇化水平上。宋元梁、肖卫东（2005）运用动态计量经济学分析方法分析得出，我国城镇化水平与农民人均纯收入之间存在交互影响作用，其长期的响应作用程度更显著、更稳定。范爱军、王丽丽（2007）通过实证分析发现，我国城镇化发展与农民人均纯收入的增长之间存在正向长期稳定的关系，城镇化发展对农民收入增长的影响作用逐渐增强。蔡昉（2010）提出，加快城市化进程是缩小城乡收入差距的根本途径。张桂文（2014）提出，推进以人为本的城镇化是促进城乡二元结构转型，实现城乡一体化发展的重要途径。穆红梅（2019）提出，城乡收入差距是经济发展中的典型现象，随着我国城镇化推进，从长期趋势上看，城乡收入差距存在逐步扩大的倾向，需要引起足够的重视。

综上可知，城市化与城乡居民收入差距之间有着密切的联系，两者相互作用，相互制约。因此，在我国现阶段状况下，必须协调好两者的关系，以城镇化发展促进农民收入的增长，缩小城乡居民收入差距；同时，缩小过大的城乡收入差距，也有利于推进我国的城镇化进程，实现城乡一体化。

实践经验告诉我们，在城镇化的道路上要铭记以 GDP 为导向的城镇化进程强化了城乡二元结构。农业资源的过度流出，加剧了城乡资源的配置失衡，小农经济与空巢化恶化了"农村病"，资源过度集中于大城市及农业转移人口边缘化，引发"城市病"。推进以人为本的城镇化才是我们的正确方向。城乡差距随城乡分离而产生，也将随城乡的融合而消除，通过城市化缩小城乡居民收入差距是必然的趋势。

第四节　经济高质量发展阶段下，促进国民经济持续稳定健康发展

缩小城乡收入差距不是要减少城镇居民收入，而是要提高农村居民收入。要想提高农民收入，无论是通过初次分配增加农民的收入份额，还是通过再次分配增加对农民的补贴，都需要增加我国整体的经济实力，需要国民经济的持续稳定发展。在经济高质量发展大背景下，如何促进我国国民经济持续稳定发展至关重要。科学认识高质量发展的基本特征和规律是我国经济持续稳定发展的前提条件。追求经济高质量发展背景下，如何促进经济持续稳定发展至关重要，具体来看，需要以下策略和措施。

一、促进国内消费，带动实体经济发展

2021 年，我国国内生产总值比上年增长 8.1%，经济总量达 114.4 万亿元，突破 110 万亿元，按年平均汇率折算，达 17.7 万亿美元，稳居世界第二，占全球经济的比重超过 18%，初步测算，中国人均 GDP 为 1.25 万美元，超过世界人均 GDP，在世界 214 个国家中排名第 60 位，处于中游位置。人均收入不高是居民消费不足的根本原因，因此促进国民消费首先要增加国民的收入，增加国民收入离不开实体经济的发展和繁荣。我国居民消费倾向不高，消费率较低，根据世界银行的数据，2020 年，中国消费率为 54%，比世界平均水平（75%）低 28%，可以看出我国居民消费动力不足的状况。

扩大居民消费尤其是广大农民的消费是带动实体经济的根本路径。规划明确了消费的重要性，但是由于受传统消费习惯的影响以及对未来养老、医疗保障的信心不足，我国人民尤其是农村居民储蓄倾向较强，而消费倾向不足。所以，加强教育、医疗和养老等社会保障是居民转变消费观念的前提。根据西方经济学的

乘数原理，居民消费增加以后会通过连锁效应带动国民收入成倍增加。经济增长是进行社会主义建设的基础，应通过各种有效途径来发展生产力，促进经济增长为调整城乡收入分配提供物质基础。

二、下定决心治理房地产行业，引导其回归理性发展

由于资本的逐利性和房地产行业的超高利润率，目前我国很多资本都流向了房地产行业，尤其是一二线城市的房地产行业，造成房价暴涨，而实体经济却投资下降且不景气。当实体经济不景气时，大部分资金又从实体经济撤出并蜂拥投入房地产行业，陷入恶性循环。房地产的过度投机投资造成房地产发展的泡沫化和住房空置化，把精力都倾注于钢筋水泥浇筑的房地产上已是我国目前经济发展的顽疾。

房地产行业牵连着住房贷款者、房地产商、各级政府和银行几大主体的利益以及农民工的就业。治理房地产后房价下降可能会导致住房贷款者弃房断贷，开发商还不上银行贷款、政府土地收入下降和银行的资金链受到影响，但是"长痛"不如"短痛"，如果任由房地产这样病态发展下去必将带来更为严重的后果。无论是对于我国经济健康发展，还是对于调整收入分配差距，加强对房地产市场的调控顺应民意，势在必行。自从 2016 年在中央经济工作会议上首次提出"房住不炒"原则，我国的房地产市场治理有所成效，而这一原则已经成为六年来我国对房地产市场的基本定调，一定会继续带来良好效果。

三、注重环境保护，坚持"绿色制造"

近些年来，我国居民海外购物达到疯狂的地步，也成为世界上最大的奢侈品消费国。这种对国外产品"厚爱"的原因也许是由于所购产品在质量上和性能上确实要优于国内的，加上我国曾经的几次影响较大的假冒伪劣产品给人们心中留下了阴影，如"三聚氰胺奶粉""皮革奶""毒大米""面粉增白剂""地沟油"等恶劣事件，就算已经杜绝这些现象再次发生，这种伤害使人们不会很快扭转对国内产品的印象。所以，要坚持"绿色制造"的理念，不断塑造中国产品的质量和中国制造的口碑，注重环境保护，为中国产品质量保驾护航。以往以 GDP 增长速度为唯一考核标准使我们的经济建设走了牺牲环境、过度开发资源的道路。2013 年习近平总书记提出：中国不再以 GDP 论英雄。改变政府政绩考核指标和

体系，更加注重环境保护、民生改善、教育文化等人文因素。杜绝再次出现"沙尘暴""雾霾""癌症村"等骇人听闻的现象。党的十八大以来，习近平总书记多次对生态文明建设作出重要指示，反复强调，"绿水青山就是金山银山"。以中国式现代化全面推进中华民族伟大复兴，必须把生态文明建设摆在全局工作的突出地位，坚持节约资源和保护环境的基本国策，坚持节约优先、保护优先、自然恢复为主的方针，形成节约资源和保护环境的空间格局、产业结构、生产方式、生活方式，努力实现经济社会发展和生态环境保护协同共进，为人民群众创造良好生产生活环境。我国一方面要淘汰高能耗、高污染的生产工艺与技术；另一方面要开发新能源，尤其是洁净能源如风能、水能、太阳能等，减少对环境的污染，增强人们的环保意识，提倡绿色出行。在经济增长的同时，实现人与自然的和谐发展。

四、坚持"供给侧结构性改革"，遵循市场规律

党的二十大报告提出，"把实施扩大内需战略同深化供给侧结构性改革有机结合起来"。党的十八大以来，我国经济发展进入新常态，经济运行主要矛盾从总需求不足转变为供给结构不适应需求结构的变化，矛盾的主要方面转到供给侧。自2016年以来，各地区、各有关部门按照党中央、国务院关于供给侧结构性改革的决策部署，扎实推进重点领域化解过剩产能工作，统筹做好职工安置、"僵尸企业"处置、结构调整、兼并重组、转型升级等工作，总量性去产能任务全面完成，系统性去产能、结构性优产能初显成效。但从总体上看仍需全面巩固去产能成果，继续深化重点行业供给侧结构性改革，加快"僵尸企业"处置严格控制产能总量。当前我国在一些行业中仍存在产能过剩的现实困境。如第二产业中的钢铁、煤炭、水泥等过剩现象。根据马克思的生产理论，产业资本循环分为购买、生产、销售三个阶段。购买是购买生产资料和劳动力为生产过程做准备，生产是生产新产品的核心环节，售卖阶段是产品价值的实现。产品能否适应市场需求，能否顺利售卖至关重要，被称为"惊险的一跃，致命的一跃"。如果产品顺利销售，这一关可以顺利实现，资本收回进入下一个循环用于购买生产资料，资本循环正常进行；如果不能顺利销售，则资本循环断裂，使整个生产中断。产能过剩就是产品供给超过市场需求或者是由于产品性能不符合市场的需求，而售卖不出去造成积压过剩。

第六章

进一步缩小我国城乡收入差距路径之二：政府政策选择

　　城乡居民收入存在差距，是各国工业化过程中都基本存在的事实。这个差距尽管理论上可以在经济发展的过程中自动克服，但那将是一个极其漫长甚至痛苦的过程。弄得不好甚至可能跌入市场经济的陷阱。因此，发挥政府的作用来缩小城乡收入差距，就成为必然的选择。在工业化早期阶段，依靠剥夺农业剩余来支持城市的工业发展是各国的通常做法，到了工业化中期，政府才开始考虑对农业加以保护以及出台缩小城乡收入差距的政策，其实政府真正的努力，则是在工业化后期。这一时期正是政府需要付出更多努力、采取积极措施缩小城乡收入差距、统筹城乡发展的阶段。党的十八届三中全会提出："城乡二元结构是制约城乡发展一体化的主要障碍。必须健全体制机制，形成以工促农、以城带乡、工农互惠、城乡一体化的新型工农城乡关系，让广大农民平等参与现代化进程、共同分享现代化成果。"[①] "十三五"规划提出："推动城乡协调发展。坚持工业反哺农业、城市支持农村，健全城乡发展一体化体制机制，推进城乡要素平等交换、合理配置和基本公共服务均等化。"[②] 党的二十大报告首先明确指出："全面建设社会主义现代化国家，最艰巨最繁重的任务仍然在农村。"并提出"坚持农业农村优先发展，坚持城乡融合发展，畅通城乡要素流动"。这正是我国政府致力于城乡统筹和缩小城乡收入差距的决心和表现。当前我国农村发展中存在的相关制度

---

　　① 参见《中共中央关于全面深化改革若干重大问题的决定内容》（2013 年 11 月 12 日中国共产党第十八届中央委员会第三次全体会议通过）。

　　② 参见《中共中央关于制定国民经济和社会发展第十三个五年规划的建议》（2015 年 10 月 29 日中国共产党第十八届中央委员会第五次全体会议通过）。

缺陷，已经成为阻碍农民收入增长的重要因素。为了促进农民收入的持续稳定增长，缩小城乡收入差距，必须在户籍改革、农村教育、农村公共品供给、农村社会保障、农业补贴、促进脱贫攻坚与乡村振兴的有效衔接等方面进行体制创新，为继续缩小城乡收入差距提供政策保障和动力支持。

第一节　完善户籍制度

在所有导致城乡收入差距的因素中，户籍制度是首要因素，所有的城乡不平等都是以户籍为界进行划分的。我国户籍改革的声音一直存在，户籍改革的进程也在一直推进，直到目前随着多个省份取消城镇户口与农村户口的区分，才有了突破性进展。

2020年4月，中共中央、国务院印发的《关于构建更加完善的要素市场化配置体制机制的意见》强调，"深化户籍制度改革，引导劳动力要素合理畅通有序流动"，促进那些有能力在城镇找到合适工作和安定生活的农业转移人口举家进城落户，他们与城镇居民要享受同等权利和义务。切实保障农业转移人口的合法权益，对于渴望真正融入城市的广大农民工来说，无疑是重大利好消息。

2016年4月国务院批转的《关于2015年深化经济体制改革重点工作意见》提出，要加快实施户籍制度改革，落实放宽户口迁移政策，完善配套措施，建立城乡统一的户口登记制度，全国各省份陆续出台户籍制度改革方案，不少地区降低落户门槛，放宽落户条件。国际金融论坛城镇化研究中心主任易鹏表示，统一户籍性质仅仅是标志，消除依附在户口性质上的如医疗、就业、住房保障等方面的不同待遇，真正实现基本公共服务城乡的全覆盖和均等化，才是衡量户籍改革成功与否的关键。户籍制度改革真正取得成效需要从以下几个方面进行。

一、加快城乡劳动力流动

加快劳动力转移就业和加大财政支农惠农力度并举，大幅度提高农村居民收入水平。注重进城农民工的就业培训和职业技术教育培训，塑造农民一技之长为农民增收提供长久动力。对于贫困农户进行实用型技术培训，一个富裕农户带动一个贫困农户，做到先富带动后富，逐步实现共同富裕。由于工业部门与农业部门的工资差异以及工业部门资本量的增加，促使农业剩余劳动力向城市工业部门转移，当农业剩余劳动力消失，农业劳动边际生产率不断上升到与工业部门一致时，经济中的二元结构也就消失了。宋洪远（2012）认为，发展中国家推行工业化和实现现代化，要求必须进行二元结构转化，将分割的二元结构转化为同一的一元结构。而二元结构转化的核心步骤就是农业剩余劳动力向城市工业的转移，这一过程实际上就是城镇化过程。

二、重视农民工市民化

高发（2008）提出，城市农民工是一个具有"城市人"与"农村人"双重身份的特殊群体，他们身上的特征鲜明地体现了我国的城乡差距与工农差距。他们的弱势体现在政治、经济以及社会生活的方方面面。彭文慧（2014）研究认为，2012 年我国的城市化率为 52.6%，但以城镇户籍统计城市化率仅为 35%。这表明农村转移人口的非农化与市民化并不同步，这主要是由于农民的恋土情结、转移能力差和制度壁垒。党的十八届三中全会提出，要坚持走中国特色新型城镇化道路，推进以人为核心的城镇化，而着力点就在于农民工市民化。

我国户籍人口城镇化率还比较低，2015 年我国城镇常住人口为 7.7 亿人，全国总人口为 13.7 亿人，常住人口城镇化率为 56.1%，然而户籍人口的城镇化率只有 39.90%。根据第七次全国人口普查公报，2020 年我国城镇常住人口为 9.0亿人，全国总人口超过 14 亿人，常住人口城镇化率为 63.89%，然而户籍人口的城镇化率只有 45.4%。也就是说，城镇常住人口中有 3 亿多人没有非农人口户籍[1]，他们与户籍非农人口在教育、医疗、社会保障等方面存在差距。这样的城镇化也被称为"伪城镇化""半拉子的城镇化"，因此，提升城镇化的质量十分关键。

我国农民工数量逐年增加，我国每年有 1000 多万农村人口进入城市，农民变市民过程中消费会成倍增长。此外，随着城市居民的增加，居民对基础设施、公共服务需求都会大量增长，将产生巨大的投资潜力，而且是补短板的有效投

---

[1] 年度农民工数量包括年内在本乡镇以外从业 6 个月及以上的外出农民工和在本乡镇内从事非农产业 6 个月及以上的本地农民工两个部分。

资。城镇化有利于释放巨大的消费潜力。根据《中华人民共和国 2021 年国民经济和社会发展统计公报》的数据，2021 年城镇居民人均可支配收入 47412 元，农村居民人均可支配收入 18931 元，2021 年城镇居民人均可支配收入相当于农村居民人均可支配收入的 2.50 倍，城市居民消费支出是农村居民的 1.90 倍，65.6%的消费是在城市中实现的。

促进城乡劳动力流动的关键在于改革就业、社会保障以及教育等政策上的二元结构，如果这些制度与户籍管理制度不脱钩，农民转移到城镇之后再逐渐改革和完善户籍管理制度，会造成人口流动过程中管理的混乱，不利于劳动力流动①。需要做好农民工进城后的各种保障工作，取消户口限制更要注重社会保障的公平性和均等性。农民工如何能够举家进城安家落户？这就需要做好全面的配套改革工作，包括住房、教育、医疗、养老等，使农民工进城后没有后顾之忧，融入城镇生活，安心工作成为真正的城镇居民。

第二节　大力发展农村教育事业

"农村教育关乎全民教育，全民教育关乎国家强盛和民族希望"，这是教育部《中国全民教育国家报告——聚焦农村教育》引言的第一句话，深刻体现了农村教育的重要地位。根据《中国农村教育发展报告 2020-2022》，2021 年全国有义务教育阶段农村留守儿童 1199.20 万人，与 2012 年相比减少了 1071.87 万人，减幅达 47.20%。在学前教育、义务教育阶段，乡村教育多项发展指标进步明显，在教师队伍建设、经费支出等方面依然存在不均衡问题。其中，乡村教师老龄化问题依然严峻，55 岁以上教师占比中，乡村为 8.8%，镇区为 4.5%，城区为 3.3%，乡村高出城区 5.5 个百分点。大力发展农村教育是促进农民收入增长、缩小城乡收入差距的长久战略。

一、发展农村教育的重要性

萨缪尔森提出教育的重要性："在走向平等的道路上，没有比免费提供公共

---

① 张鑫. 中国城乡居民收入差距及其成因的演化路径研究［M］. 北京：经济管理出版社，2011：88.

教育更为伟大的步骤了。这里是破坏古老的特权秩序的社会主义。"① 弗里德曼虽然认为政府管制会损害人民的自由，但对政府在教育上的努力行为表示赞同，他提出："推广和扩大教育机会是趋向于较少不均等的一个主要因素。像这样一些措施具有行动上的优点，因为它能击中不均等的源泉而不只是缓和症状。"② 李实（2002）提出，城乡居民在教育上的不公平，不仅是教育经费投入的巨大差距，更重要的是享受教育机会的不公平，如城市教育和贫困山区教育存在的差别就是机会不平等的典型例子。白雪梅、张明（2004）、温娇秀（2007）、陈斌开等（2010）的研究都得出教育水平差异，尤其是教育经费投入上的差异是影响城乡收入差距最重要的因素之一。Sicular（2007）分析得出类似的结论，教育是持续影响城乡收入差距的唯一因素。韩建雨（2013）提出，如果任由教育不公和教育致贫导致的贫困代际传递并继续恶化，也许政府未来就要慢慢咀嚼经济因缺乏持久动力而停滞不前的苦涩了③。

二、大力发展农村教育的对策

实现城乡间的教育平等是削弱城乡差别、实现城乡统筹的基础工程。对于减少收入分配不公的相关措施，经济学家的意见经常达不到一致，但关于教育这一路径措施上基本能够达成共识。好的教育制度及其政策能够把公平与效率统一起来。

我国一直在努力加强对教育的重视和增加对教育的投入，2005年国务院下发了《关于深化农村义务教育经费保障机制改革的通知》来强化政府对农村义务教育的责任。2006年开始启动实施"特岗计划"，公开招聘毕业生到"两基"攻坚县农村义务教育阶段学校任教。2007年，时任国务院总理温家宝在政府工作报告中郑重承诺全面免除农村中小学教育的学杂费。2007年实施免费师范生政策，并要求到城镇工作的免费师范生，先到农村义务教育学校任教2年④。2006年我国财政投入农村义务教育经费1840亿元，免除了中部和西部农村贫困

①　[美] 保罗·萨缪尔森，威廉·诺德豪斯. 经济学 [M]. 高鸿业译. 北京：中国发展出版社，1992：1253.

②　[美] 弗里德曼. 资本主义与自由 [M]. 张瑞玉译. 商务印书馆，2004：190.

③　韩建雨. 我国居民收入差距社会经济效应评价与治理对策 [M]. 北京：中国经济出版社，2013（69）.

④　刘乐山，胡灵莹. 建国以来城乡收入差距演变及调节的基本经验 [J]. 湖南商学院学报，2014（2）：11-15.

家庭 5200 万名学生的学杂费，为 3730 万名贫困家庭学生提供免费教科书，为 780 万名寄宿生给与生活补贴。2007 年，在全国农村免除义务教育学杂费，这使农村 1.5 亿个家庭减轻了教育费用负担。① 近年来，我国改善贫困地区义务教育薄弱学校的基本办学条件，提高农村义务教育学生的膳食补贴标准，支持进城务工人员的子女就近入学。支持中职类学校办学，鼓励农民工培训等职业类教育。这些都会促进农村教育的发展，促进农民增收的可持续性。这是一个良好的开端，这些年来我国一直在努力改善农村义务教育情况。

作为一个底子薄、起步晚的最大发展中国家，普及义务教育绝非轻而易举。为补齐农村教育短板，"十三五"期间，我国统筹推进县域内的城乡义务教育一体化改革发展，教育投入继续向困难地区和薄弱环节倾斜，城乡义务教育一体化改革取得新进展。截至 2019 年底，全国有 2767 个县通过了义务教育基本均衡发展督导评估认定，占比达 95.32%，提前一年实现了全国 95% 的县达到基本均衡验收的目标，23 个省份整体实现县域义务教育发展基本均衡。中小学教师"国培计划"，自 2016 年以来累计招聘农村学校特岗教师 42 万人，覆盖中西部 1000 多个县、3 万多所农村学校。持续实施乡村教师生活补助政策，中央财政划拨奖补资金 206 亿元，惠及中西部 725 个县 8 万多所学校近 130 万名教师。

国家财政教育经费支出占 GDP 的比重达到 4%，一直是我国教育界的梦想。按照邓小平同志的愿望，当我国国民生产总值达到 1 万亿元时，要"拿国民生产总值的百分之五办教育"，2006 年我国的 GDP 达到 20.94 万亿元，财政收入也达到 3.93 万亿元。我国在 1993 年就提出要在 2000 年实现国家财政性教育经费占 GDP 比重 4% 的目标，但这一目标推至 2012 年才得以实现。2021 年教育总投入接近 6 万亿元我国财政性教育经费支出占 GDP 比例连续 10 年保持在 4% 以上。据统计，在国家财政性教育投入占 GDP 比重上，目前世界平均水平为 7% 左右，其中发达国家已经达到 9% 左右，经济欠发达的国家也已经达到 4.1%。尽管政府做出努力对教育投入增加较多，但在世界上还是居于后位。所以无论是从经济纵向还是横向与世界其他国家相比，我国的教育投入都还有很大的上升空间。

提高整体教育水平，促进城乡教育均衡，发展职业教育，促进信息化和终身教育在我国是一个长期坚持的目标和方向。近年来，尽管我国大力发展教育，增加对教育的投入，但是提升国民教育的道路仍有很远的路要走，真正验证了"十

---

① 董全瑞. 收入分配差距因素论［M］. 北京：中国社会科学出版社，2008：60-61.

年树木，百年树人"的道理。尤其是农村教育的发展更需重视和加大投入。从2000 年开始，农村税费改革逐步取消了农村教育费附加和教育集资，但是教育投入不足的问题仍然没有缓解。尤其是农村很多校舍和教学设备等硬件陈旧，教师整体素质偏低，年龄大、知识老化。因此，国家对于农村尤其是经济落后地区的教育支持力度要加大，用于学校硬件建设和教师的吸引和培养上，不断提高农村孩子的教育起点。

第三节　建立城乡均等的公共产品供给制度

公共产品是相对于私人产品而言的，是指具有非竞争性和非排他性的产品。非竞争性是指多一个人消费不影响其他人的消费效果。非排他性是指无法排除一些人不付费就可以享用该产品。农村公共产品是相对于农民"私人产品"而言的，用于满足农民的公共需要，如道路建设、公共交通、休闲广场和农田水利灌溉设施等。鉴于农村公共物品具有非竞争性和非排他性的原则，所以农村公共物品不能通过市场途径由私人提供，必须由政府来提供。完善农村公共产品供给制度，是我国农村建设、农民增收、农业发展的迫切要求。长期以来，我国二元经济结构的"双轨制"导致了城乡公共产品供给的不平衡，给农村发展带来了阻碍，使城乡收入差距不断拉大。统筹城乡发展，推进城乡一体化进程要求必须打破城乡分割的公共产品供给体制。政府应承担起提供农村公共产品的责任，在财力上向农村倾斜，用于农业基础科学的研究和推广、江河的治理、防洪工程的建设和大型农田水利设施的修建等问题上。

一、完善农村公共产品应遵循的原则

推进城乡均等的基本公共产品制度，必须遵循一定的原则。第一，坚持公平的原则。就是农村居民享受和城镇居民均等的公共物品服务机会，改变以往的城市倾向政策并且对农村的薄弱环节给予更多的资金支持，如公共交通等设施建设。第二，坚持因地制宜，现实可能的原则。在具体制定和实施农村公共产品供给政策上必须因地制宜，根据中央和地方的财力为基础，科学规划，不能一刀切，一个模板。根据各地的现实情况提出有效的实行机制，尤其是把不发达地区农村的公共产品提供放在工作首位。

二、完善农村公共产品供给的路径

国家财政、金融资源在城乡之间分配差距悬殊，农村获得的资金支持不到城市的 1/10。农业财政支出占国家财政总支出的比例远低于农业在国内生产总值的比例，前者仅为后者的 1/2～1/3，与农业在国民经济中的地位和作用不相称[①]。

近些年来，通过政府的重视和努力，在农村公共产品供给上取得一定成绩，2020 年粮食种植面积 11677 万公顷，比上年增加了 70 万公顷。粮食产量 66949 万吨，比上年增加了 565 万吨，增产 0.9%。全年新增耕地灌溉面积 43 万公顷，新增高效节水灌溉面积 160 万公顷。在固定资产投资（不含农户）中，2021 年，全国固定资产投资（不含农户）544547 亿元，比上年增长 4.9%，第一产业投资 14275 亿元，比上年增长 9.1%；第二产业投资 167395 亿元，比上年增长 11.3%，第三产业投资 362877 亿元，比上年增长 2.1%。但是，目前我国城乡公共物品在数量和质量上还存在较大差距，是城乡差距的一个突出表现。农村在公共产品上的短缺严重制约着农村的发展，必须加以完善。

首先，积极拓展农村公共产品的资金供给制度，加大财政资金用于农村基础设施特别是水利建设的力度，提高农民抵御自然灾害能力。针对我国人多地少、农业生产规模小、农村基础设施薄弱等特点，政府应该加大农业和农村基础设施建设、改善农业生产条件。重视大型水利工程、农村电力、能源、生态环境改善、农村通信建设等。同时，政府要做好农业社会化服务，主要包括农业科技研发与转化、农业信息、农民工就业服务、天气预测预报等。建立完善的农产品市场也极为重要。通过建立信息系统、质量检测系统、电子结算系统等，完善农产品市场加工、储藏、保鲜、检测、质检等工作，提高农业的市场化水平和效率[②]。

其次，进行新农村建设。乡村建设，规划先行，按照有利生产、生活富足、乡风文明、村容整洁、管理民主的目标，以中心村为重点建设新农村新社区。叶敬忠（2006）提出，传统农村公共政策受历史影响，是封闭且不平等的，而现代

---

① 张晓山，崔红志."三农"问题根在扭曲的国民收入分配格局［J］. 中国改革，2001（8）：10.

② 刘利. 中国城乡居民收入差距：理论分解·现状评判·对策思考［D］. 长春：吉林大学博士学位论文，2010：150.

的农村公共政策是开放和平等的。新农村建设涉及经济、政治、文化和社会等方面的公共政策，要求公正和平等。在对内蒙古自治区扎赉特旗永兴村和联丰村的调研中发现，两个相邻的村子景象完全不同。永兴村是新农村的勃勃生机景象，而联丰村是普通的农村印象。新农村有广场、博物馆、实验基地、现代化农业机械、整齐一致的房屋、干净的街道和路灯。而相邻的联丰村，这些都还没有。探访得出的主要原因就是永兴村实行了合作社，有好的带头人，进而有更好的国家政策和资金支持等。根据2016年10月的跟踪访谈，在"十个全覆盖"的指导思想下，联丰村在国家政策下建设力度加大，免费为村民重建危房和建设整齐的院墙，村容村貌得到很大提升。当地老百姓都称赞国家的政策好。

再次，在农村公共产品供给上要推进城乡统一的供给体系，加大国家财政对农村的转移支付力度，弥补过去对农村的亏欠。在资金上需要多方多渠道融资，包括税收、转移支付、政府借债等，加强监督保证有限的资金能够用到最需要的地方。

最后，建立农民合理需求表达和决策机制。农民是农村公共产品的需求主体，但是由于农民的组织化程度较低，对公共产品的需求缺少表达方式和有效渠道。建立有效的需求表达机制对于因地制宜提供农村公共产品至关重要，给予农民最充分的表达权利，建立"需求主导型"的公共物品决定机制。

第四节　健全农村医疗、养老等社会保障制度

"十四五"时期，中国将从轻度老龄化阶段迈入中度老龄化阶段，被视为应对人口老龄化的重要窗口期。2020年开展的第七次全国人口普查主要数据显示，中国60岁及以上人口为2.64亿人，占18.70%。预计2025年这一人数将突破3亿，2033年将突破4亿，2053年将达到4.87亿的峰值。与城市相比，农村养老面临着更大的压力。例如，农村养老服务对象多以70~90岁老人为主，常伴有糖尿病、高血压等慢性疾病，迫切需要更为专业、及时的医疗保健服务。此外，农村老人社会化养老的经济承受能力一般，迫切需要提供收费较低，服务质量较高，现代化的养老服务。

在城乡社会保障上均等化推进的道路上，我国政府付出努力并取得了一定的成果，农村社会保障项目覆盖面不断扩大，政府支出有向农村倾斜的倾向，如

2014 年，新增加 737 个县开展公立医院综合改革试点；支持 266 万贫困农民改造危房[①]。但是城乡居民在城乡社会保障水平上还有很大差距，2009 年政府用于行政事业单位离退休人员的支出就高达 2092.95 元，占全年总支出额的 27.5%[②]；2012 年城镇居民转移收入为 6368 元，农村人均只有 687 元，农村居民转移性收入为城市居民的九分之一。"十三五"期间，全国各类养老服务机构和设施从 11.6 万个增加到 32.9 万个，床位数从 672.7 万张增加到 821 万张。正如余斌（2011）指出，我国二次分配调节力度不够，产生了逆向调节现象。总体而言，我国现行的福利制度主要是与正规就业和城市户口挂钩的，体现出"重城市、轻农村""重中间、轻两端"的特点。

我国社会保障等再分配机制，在过去不但没有缩小城乡收入差距，相反还扩大了城乡收入差距。城乡在社会保障上的差异较大，必须继续加大重视，推进城乡社会保障事业统筹发展。胡学勤、沽泊（2016）研究得出，近年来我国社会保障支出占我国财政总支出的 12% 左右，远低于西方国家 30%~50% 的比例，即使是一些中等收入国家的比例也在 20% 以上[③]。我国用于整体社会保障的支出占财政支出比例就少，用于农村的就更少，这说明加强农村社会保障制度建设，提高广大农民的社会保障待遇还有很大的政策提升空间，在缩小城乡收入差距的再分配功能上，政府可以大有作为。

一、强化农村社会保障中的政府责任

在健全社会保障事业中，政府是第一主体。政府通过调整财政支农的结构，大幅度增加农村义务教育、医疗卫生、养老保险等社会保障公共事业，提高农村"五保"、城镇"三无"人员、优抚对象的补贴标准。鉴于经济发展阶段和经济实力的考虑，发达国家的社会保障都是在城市社会保障取得一定发展后，才把农村的社会保障问题纳入考察体系的，德国和日本就是如此。如今，很多国家农村居民和城镇居民享受完全平等的待遇，即"全民皆保障"。托尼·赛奇、周凤华（2012）认为，中国的福利服务供给应该转向实行普惠制的新体系，包括教育、

---

① 国家统计局. 中国统计年鉴 2015 [M]. 北京：中国统计出版社，2015.

② 余斌. 国民收入困境与出路 [D]. 北京：中国发展出版社，2011：201.

③ 胡学勤，沽泊. 由经济增长型改革向国民福利提升型改革转变研究 [J]. 经济体制改革，2016（1）：33-38.

医疗、养老、失业保险、社会救助等。当前我国处于工业反哺农业，城市支持农村的重要阶段，提高对农村社会保障的重视程度，不断加大财政投入力度是政府不可推卸的责任，从新型农村合作医疗、农村养老保险、最低生活保障制度以及社会救助等方面逐步完善社会保障体系。

二、完善新型农村合作医疗保障制度

新型农村合作医疗制度是由政府组织、引导、支持，农民自愿参加，个人、集体和政府多方筹资，以大病统筹为主的农民医疗互助共济制度。参加新型农村合作医疗可以有效减轻农民因疾病带来的经济负担，防止因病致贫、因病返贫，提高农民的健康水平①。

问卷调查显示，医疗和养老问题是农村居民最关心的问题。合作医疗关系到7亿农村居民的健康大事，在具体实施中主要存在以下四个方面的困难：其一，合作互助医疗资金筹集非常困难。按照规定，国家财政通过转移支付的形式对加入新型农村合作医疗的百姓进行财政补贴，同时要求各级地方财政的补贴不少于中央财政补贴力度。国家财政必然是及时到位的，而地方财政不能保证，尤其是现在地方政府债务负担较重的情况下，更不能保证对农民补贴的准时和到位。其二，报销流程复杂，门槛较高。新农合大部分是住院治疗才能报销，很多地方报销必须是高于一定额度才能报销一部分医药费，即存在所谓的报销"门槛费"，这些规定使很多农民放弃合作医疗的途径而直接到私人药房买药，药店药品价格比指定的合作医疗定点医院要低的现象普遍可见。其三，合作医疗在现实中执行经验不足。由于旧式的合作医疗体制被废除，农民和相关工作人员都还没有转换观念，对新型合作医疗并不具有经验，在现实中从农民参与到工作人员执行都存在不足，还需要很长时间来提高和完善。其四，医疗费报销过程缺少监管。调研中发现，在合作医疗最后的报销过程中仍然存在问题，如给负责报销的相关工作人员送礼才能够顺利报销等现象，很多受访农民表示普遍存在。

近些年，尽管国家对农民的新型农村合作医疗和社会保障制度加大重视和推进完善，但与城镇居民之间的差距还是很大，如农村的疾病治疗设施条件并未产生较大变化，乡村新型合作互助医疗始终未达到全覆盖。需要通过积极现实的途

---

① 王金伟. 加强新型农村合作医疗管理工作的建议［J］. 企业论坛，2016（2）：88.

径来完善：首先，要多方面筹集资金。通过中央、地方政府和个人三方努力，提高保费，提高报销标准。同时应利用社会力量，如通过慈善事业来增加保障资金。其次，提高报销效率。规范化管理，扩大报销的覆盖面和比例，降低报销门槛，抑制医药费用的不合理增长，让农民真正享受到实惠。增加大病救助的力度，遏制"因病致贫、因病返贫"的现象发生，这对提升政府形象、促进社会和谐、增加全民的凝聚力具重要作用。再次，提高全民对新型合作医疗的认知和热情。一方面需要对相关工作人员进行培训以提高其办事效率；另一方面要加强对广大农民的宣传和渗透，让他们更加了解这种新型合作医疗的相关知识和信息。最后，切实加强新型农村合作医疗监督管理。注重各项基金管理，统一新型农村合作医疗基金核算方式，确保基金账目相符。严格监管，避免出现收受农民报销回扣、影响国家公务人员形象等恶劣现象发生。

三、健全和发展农村养老保险制度

根据国家卫生健康委、全国老龄办发布的《2021年度国家老龄事业发展公报》，截至2021年末，全国60周岁及以上老年人口为26736万人，占总人口的18.9%；全国65周岁及以上老年人口为20056万人，占总人口的14.2%。而我国针对老年人群体的配套养老服务及机构，仍存在较大缺口。"十三五"期间，全国各类养老服务机构和设施从11.6万个增加到32.9万个，床位数从672.7万张增加到821万张。2020年全国两证齐全（具备医疗卫生机构资质，并进行养老机构备案）的医养结合机构5857家，床位数达到158万张。2021年，全国一般公共预算支出中的医疗卫生与计划生育支出为支出19205亿元，占全国一般公共预算支出的7.8%。而我国政府的资金支持多向城市地区倾斜，对农村地区的支持较缺乏①。农村老年人养老保障体系面临家庭养老保障功能弱化，社会支持体系逐步瓦解，老人自我供养能力不足等诸多挑战，亟须重构，仍需政府持续增强关注和重视，这就需要做到以下几方面。

首先，积极发挥政府的职责。在西方国家，市场是获取养老产品和保障的主要途径。但市场并非万能，市场讲究回报和利润。养老产品作为具有公共产品属性的消费品，具有很强的公益性，利润相对较低，无法吸引各类生产要素流入。

---

① 陈雷. 中国机构养老服务从补钙型迈向民享型与发展转变 [J]. 现代经济探索, 2016 (1): 17-21.

而我国农村老年群体经济能力有限，高龄和需要照顾的老年人人口基数大，历史欠账较多，因此不能照抄照搬西方的主要依靠市场的养老模式，而应该是政府主导与社会合作的模式。在农村老人养老保障体系重构过程中，政府勇于承担责任，既是有效应对老龄化浪潮的现实需要，也是政府执政为民的应有之义。在农村老人养老保障体系重构与运行中，政府不仅应承担农村老人养老保障体系顶层设计、组织管理、财政投入及监管等方面的责任，更应采取多种举措强化家庭养老功能，完善农村老人养老保障的政策支持体系，健全法律法规维护老人合法权益，加大财政投入，补齐养老基础设施等各类短板①。

其次，需要社会力量共同合作。养老问题是一项全民共同的责任，在社会上要通过媒体、网络等途径积极宣传，培育社会对于养老的关注、关心和关爱的风气，尤其是农村养老问题更是需要社会给予更多的关注。鼓励农村青年返乡创业发展农村养老产业，因为他们身上有吃苦耐劳的优秀品质，他们也是植根于农村并对农村发展有着深厚感情和责任的主要力量。养老资金的筹集也是一个关键因素，需要政府、社会和个人的共同努力。政府是责无旁贷的主要力量，个人的力量来自收入的提高和经济实力的提升，社会力量不可忽视，可以通过捐款和募集等的各种慈善方式来募集资金。很多企业家、影视明星和体育明星等高收入群体是社会慈善的主要力量，虽然这是个人的选择，但应该大力弘扬使注重慈善事业成为一种良好的社会风气。

最后，重点关注空巢老人和失独老人的养老问题。随着我国人口老龄化加剧，空巢老人数量快速增长。全国老龄办统计，目前我国有近三分之二老人家庭出现空巢现象。调查显示，我国九成以上的老人倾向于居家养老，且全国空巢老人多、困难老人多、老年抚养比高。2021 年，我国 60 岁及以上人口已达 2.64 亿人。第四次中国城乡老年人生活状况抽样调查显示，空巢老人人数突破 1 亿人。随着年龄的增大，老年人身体条件下降，需要有人照顾。而空巢老人儿女不在身边，缺乏照顾，不管是老人单独居住或夫妻共同居住，哪一种类型都是我们重点关心的对象。农村空巢老人的养老保障问题正是涉及这一特殊群体的安全、公正和保护的需求。此外，到 2012 年我国失独家庭已超过百万个，每年新增 7.6 万个家庭②。

---

① 陈宇翔，余清，李晓培. 农村老人养老保障体系重构与运行中的政府责任——以湖南省为例 [J]. 吉首大学学报，2016（5）：89-94.

② 全国老龄办发布的《中国老龄事业发展报告（2013）》显示，2012 年，中国失独家庭已超百万个，每年新增 7.6 万个失独家庭。

2016 年我国失独家庭扶助标准明确将农村独生子女伤残以及死亡家庭扶助的标准增加到与城镇水平相同，补助金额分别为 270 元、340 元。但我们对失独家庭及失独老人的生活现状关注不够、关心不足，亟待改善。我国没有相关政府部门设有明确的、专门负责服务于失独群体的组织，失独者遇到困难不能得到及时帮助，甚至求助无门①。目前，国家已经有了独生子女伤残死亡家庭扶助制度，部分省、市已制定了相关实施意见，对失独家庭进行一定的补助，补助力度在不断增大。采访中，孙建方认为，这种补助远跟不上他们的养老需求，离安心养老仍有距离。需要建立失独老人"政府养老"制度，同时除自发的志愿者外，应该有专门的组织持续关注失独老人，增加对失独老人心理上的安慰和关爱。

我国目前还没有专门的养老方面的法律，制定专门的养老法，依法保障老人老有所养的基本权益是一种法律上的保障。适时出台支持农村养老产业发展的政策，调动社会资本流向农村养老产业，并加大投入建设农村养老基础设施。加强各类养老机构护理人员的技能培养和对养老事业的观念和热爱。养老事业办得好对社会稳定和谐具有重要作用，也使农村外出务工人员能够安心工作为国家做贡献。同时，农村老年人养老保障问题也是考验党的执政能力，彰显执政为民宗旨的重大民生问题。

四、建立农村最低生活保障制度和社会救助制度

对于农村特困家庭实行最低生活保障制度，以保证他们的基本生存条件。尤其是针对农村五保家庭实行五保家庭供养②、农村特困户救助、医疗教育救助、灾害救助和法律援助等，以确保他们能够享受基本的生活、养老、医疗、赡养方面的照顾。华经产业研究院显示：2019 年全国农村居民最低生活保障人数为 3455.39 万人。充分认识建立农村最低生活保障制度的重要性并有效执行是建设

---

① 李木元. 孙建方委员指出我国失独家庭的三个"不明确" [EB/OL]. (2016-03-04). http://www.rmzxb.com.cn/c/2016-03-04/719919.shtml.

② 截至 2014 年底，全国有农村五保供养对象为 529.1 万人，比上年下降 1.5%。全年各级财政共支出农村五保供养资金 189.8 亿元，比上年增长 10.2%。其中农村五保集中供养年平均标准为 5371 元/人，比上年增长 14.6%；农村五保分散年平均标准为 4006 元/人，比上年增长 14.5%。截至 2014 年底，全国共有孤儿 52.5 万人，其中集中供养孤儿 9.4 万人，社会散居孤儿 43.2 万人。2014 年全国办理收养登记 22772 件。参见民政部. 2014 年社会服务发展统计公报 [EB/OL]. (2015-06-10) [2022-12-30]. http://www.chinanews.com/gn/2015/06-10/7335683.shtml.

社会主义新农村的一项重要任务。要确定好农村最低生活保障的对象，在调研访谈中得知，一些地方的农村真正贫困的农民得不到最低生活保障，而一些村干部的亲属不属于贫困人群的却领着最低生活保障金，对于这种现象一定要予以严厉的打击。对于农村最低生活保障的管理要严格规范，从申请、审核和审批到民主公示到资金发放再到动态管理都需要严格执行并制定有效的监管。

社会救助也称"社会救济"，是指政府和社会对生活确实有困难的人，如遭受自然灾害、失去劳动能力或者其他低收入公民尤其是农村贫困居民给予资金或物资帮助，以保障其最基本的生活需要，是社会保障的最后一道防线。社会救助对调整国家资源配置、实现社会公平和维护社会稳定具有重要的作用。根据救助的内容可以划分为生活救助、医疗救助、教育救助、住房救助、法律援助等。在实行社会救助中要发挥政府、社会组织和民众的力量，争取做到：第一，积极动员社会一切力量参与社会救助，让社会救助成为一种良好的社会风气，加强社会捐助，发展社会捐助网络服务等。第二，以满足困难群众的需要为目标，实现社会救助多元化。从物质和精神两个层面进行帮助，可以是金钱帮助、物质帮扶、心理沟通、精神抚慰等方式。第三，完善社会救助法律，规范救助程序，社会救助要根据《社会救助暂行办法》①来严格执行。

发达国家非常注重通过二次分配来保障低收入人群的基本生活保障。芬兰采取的是从出生到年老，公民都处于政府高福利的保障。英国也采取"从摇篮到坟墓"的社会保障体系。因此，我国在农村居民，尤其是农村贫困居民的社会保障上还需要做出更大的努力。同时应注重从实际出发，因地制宜，对不同特点和保障水平的农村地区采取不同的政策，避免一刀切的情况。

第五节 推进脱贫攻坚与乡村振兴有效衔接，扎实推动城乡共同富裕

农村的农民是诸多弱势群体中最弱的群体。贫困存在着相对贫困和绝对贫

---

① 《社会救助暂行办法》是国务院于 2014 年 2 月 21 日中华人民共和国国务院令第 649 号公布的文件。该办法分总则、最低生活保障、特困人员供养、受灾人员救助、医疗救助、教育救助、住房救助、就业救助、临时救助、社会力量参与、监督管理、法律责任、附则 13 章 70 条，自 2014 年 5 月 1 日起施行。这是我国第一部统筹各项社会救助制度的行政法规。

困,相对贫困是农村村民相对于城镇居民的收入的贫困,指城乡收入差距;绝对贫困是指有些农民衣食得不到最低限度的满足而处于不得温饱和严重营养不良的贫困状态,即低于国家确定的贫困线的状态,这里指的是绝对贫困。贫困是人类社会的顽疾,是全世界面临的共同挑战。贫困及其伴生的饥饿、疾病、社会冲突等一系列难题,严重阻碍人类对美好生活的追求。消除贫困是人类梦寐以求的理想,人类发展史就是与贫困不懈斗争的历史。2020年12月3日,习近平总书记在主持召开中共中央政治局常委会会议时指出,"经过8年持续奋斗,我们如期完成了新时代脱贫攻坚目标任务,现行标准下农村贫困人口全部脱贫,贫困县全部摘帽,消除了绝对贫困和区域性整体贫困,近1亿贫困人口实现脱贫,取得了令全世界刮目相看的重大胜利"。

一、我国脱贫攻坚取得的成果

自党的十八大以来,我国全面打响脱贫攻坚战,困扰中华民族几千年的绝对贫困问题历史性地得到解决,脱贫攻坚成果举世瞩目。2013~2020年,全国农村贫困人口累计减少9899万人,年均减贫1237万人,贫困发生率年均下降1.3个百分点。贫困人口收入水平显著提高,"两不愁三保障"全面实现。国家脱贫攻坚普查结果显示,中西部22省(自治区、直辖市)建档立卡户全面实现不愁吃、不愁穿,义务教育、基本医疗、住房安全有保障,饮水安全也有保障,脱贫攻坚战取得了全面胜利。区域性整体减贫成效显著。从不同贫困区域看,贫困人口相对集中、贫困程度相对较深的集中连片特困地区、国家扶贫开发工作重点县等地区同全国一起如期完成脱贫攻坚任务。2013~2020年,贫困地区农村贫困人口累计减少6039万人,年均减贫755万人,减贫规模占全国农村减贫总规模的61.0%。集中连片特困地区农村贫困人口累计减少5067万人,年均减贫633万人。国家扶贫开发工作重点县农村贫困人口累计减少5105万人,年均减贫638万人。中国对全球减贫贡献率超过7成。自改革开放以来,按照世界银行每人每天1.9美元的国际贫困标准,我国减贫人口占同期全球减贫人口70%以上;据世界银行公开数据,我国贫困发生率从1981年末的88.3%下降至2016年末的0.5%,累计下降了87.8个百分点,年均下降了2.5个百分点,同期全球贫困发生率从42.7%下降到9.7%,累计下降了33.0个百分点,年均下降了0.9个百分点,我国减贫速度明显快于全球,贫困发生率也大大低于全球平均水平。

二、巩固拓展脱贫攻坚成果同乡村振兴有效衔接

党的十九大报告指出，农业农村农民问题是关系国计民生的根本性问题，必须始终把解决好"三农"问题作为全党工作的重中之重，实施乡村振兴战略。对于乡村振兴的理论思想的研究层面。脱贫摘帽不是终点，而是新生活、新奋斗的起点。打赢脱贫攻坚战、全面建成小康社会后，要在巩固拓展脱贫攻坚成果的基础上，做好乡村振兴这篇大文章，接续推进脱贫地区发展和群众生活改善。梁永郭、胡亚囡（2019）在研究习近平乡村振兴思想的基础上，指出通过学习习近平乡村经济振兴思想产生的理论渊源和时代意义，可以更好地把握习近平新时代中国特色社会主义思想，更好地投身于乡村振兴的伟大实践具有重要作用产生的理论渊源和时代意义。吴志强（2021）认为持续减少相对贫困人口是实现乡村振兴的关键，为巩固脱贫成功，解决相对贫困问题，需继续推进城镇化和加强农村相对贫困群体常态化帮扶。

脱贫攻坚主要是解决贫困人口的温饱问题，乡村振兴战略强调乡村整体的发展，如果二者能够有效衔接不但可以巩固脱贫攻坚的成果，还可以带领安徽省3000多万农民群众走上可持续发展的小康路。目前，正处于统筹衔接脱贫攻坚和乡村振兴的五年过渡期内，仍然存在能够破坏脱贫成果的返贫隐患。关于有效衔接的问题尚未做出系统性的研究，无法充分满足乡村发展的需求，科学研究两大战略的衔接问题仍迫在眉睫。安徽省脱贫攻坚与乡村振兴有效衔接的研究能够顺利开展并得到落实，既有利于巩固安徽省脱贫成果，推动乡村振兴战略顺利实施，又能加快安徽省推进农业农村现代化，促进乡村全面振兴与繁荣，对安徽省实施乡村振兴战略乃至实现现代化建设具有重要意义，为在全国范围内推广试点提供经验支撑，也为实现"两个一百年"奋斗目标做出应有的贡献。

三、以中国式现代化实现共同富裕

（一）中国历代先贤对共同富裕的追求

中国传统文化中的共同富裕思想源远流长，主要体现在各时代思想家、政治家的富民、大同思想以及底层民众在斗争中提出的各种均贫富口号中。《礼记·

祭法》中就有"以明民共财"的记载，《周礼·天官冢宰·小宰》提到"以富邦国，以养万民，以生百物"，春秋时期有子提出"百姓足，君孰与不足"，主张"养万民""生百物"，强调国富需要利及全民，遵循包容、均平原则。在物质财富短缺的背景下，中国古代先民对美好的社会充满向往。例如，"大同"理想"大道之行也，天下为公""不独亲其亲，不独子其子，使老有所终，壮有所用，幼有所长，鳏寡孤独废疾者皆有所养"（《礼记·礼运》）；陶渊明在《桃花源记》中描绘了与世隔绝的理想社会。此外，中国近代史上，资产阶级维新派代表康有为撰写的《大同书》，以及资产阶级革命者孙中山所倡导的"天下为公"，都反映了仁人志士对共同富裕的不懈追求。

（二）共同富裕是马克思主义的本质属性

尽管马克思、恩格斯没有明确提出"共同富裕"概念，但马克思哲学中蕴含着丰富而深刻的共同富裕思想，马克思、恩格斯在批判资本主义财富分配异化基础上，提出随着社会生产力的迅速发展，"生产将以所有人的富裕为目的"，"物质利益难题"是激发马克思研究反贫困问题的直接动因。此外共同富裕构成了马克思思想基本的伦理向度，是马克思人类解放思想的逻辑必然。普遍性规范与特殊性规定、理论性原则与实践性策略、批判性立场与建构性维度之间的辩证统一彰显了马克思共同富裕思想的逻辑理路，也给现代社会留下了丰富的思想遗产。列宁指出，"只有社会主义才可能广泛地推行和真正支配根据科学原则进行的产品的社会生产和分配，以便使所有劳动者过最美好、最幸福的生活。只有社会主义才能实现这一点"。

（三）实现共同富裕是中国共产党的奋斗目标

中国共产党一经诞生，就把为中国人民谋幸福、为中华民族谋复兴，确立为自己的初心使命。新民主主义革命时期是中国共产党共同富裕思想的初步萌芽期，对帝国主义、封建主义和官僚资本主义"三座大山"的重重压迫，以毛泽东为代表的中国共产党人将理论联系实际，认识到要带领人民走上民族独立和共同富裕道路，必须通过革命的方式建立起社会主义制度。中国共产党根据中国的国情，通过革命手段破除旧的生产关系和上层建筑的束缚，通过"打土豪、分田地"等方式进行土地革命，实现"耕者有其田"，发挥农民在中国革命中的主力军作用，广大农民生活很快得到改善，为实现共同富裕奠定政治基础。

中国共产党坚定人民立场，强调消除贫困、改善民生、实现共同富裕是社会主义的本质要求，是全心全意为人民服务根本宗旨的重要体现。新中国成立后，中国共产党人开始探索如何在较低生产力水平基础上实现共同富裕。毛泽东在1955年主持起草的《关于农业合作化问题》是在党的重要文件中第一次使用"共同富裕"，把建立"人人平等、大家富裕"的社会主义社会作为毕生追求。在一次座谈会上，毛泽东强调"我们是可以一年一年走向更富更强的，一年一年可以看到更富更强些。而这个富，是共同的富，这个强，是共同的强，大家都有份"。历经艰苦奋斗，党领导人民实现了中华民族有史以来最为广泛而深刻的变革，确立了社会主义制度，建立了独立的比较完整的工业体系和国民经济体系，为实现共同富裕提供了制度保障和物质技术支撑。

（四）新时代扎实推进共同富裕

共同富裕是中国共产党矢志不渝的奋斗目标，也是新时代坚持和发展中国特色社会主义的重大课题。自中国特色社会主义进入新时代以来，在习近平经济思想的指导下，共同富裕的认识越发深刻。习近平总书记强调，"我们说的共同富裕是全体人民共同富裕，是人民群众物质生活和精神生活都富裕，不是少数人的富裕，也不是整齐划一的平均主义"。换言之，新时代的共同富裕首先是全体人民的共同富裕；其次是物质生活和精神生活的共同富裕；最后是普遍富裕基础上的差别富裕，不是少数人的富裕，也不是基于社会财富存量的"均贫富"或"劫富济贫"的零和博弈。

实现共同富裕是社会主义的本质要求，是满足新时代人民美好生活需要的重要举措。自党的十八大以来，习近平总书记围绕共同富裕进行了全面深刻的论述，开创性地回答了为什么要共同富裕、什么是共同富裕、怎样扎实推动共同富裕等一系列重大理论和实践问题，为扎实推动共同富裕提供了根本遵循和行动指南，阐明了共同富裕是全体人民的共同富裕，是各个方面的共同富裕，是全民共建的共同富裕，是实事求是的共同富裕。习近平总书记在主持十八届中央政治局第一次集体学习时指出，共同富裕是中国特色社会主义的根本原则，所以必须使发展成果更多更公平惠及全体人民，朝着共同富裕方向稳步前进。党的十九届五中全会上，习总书记提出要"扎实推动共同富裕"，《中共中央关于制定国民经济和社会发展第十四个五年规划和二〇三五年远景目标的建议》明确要求，到2035年"全体人民共同富裕取得更为明显的实质性进展"。在"两个一百年"目标交汇期，党的十九届六中全会审议通过的《中共中央关于党的百年奋斗重大成就和历史经验的决议》从顶层设计层面明确新时代共同富裕的发展目标，将"全体人民共同富裕取得更为明显的实质性进展"写入对习近平新时代中国特色社会主义思想的核心内容作进一步概括的"十个明确"中，并把"坚定不移走全体人民共同富裕道路"纳入"坚持人民至上"的历史经验中。共同富裕本身就是社会主义现代化的一个重要目标，中国共产党坚持以人民为中心，并致力于全面实现共同富裕，始终把满足人民对美好生活的新期待作为发展的出发点和落脚点。习近平总书记在党的二十大报告中强调"中国式现代化是人口规模巨大的现代化，是全体人民共同富裕的现代化"，将全体人民共同富裕的现代化纳入中国式现代化，指出全体人民共同富裕是中国式现代化的本质要求。

（五）缩小城乡收入差距，扎实推进共同富裕

中国特色社会主义进入新时代之后，共同富裕的理论与实践在所有制结构、利益主体、推进层次、实现路径与内涵形式上得到全方位的发展与创新。其中，梳理共同富裕内涵是实现共同富裕的理论前提。逄锦聚（2021）指出，共同富裕是以人民为中心、消除两极分化和贫穷基础上的全体人民的普遍富裕；是以经济为基础，包括政治民主、文化繁荣、社会和谐、生态文明在内的不断满足人民对美好生活需要，人人都全面发展的共同富裕。韩文龙等（2021）指出，共同富裕是社会主义的本质要求，也是新时代中国特色社会主义的价值目标和实践追求。新时代的共同富裕是在继承和发展经典马克思主义理论基础上，结合中国实践发展的阶段性特征而创新和发展的。郁建兴等（2021）指出，实现共同富裕是社会主义的本质要求。在当代中国，共同富裕需要体现发展性、共享性和可持续性的统一，是指通过矫正和补偿制度性因素导致的不平等，让全体人民有机会、有能力均等地参与高质量经济社会发展，并共享经济社会发展的成果。杨文圣等（2022）从共有、共建、共享三个方面，指出共有、共建、共享是共同富裕的本质内涵，三者的协同关系表现为三者是一个相互联系、相互支撑、不可分割的有机统一体，缺乏任何一方都将造成共同富裕的性质改变和实践障碍。

针对共同富裕实现路径，董志勇等（2022）指出，实现共同富裕应着力夯实经济高质量发展的重要基础；畅通向上流动通道，优化收入分配格局；全面实现乡村振兴，缩小城乡发展差距；加强民生保障建设，推进基本公共服务均等化。刘洪森（2022）指出，中国特色社会主义进入新时代，扎实推动共同富裕，必须

在党的领导下，坚持和完善社会主义基本经济制度，推进中国式现代化高质量发展，满足人民对美好生活的需要，实现物质富裕和精神富裕的统一。孔祥智等（2022）指出，解决好以绝对收入标准衡量的贫困问题就是实现"富裕"的最基本要求；缩小收入差距是共同富裕的本质要求之一，通过进一步缩小收入差距，实现发展与共享的统一、效率与公平的和谐，是"共同"的要义所在。李实等（2022）从收入差距，财产分配差距和公共服务等方面论述我国实现共同富裕的挑战，及其实现共同富裕的长期性、复杂性和艰巨性，提出改革收入分配制度，推进基本公共服务均等化，以提高全体人民的全面发展能力为宗旨的共同富裕实现路径。张占斌等（2022）在深入分析共同富裕的科学内涵的基础上指出，强化共同富裕的总体设计；综合推进财税改革，完善有利于促进共同富裕的教育、就业和社会保障等政策体系；夯实共同富裕的经济基础，在高质量发展中促进共同富裕，是新时代推进共同富裕的实践进路。

"涓滴理论"指出，在经济发展过程优先发展起来的群体或地区能够通过消费、就业等方面惠及贫困阶层或地区，带动其发展和富裕。但是综合世界多国的发展现实，其结果往往与之相反，经济迅猛增长的同时伴随着贫富差距的扩大。可见经济增长并不总能带来"富裕"，甚至有研究发现反而有可能因为经济增长的同时产生收入分配的恶化，对底层群体的影响则走到了富裕的反面，加剧了贫困现象。李琼（2015）研究发现，我国城乡收入差距对居民总体收入差距的贡献率在63.66%~65.24%，远远高于区域收入差距，其贡献率为22.15%~23.73%。因此，以收入分配结构的调整为代表的"共同"因素对"富裕"产生重要作用，相较于经济增速，改善收入分配的"益贫性"经济增长性质更能决定共同富裕的成效。缩小收入差距是共同富裕的本质要求之一，将收入差距缩小到一定水平，实现发展与共享的统一、效率与公平的和谐，则是"共同"的要义所在。

第六节　保持政府支农惠农政策的持续性与稳定性

缩小城乡收入差距的长期目标是到 2020 年全面建成小康社会和共同富裕。短期目标则是弱化城乡收入差距对经济增长的不利影响，促进农民消费，增加农民收入和提高农民生活质量。曾国安、胡晶晶（2007）认为，政府既然可以通过推行制度和政策来强化二元经济结构和扩大城乡收入差距，也就可以通过推行制度和政策来弱化二元经济结构和缩小城乡收入差距。很多研究表明，政府的制度和政策是影响城乡收入差距趋势的重要原因。张鑫（2011）认为，我国的经济体制改革是政府主导型的，所以政府在政策选择中更具有主导性作用，政府的行为和力度在很大程度上决定了城乡收入差距扩大还是缩小的趋势。

从我国城乡收入差距的演变过程中可以看出，政府政策在很大程度上决定了城乡收入差距变动的轨迹：实行家庭联产承包责任制（1978～1983年），城乡收入差距弱化；城市经济体制改革跟进（1983～1994年），城乡收入差距强化；实施改革开放，农村剩余劳动力转移（1994～1997年），城乡收入差距弱化；实施有利于城镇居民的收入分配政策（1997～2003年），城乡收入差距强化；实施"工业反哺农业，城市支持农村"的方针（2003～2005年），城乡收入差距弱化；实施有利于城镇居民的收入分配政策，大力发展房地产（2005～2009年），城乡收入差距强化；实施农村合作医疗、农村养老等更多惠农政策（2009～2022年），城乡收入差距弱化。可以看出，政府对于"三农"支持政策力度大，就会促使农民收入增长，城乡收入差距缩小；政府一旦减弱对"三农"的支持，城乡收入差距就会扩大。2004～2022年连续19年以"三农"为主题的中央一号文件的出台，一系列支农惠农强农政策的实施，使我国"三农"工作出现重要转机，粮食连年丰收，农民收入逐年增长。可见，国家"三农"政策的引导、保护、协调作用的发挥程度，对农民收入增长具有重要影响。2013年3月在十二届全国人大一次会议中外记者见面会上，时任国务院总理李克强指出，我们应当敢于直面城乡、区域这两个最大的差距，特别是直面有8亿多农民和5亿市民之间的涉及人口最多的城乡差距，采取措施，逐步使其缩小。党的十八届三中全会强调："农业基础仍然薄弱，最需要加强；农村发展仍然滞后，最需要扶持；农民增收依然困难，最需要加快。"保持支农惠农政策的持续性和稳定性是构建农民增收长效机制的必要保障，缩小城乡收入差距需要国家政策因地制宜、突出地方特色、循序渐进、因势利导。

总之，在缩小城乡收入差距问题上，一边需要完善市场机制，一边需要加强政府政策。市场和政府是收入分配中的两大主体，发挥着不同的作用。市场发挥资源配置的功能，让每个参与者，无论是城镇居民还是农村居民都得到平等的机会，初次分配得到相对公平的报酬。但市场调控的作用是有限的，它的弱点需要政府来弥补。在初次分配基础上，政府通过再分配功能来增加农民收入，最终达到缩小城乡收入差距的目的。

附　录

我国城乡居民收入状况及满意度调查问卷

您好！为了解当前我国城乡居民收入状况及满意程度，我们设计了这份问卷。本问卷所获得的资料将对了解我国城乡居民的收入状况有重要价值，并对政府制定调节收入分配的相关政策提供有用的参考。关注城乡统筹发展问题，请您帮助填写，非常感谢您参加本次问卷调查！

注：第5、6、12题为不定项选择题，其余都为单选题。

请根据您的实际情况在相应选项上画"√"

1. 您的户籍属于：

☐城市居民　　　　　　☐农村居民

2. 您的性别：☐男　　　　☐女

3. 您的年龄：

☐20岁及以下　　☐21～30岁　　☐31～40岁

☐41～50岁　　　☐51～60岁　　☐60岁以上

4. 您的文化程度：

□小学及以下　　　　□初中　　　　□高中或中专

□大专　　　　　　　□本科　　　　□硕士及以上

5. 您家庭收入主要来源（可以多选）：

□从事农林牧渔生产收入　　　　□工资收入　　　　□养老金或退休金

□办厂、开店、经商等经营性收入　□政府补贴　　　　□其他收入

6. 您家庭的主要支出（可以多选）：

□购房、建房　　　　□购买化肥、农药、生产工具等　　□教育

□医疗　　　　　　　□日常生活开支　　　　□娱乐旅游　　　　□其他支出

7. 您目前的家庭人均年收入是（单位：元）：

□5000 以下　　　　□5000~1 万　　　　□1 万~2 万　　　　□2 万~3 万

□3 万~5 万　　　　□5 万~10 万　　　　□10 万以上

8. 您期望的家庭人均年收入是（单位：元）：

□5000 以下　　　　□5000~1 万　　　　□1 万~2 万　　　　□2 万~3 万

□3 万~5 万　　　　□5 万~10 万　　　　□10 万以上

9. 根据您的观察或者估计，城镇居民人均收入是农村居民人均收入的多少倍：

□大体相当　　　　□2~3 倍　　　　□3~4 倍　　　　□4 倍以上

10. 您认为目前我国农村居民与城镇居民的收入差距：

□很合理　　□较合理　　□合理　　□不太合理　　□很不合理

11. 缩小农村居民与城镇居民之间收入差距的措施，您选择的最亟须解决的一项是：

□提高农业补贴和农产品价格　　□提高农民工进城务工工资

□增加农村基础教育投入　　　　□加大投入，完善农村地区医疗和养老保障

□加大农村金融支持力度　　　　□农村剩余劳动力转移到城镇

□其他措施，补充_____

12. 自 2004 年以来农民收入实现 12 年连续快速增长，自 2009 年以来增幅连续 12 年超过城镇居民，您认为主要原因是什么（可以多选）：

□农业补贴增加和农产品价格上升　　□农民工进城务工收入增加

□重视农村教育　　　　　　　　　　□农村医疗、养老等投入增加

□耕作机械化、科学化　　　　　　　□其他原因，补充_____

13. 您认为我国农业生产经营模式的未来主要发展方向是：

□传统的小规模家庭分散经营　　□种植大户　　□家庭农场

□农村专业合作社　　　　　□农业龙头企业　　□农业产业联合体
□其他方向

14. 请根据您的实际感受选择最符合的一项：

5 表示非常满意，4 表示比较满意，3 表示一般满意，2 表示不太满意，1 表示非常不满意

题　目	非常满意	比较满意	一般满意	不太满意	非常不满意
1. 对目前的生活状态	5	4	3	2	1
2. 对目前的家庭人均收入	5	4	3	2	1
3. 对目前养老、教育、医疗等	5	4	3	2	1
4. 与家庭生活支出相比，对家庭收入	5	4	3	2	1
5. 与城镇（农村）居民家庭相比，对目前家庭收入	5	4	3	2	1
6. 对目前的收入分配方式（我国坚持和完善以按劳分配为主体，多种分配方式并存的分配制度）	5	4	3	2	1
7. 对国家的收入分配调节政策（国家通过税收、社会保障等政策调节居民收入的高低）	5	4	3	2	1

我国城乡居民收入状况及满意度
调查问卷统计结果

第1题 您的户籍属于:_____ [单选题]

选项	小计	比例（%）
城市居民	1039	51.79
农村居民	967	48.21
本题有效填写人次	2006	

第2题 您的性别:_____ [单选题]

选项	小计	比例（%）
男	937	46.71
女	1069	53.29
本题有效填写人次	2006	

第3题 您的年龄:_____ [单选题]

选项	小计	比例（%）
20 岁及以下	293	14.61
21~30 岁	618	30.81
31~40 岁	504	25.12
41~50 岁	433	21.59
51~60 岁	96	4.79
60 岁以上	62	3.09
本题有效填写人次	2006	

第 4 题　您的文化程度：_____　[单选题]

选项	小计	比例（%）
小学及以下	79	3.94
初中	377	18.79
高中或中专	332	16.55
大专	197	9.82
本科	768	38.29
硕士及以上	253	12.61
本题有效填写人次	2006	

第 5 题　您家庭收入主要来源：_____　[多选题]

选项	小计	比例（%）
从事农林牧渔生产收入	355	17.70
工资性收入	1244	62.01
养老金或退休金	114	5.68
办厂、开店、经商等经营性收入	402	20.04
政府补贴	145	7.23
其他收入	433	21.59
本题有效填写人次	2006	

第 6 题　您家庭的主要支出：_____　[多选题]

选项	小计	比例（%）
购房、建房	803	40.03
购买化肥、农药、生产工具等	386	19.24
教育	1279	63.76
医疗	817	40.73
日常生活开支	1737	86.59
娱乐旅游	506	25.22
其他支出	483	24.08
本题有效填写人次	2006	

第7题　您目前的家庭人均年收入是（单位：元）：_____　[单选题]

选项	小计	比例（%）
5000 以下	339	16.90
5000~1 万	327	16.30
1 万~2 万	350	17.45
2 万~3 万	310	15.45
3 万~5 万	297	14.81
5 万~10 万	271	13.51
10 万以上	112	5.58
本题有效填写人次	2006	

第8题　您期望的家庭人均年收入是（单位：元）：_____　[单选题]

选项	小计	比例（%）
5000 以下	16	0.80
5000~1 万	111	5.53
1 万~2 万	196	9.77
2 万~3 万	236	11.76
3 万~5 万	262	13.06
5 万~10 万	379	18.89
10 万以上	806	40.18
本题有效填写人次	2006	

第9题　根据您的观察或者估计，城镇居民人均收入是农村居民人均收入的多少倍：_____　[单选题]

选项	小计	比例（%）
大体相当	424	21.14
2~3 倍	874	43.57
3~4 倍	426	21.24
4 倍以上	282	14.06
本题有效填写人次	2006	

第 10 题　您认为目前我国农村居民与城镇居民的收入差距：＿＿＿＿＿＿＿　[单选题]

选项	小计	比例（%）
很合理	31	1.55
较合理	346	17.25
合理	253	12.61
不太合理	1079	53.79
很不合理	297	14.81
本题有效填写人次	2006	

第 11 题　缩小农村居民与城镇居民之间收入差距的措施，您选择的最亟须解决的一项是：
＿＿＿＿＿＿＿ [单选题]

选项	小计	比例（%）
提高农业补贴和农产品价格	386	19.24
提高农民工进城务工工资	196	9.77
增加农村基础教育投入	355	17.70
加大投入，完善农村地区医疗和养老保障	642	32.00
加强农村金融支持力度	237	11.81
农村剩余劳动力转移到城镇	114	5.68
其他	76	3.79
本题有效填写人次	2006	

第 12 题　自 2004 年以来农民收入实现"十二年连续快速"增长，自 2009 年以来增幅连续 12
年超过城镇居民，您认为主要原因是什么：＿＿＿＿＿＿＿ [多选题]

选项	小计	比例（%）
农业补贴增加和农产品价格上升	995	49.60
农民工进城务工收入增加	1083	53.99
重视农村教育	664	33.10
农村医疗、养老等投入增加	903	45.01
耕作机械化、科学化	886	44.17
其他	161	8.03
本题有效填写人次	2006	

第 13 题 您认为我国农业生产经营模式的未来主要发展方向是：_____ ［单选题］

选项	小计	比例（%）
传统的小规模家庭分散经营	141	7.03
种植大户	315	15.70
家庭农场	323	16.10
农村专业合作社	492	24.53
农业龙头企业	165	8.23
农业产业联合体	502	25.02
其他方向	68	3.39
本题有效填写人次	2006	

第 14 题 请根据您的实际感受选择最符合的一项：5 表示非常满意，4 表示比较满意，3 表示一般满意，2 表示不太满意，1 表示非常不满意_____ ［矩阵量表题］

该矩阵题平均分：3.18

题目	选项					平均分
	非常满意人数（占比）			比较满意人数（占比）		
对目前的生活状态感受	121 (6.03%)	583 (29.06%)	882 (43.97%)	340 (16.95%)	80 (3.99%)	2.9
对目前的家庭人均收入感受	59 (2.94%)	369 (18.39%)	868 (43.27%)	574 (28.61%)	136 (6.78%)	3.21
对目前养老、教育、医疗等感受	73 (3.64%)	291 (14.51%)	786 (39.18%)	647 (32.25%)	209 (10.42%)	3.35
与家庭生活支出相比，对家庭收入感受	54 (2.69%)	287 (14.31%)	803 (40.03%)	670 (33.4%)	192 (9.57%)	3.36
与城镇（农村）居民家庭相比，对目前家庭收入感受	70 (3.49%)	370 (18.44%)	771 (38.43%)	627 (31.26%)	168 (8.37%)	3.26
对目前的收入分配方式（我国坚持和完善以按劳分配为主体，多种分配方式并存的分配制度）感受	69 (3.44%)	492 (24.53%)	924 (46.06%)	400 (19.94%)	121 (6.03%)	3.04
对国家的收入分配调节政策（国家通过税收、社会保障等政策调节居民收入的高低）感受	76 (3.79%)	442 (22.03%)	888 (44.27%)	430 (21.44%)	170 (8.47%)	3.13

参考文献

一、经典著作、文献资料

[1]《党的二十大报告》，https：//www. gov. cn/xinwen/2022-10/25/content_5721685. htm，2022 年 10 月 25 日。

[2]《党的十八大报告辅导读本》，人民出版社 2012 年版。

[3]《邓小平经济思想》，人民出版社 2004 年版。

[4]《邓小平理论学习纲要》，人民出版社 1997 年版。

[5]《邓小平文选》(第 1 卷)，人民出版社 1994 年版。

[6]《邓小平文选》(第 2 卷)，人民出版社 1994 年版。

[7]《邓小平文选》(第 3 卷)，人民出版社 1995 年版。

[8]《邓小平著作专题研究》，人民出版社 1988 年版。

[9]《改革开放 30 年思想史》(上卷)，人民出版社 2008 年版。

[10]《江泽民文选》(第 1 卷)，人民出版社 2006 年版。

[11]《江泽民文选》(第 2 卷)，人民出版社 2006 年版。

[12]《江泽民文选》(第 3 卷)，人民出版社 2006 年版。

[13]《科学发展观重要论述摘编》，中央文献出版社 2008 年版。

[14]《列宁全集》(第 32 卷)，人民出版社 1958 年版。

[15]《列宁全集》(第 33 卷)，人民出版社 1985 年版。

[16]《列宁全集》(第 37 卷)，人民出版社 1986 年版。

[17]《列宁全集》(第 39 卷)，人民出版社 1986 年版。

[18]《列宁全集》(第 40 卷)，人民出版社 1986 年版。

［19］《列宁全集》（第 43 卷），人民出版社 1987 年版。

［20］《列宁选集》（第 1 卷），人民出版社 1972 年版。

［21］《列宁选集》（第 2 卷），人民出版社 1972 年版。

［22］《列宁选集》（第 3 卷），人民出版社 1972 年版。

［23］《列宁选集》（第 4 卷），人民出版社 1972 年版。

［24］《马克思恩格斯列宁斯大林关于农业问题的部分论述》，人民出版社 1981 年版。

［25］《马克思恩格斯全集》（第 3 卷），人民出版社 1966 年版。

［26］《马克思恩格斯全集》（第 46 卷），人民出版社 1997 年版。

［27］《马克思恩格斯生平事业年表》，人民出版社 1976 年版。

［28］《马克思恩格斯文集》（第 1 卷），人民出版社 2009 年版。

［29］《马克思恩格斯文集》（第 2 卷），人民出版社 2009 年版。

［30］《马克思恩格斯文集》（第 3 卷），人民出版社 2009 年版。

［31］《马克思恩格斯文集》（第 4 卷），人民出版社 2009 年版。

［32］《马克思恩格斯文集》（第 5 卷），人民出版社 2009 年版。

［33］《马克思恩格斯文集》（第 6 卷），人民出版社 2009 年版。

［34］《马克思恩格斯文集》（第 7 卷），人民出版社 2009 年版。

［35］《马克思恩格斯文集》（第 8 卷），人民出版社 2009 年版。

［36］《马克思恩格斯文集》（第 9 卷），人民出版社 2009 年版。

［37］《马克思恩格斯文集》（第 10 卷），人民出版社 2009 年版。

［38］《毛泽东年谱(1893-1949)》(上卷)，人民出版社 1993 年版。

［39］《毛泽东文集》（第 7 卷），人民出版社 1999 年版。

［40］《毛泽东选集》（第 1 卷），人民出版社 1991 年版。

［41］《毛泽东选集》（第 2 卷），人民出版社 1991 年版。

［42］《毛泽东选集》（第 3 卷），人民出版社 1991 年版。

［43］《毛泽东选集》（第 4 卷），人民出版社 1991 年版。

［44］《毛泽东选集》（第 6 卷），人民出版社 1999 年版。

［45］《斯大林选集》（上），人民出版社 1979 年版。

［46］《斯大林选集》（下），人民出版社 1979 年版。

［47］《习近平谈治国理政》，外文出版社 2018 年版。

［48］《习近平总书记系列重要讲话读本》，学习出版社 2016 年版。

[49]《中共中央关于党的百年奋斗重大成就和历史经验的决议》,《人民日报》2021 年 11 月 17 日。

[50]《中共中央关于制定国民经济和社会发展第十三个五年计划的建议辅导读本》, 人民出版社 2015 年版。

[51]《中共中央关于制定国民经济和社会发展第十四个五年规划和二○三五年远景目标的建议》,《人民日报》2020 年 11 月 4 日。

[52]《中共中央国务院关于全面推进乡村振兴加快农业农村现代化的意见》,《人民日报》2021 年 2 月 22 日。

[53]《中共中央国务院关于实施乡村振兴战略的意见》,《人民日报》2018 年 2 月 5 日。

[54]《中共中央国务院关于实现巩固拓展脱贫攻坚成果同乡村振兴有效衔接的意见》,《人民日报》2021 年 3 月 23 日。

[55]《中国成世界城乡收入差距最大国家之一》,《中国经济周刊》2011 年 9 月 20 日。

[56]《中华人民共和国 2022 年国民经济和社会发展统计公报》,《人民日报》2023 年 2 月 28 日。

[57]《资本论》(第 1 卷), 人民出版社 2004 年版。

[58] 党的十八届三中全会:《中共中央关于全面深化改革若干重大问题的决定》, 人民出版社 2013 年版。

[59] 国家统计局:《国际统计年鉴 2022》, 中国统计出版社 2022 年版。

[60] 国家统计局农村社会经济调查司:《中国农村统计年鉴》, 中国统计出版社历年版。

[61] 国家统计局农村社会经济调查司:《中国农村住户调查年鉴》, 中国统计出版社历年版。

[62] 国家统计局人口和就业统计司:《中国人口和就业统计年鉴 2021》, 中国统计出版社 2022 年版。

[63] 国务院发展研究中心:《2015 中国经济年鉴》, 中国经济出版社 2016 年版。

[64] 人力资源和社会保障部:《中国人力资源和社会保障年鉴 2021》, 中国劳动社会保障出版社 2022 年版。

[65] 习近平:《高举中国特色社会主义伟大旗帜　为全面建设社会主义现代

化国家而团结奋斗》,《人民日报》2022年10月26日。

[66] 习近平:《关于〈中共中央关于坚持和完善中国特色社会主义制度　推进国家治理体系和治理能力现代化若干重大问题的决定〉的说明》,《人民日报》2019年11月6日。

[67] 习近平:《决胜全面建成小康社会　夺取新时代中国特色社会主义伟大胜利》,《人民日报》2017年10月28日。

[68] 习近平:《在第十三届全国人民代表大会第一次会议上的讲话》,《人民日报》2018年3月21日。

[69] 习近平:《在全国脱贫攻坚总结表彰大会上的讲话》,《人民日报》2021年2月26日。

[70] 温家宝:《在联合国教科文组织第五届全民教育高层会议上的致词》,http://www.huaxia.com/xw/zdxw/gcdt/2005/00392890.html,2005年11月28日。

[71] 中共中央国务院印发《乡村振兴战略规划(2018-2022年)》,《人民日报》2018年9月27日。

[72] 中国社会科学院:《城市蓝皮书:中国城市发展报告》,社会科学文献出版社2009年版。

[73] 中国社会科学院农村发展研究所:《中国农村发展研究报告No.8》,科学文献出版社2013年版。

[74] 中国社会科学院农村发展研究所、国家统计局农村社会经济调查司:《农村绿皮书:中国农村经济形势分析与预测》,社会科学文献出版社2010年后历年版。

[75] 中国社会科学院社会学研究所:《社会蓝皮书:2011年中国社会形势分析与预测》,社会科学文献出版社2010年版。

[76] 中华人民共和国国家统计局:《国际统计年鉴2021》,中国统计出版社2022年版。

[77] 中华人民共和国国家统计局:《中国统计年鉴》,中国统计出版社历年版。

[78] 中华人民共和国农业部:《新中国农业60年统计资料》,中国农业出版社2009年版。

[79] 中华人民共和国农业部:《中国农业发展报告》,中国农业出版社历年版。

［80］中华人民共和国农业部：《中国农业年鉴 2021》，中国农业出版社 2022
年版。

二、相关译著

［1］［澳］安德森、［日］速水佑次郎：《农业保护的政治经济学》，李周、金
和辉译，天津人民出版社 1996 年版。

［2］［德］黑格尔：《小逻辑》，黄昀、常培育译，中国社会科学出版社 2006
年版。

［3］［美］阿瑟·奥肯：《平等与效率：重大的抉择》，陈涛译，华夏出版社
1999 年版。

［4］［美］阿塔纳修斯·阿西马科普洛斯：《收入分配理论》，赖德胜译，商
务印书馆 1995 年版。

［5］［美］保罗·萨缪尔森，威廉·诺德豪斯：《经济学》（上卷），高鸿业译，
中国发展出版社 1992 年版。

［6］［美］保罗·萨缪尔森，威廉·诺德豪斯：《经济学》（下卷），高鸿业译，
中国发展出版社 1992 年版。

［7］［美］弗里德曼：《资本主义与自由》，张瑞玉译，商务印书馆 2004
年版。

［8］［美］诺斯著：《制度、制度变迁与经济绩效》，杭行译，上海人民出版
社 2008 年版。

［9］［美］西蒙·库兹涅茨：《经济发展与收入不平等》，中国经济出版社
1998 年版。

［10］［瑞典］G. 缪尔达尔：《经济理论与不发达地区》，达克沃思出版社
1957 年版。

［11］［印度］阿玛蒂亚·森：《论经济不平等（不平等之再考察）》，王利文、
于占杰译，中国人民大学出版社 2015 年版。

［12］［印度］阿玛蒂亚·森：《以自由看待发展》，任赜、于真译，中国人民
大学出版社 2012 年版。

［13］［英］阿瑟·刘易斯：《二元经济论》，周剑麟译，北京经济学院出版社
1989 年版。

［14］［英］庇古:《福利经济学》,金镝译,华夏出版社2007年版。

［15］［英］大卫·李嘉图:《政治经济学及赋税原理》,郭大力、王亚南译,商务印书馆2013年版。

［16］［英］弗里德利希·冯·哈耶克:《自由秩序原理》,邓正来译,商务印书馆1997年版。

［17］［英］霍华德:《马克思主义经济学史》,韩金华、郑吉伟等译,中央编译出版社2003年版。

［18］［英］汤森:《贫困的国际分析》(英文版),哈维斯特·惠特谢夫出版社1993年版。

［19］［英］约翰·梅纳德·凯恩斯:《就业、利息和货币通论》,徐毓枬译,商务印书馆1999年版。

三、中文著作

［1］部薇:《发展经济学——一种新古典政治经济学的研究框架》,经济日报出版社2007年版。

［2］蔡昉:《蔡昉自选集》,山西经济出版社2013年版。

［3］蔡昉:《刘易斯转折点——中国经济发展新阶段》,社会科学文献出版社2008年版。

［4］蔡昉:《农村发展与增加农民收入》,中国劳动社会保障出版社2006年版。

［5］蔡昉:《中国人口与劳动问题报告》,社会科学文献出版社自2000年后历年版。

［6］蔡昉、万广华:《中国转型时期收入分配差距的现状分析》,经济科学出版社2006年版。

［7］蔡昉、王德文、都阳:《中国农村改革与变迁:30年历程和经验分析》,格致出版社2008年版。

［8］陈宗胜:《改革、发展与收入分配》,上海复旦大学出版社1999年版。

［9］陈宗胜:《再论改革与发展中的收入分配》,经济科学出版社2002年版。

［10］陈宗胜:《中国二元经济结构与农村经济增长与发展》,经济科学出版社2008年版。

［11］程恩富：《马克思主义经济思想史》（经典作家卷），东方出版中心 2006 年版。

［12］程恩富：《马克思主义经济思想史》（中国卷），东方出版中心 2006 年版。

［13］戴枫：《开放条件下的中国收入差距问题研究》，经济科学出版社 2012 年版。

［14］戴远达：《马克思主义经济理论》，经济管理出版社 2000 年版。

［15］东北师范大学教育系：《马克思恩格斯论教育》，人民教育出版社 1986 年版。

［16］董全瑞：《收入分配差距因素论》，中国社会科学出版社 2008 年版。

［17］范剑平：《中国城乡居民消费结构变化趋势》，人民出版社 2001 年版。

［18］高发：《中国居民收入差距——基于制度变迁视角的分析》，知识产权出版社 2008 年版。

［19］顾海良：《马克思经济思想的当代视界》，经济科学出版社 2005 年版。

［20］顾海良：《马克思主义如何改变世界》，中国人民大学出版社 2013 年版。

［21］顾海良：《中国特色社会主义理论体系研究》，中国人民大学出版社 2009 年版。

［22］国家统计局：《中国统计年鉴 2015》，中国统计出版社 2015 年版。

［23］胡晶晶：《改革开放以来中国城乡居民收入差距研究》，人民出版社 2013 年版。

［24］韩建雨：《我国居民收入差距社会经济效应评价与治理对策》，中国经济出版社 2013 年版。

［25］何平、李实、王延中：《中国发展报告 2008：构建全民共享的发展型社会福利体系》，中国发展出版社 2008 年版。

［26］侯家驹：《中国经济史》（上卷），新星出版社 1997 年版。

［27］侯家驹：《中国经济史》（下卷），新星出版社 1997 年版。

［28］胡绳：《中国共产党的七十年》，中共党史出版社 1991 年版。

［29］黄坤明：《城乡一体化路径演进研究》，科学出版社 2009 年版。

［30］黄素心、王春雷：《广西城乡居民收入差距治理方略研究》，经济科学出版社 2012 年版。

［31］黄祖辉：《转型期中国居民收入差距问题研究》，浙江大学出版社 2007 年版。

［32］李君如：《毛泽东与当代中国》，福建人民出版社 1993 年版。

［33］李实：《经济转型的代价——中国城市失业、贫困、收入差距的经验分析》，中国财政经济出版社 2004 年版。

［34］李实：《透视中国农村贫困》，经济科学出版社 2007 年版。

［35］李实：《中国居民收入分配研究Ⅲ》，北京师范大学出版社 2008 年版。

［36］李实：《中国收入分配研究报告》，社会科学文献出版社 2013 年版。

［37］李实、王绍光、胡鞍钢等：《中国发展报告 2005：追求公平的人类发展》，中国发展出版 2005 年版。

［38］李文薄：《论要素比价、劳动报酬与居民消费》，人民出版社 2013 年版。

［39］刘思峰：《党耀国等灰色系统理论及其应用》，科学出版社 2010 年版。

［40］陆铭：《力量：地理、政治与城市发展》，格致出版社 2013 年版。

［41］陆益龙：《户籍制度，控制与社会差别》，商务印书馆 2003 年版。

［42］罗峰：《中国城乡居民收入流动研究——基于经济转轨的理论视角》，中国农业出版社 2012 年版。

［43］莫震：《广东城乡居民收入分配新格局研究》，广东人民出版社 2011 年版。

［44］逄锦聚：《改革开放进程中的中国宏观经济运行与调控》，经济科学出版社 2008 年版。

［45］逄锦聚：《马克思劳动价值论的继承与发展》，经济科学出版社 2005 年版。

［46］逄锦聚：《马克思主义中国化进程中的经济学创新》，经济科学出版社 2011 年版。

［47］逄锦聚：《逄锦聚自选集》，学习出版社 2008 年版。

［48］逄锦聚：《走向社会主义市场经济》，江苏人民出版社 2015 年版。

［49］逄先知、金冲及：《毛泽东传》（下），中央文献出版社 2003 年版。

［50］青连斌：《公平分配的实现机制》，中国工人出版社 2010 年版。

［51］世界银行：《2020 年的中国：新世纪的发展挑战》，中国财政经济出版社 1997 年版。

［52］世界银行经济考察团：《中国，社会主义经济的发展》，中国财政经济出版社1983年版。

［53］宋洪远：《"十一五"时期农业和农村政策回顾与评价》，中国农业出版社2010年版。

［54］宋洪远：《中国农村经济分析政策研究（2006～2012）》，中国农业出版社2012年版。

［55］汪行福：《公平正义与社会保障》，上海财经大学出版社2003年版。

［56］王小鲁、李实、汪三贵：《中国发展报告2007：在发展中消除贫困》，中国发展出版2007年版。

［57］卫兴华：《〈资本论〉简说》，中国财政经济出版社2008年版。

［58］卫兴华：《公平与效率的新选择》，经济科学出版社2008年版。

［59］卫兴华：《社会主义经济理论》，高等教育出版社2008年版。

［60］卫兴华：《卫兴华自选集》，中国人民大学出版社2007年版。

［61］魏中龙：《北京市城乡居民收入差距问题研究》，经济科学出版社2012年版。

［62］吴敬琏、刘鹤、樊纲等：《中国经济新常态与政策取向》，中国经济出版社2015年版。

［63］向东梅：《中国农业生产组织结构创新》，中国农业出版社2013年版。

［64］徐荣安：《中国新型城乡关系》，重庆出版社1988年版。

［65］薛进军：《中国的不平等》，社会科学文献出版社2008年版。

［66］杨东平：《中国教育公平的理想与现实》，北京大学出版社2006年版。

［67］杨辉：《马克思主义个人收入分配理论中国化研究》，世界图书出版社2011年版。

［68］杨宜勇等：《收入分配体制改革攻坚》，中国水利水电出版社2005年版。

［69］叶敬忠：《农民视角的新农村建设》，社会科学文献出版社2006年版。

［70］余斌：《国民收入困境与出路》，中国发展出版社2011年版。

［71］张东生：《中国居民收入分配年度报告2013》，中国财政经济出版社2013年版。

［72］张雷声：《发展中国家的经济发展论》，高等教育出版社2002年版。

［73］张雷声：《经济建设与全面小康》，社会科学文献出版社2005年版。

［74］张培刚、张建华：《发展经济学》，北京大学出版社 2009 年版。

［75］张晓山、苑鹏：《合作经济理论与中国农民合作社的实践》，首都经济贸易大学出版社 2009 年版。

［76］张鑫：《中国城乡居民收入差距及其成因的演化路径研究》，经济管理出版社 2011 年版。

［77］张鑫：《中国城乡收入分配制度变迁的博弈分析与经验研究》，2011 年信息技术、服务科学与工程管理国际学术会议论文集，科学研究出版社 2011 年版。

［78］张宇：《论马克思主义的分析范式》，经济科学出版社 2005 年版。

［79］张宇：《中国的转型模式：反思与创新》，经济科学出版社 2006 年版。

［80］赵人伟：《中国居民收入分配再研究：经济改革和发展中的收入分配》，中国财政经济出版社 1999 年版。

［81］郑吉伟：《斯大林经济思想研究——兼评西方学者的观点》，北京出版社 2010 年版。

［82］郑明亮：《城乡居民收入差距收敛模型及仿真研究》，中国社会科学出版社 2015 年版。

［83］中国发展研究基金会：《中国发展报告 2013/14：农村全面建成小康社会之路》，中国发展出版社 2014 年版。

［84］周新城：《邓小平经济理论研究》，河南人民出版社 1997 年版。

［85］周新城：《改革开放以来中国经济学热点问题探讨》，上海世界图书出版社 2013 年版。

［86］周新城：《关于中国特色社会主义的若干理论问题》，经济日报出版社 2015 年版。

四、中文论文、报刊及网络资料

［1］艾文卫、王家庭：《三次产业间劳动力流动岁城乡收入差距的影响》，《当代经济管理》2016 年第 3 期。

［2］白雪梅、吕光明：《教育与收入不平等关系研究综述》，《经济学动态》2004 年第 4 期。

［3］蔡昉：《"中等收入陷阱"的理论、经验与针对性》，《经济学动态》2011

年第 12 期。

　　［4］蔡昉：《城乡收入差距的政治经济学》，《中国社会科学》2000 年第 4 期。

　　［5］蔡昉：《城乡收入差距与制度变革的临界点》，《中国社会科学》2003 年第 5 期。

　　［6］蔡昉：《从中国经济发展大历史和大逻辑认识新常态》，《数量经济技术经济研究》2016 年第 8 期。

　　［7］蔡昉：《户籍制度改革与城乡社会福利制度统筹》，《经济研究》2010 年第 12 期。

　　［8］蔡昉：《为什么劳动力流动没有缩小城乡收入差距?》，《理论前沿》2005 年第 20 期。

　　［9］蔡昉：《中国收入分配：完成与未完成的任务》，《中国经济问题》2013 年第 5 期。

　　［10］蔡昉、杨涛：《城乡收入差距的政治经济学》，《中国社会科学》2000 年第 4 期。

　　［11］蔡继明：《缩小城乡居民收入差距的根本途径和制度保障》，《杭州》2010 年第 8 期。

　　［12］蔡继明：《中国城乡比较生产力与相对收入差别》，《经济研究》1998 年第 1 期。

　　［13］蔡翼飞、黄跃，李轶璠：《乡镇政府职能弱化关系城乡融合发展成色》，《宏观经济管理》2020 年第 9 期。

　　［14］曹光四、张启良：《我国城乡居民收入差距变化的新视点——对我国城乡居民收入比的解读》，《金融与经济》2015 年第 2 期。

　　［15］曹裕、陈晓红、马跃如：《城市化、城乡收入差距与经济增长——基于我国省级面板数据的实证研究》，《统计研究》2010 年第 3 期。

　　［16］茶洪旺、明崧磊：《缩小城乡居民收入差距的国际经验比较与启示》，《中州学刊》2012 年第 6 期。

　　［17］钞小静、沈坤荣：《城乡收入差距、劳动力质量与中国经济增长》，《经济研究》2014 年第 6 期。

　　［18］陈斌开、张鹏飞、杨汝岱：《政府教育投入、人力资本投资与中国城乡收入差距》，《管理世界》2010 年第 1 期。

　　［19］陈工、何鹏飞：《民生财政支出分权与中国城乡收入差距》，《财贸研

究》2016 年第 27 卷第 2 期。

[20] 陈雷：《中国机构养老服务从补钙型迈向民享型与发展转变》，《现代经济探索》2016 年第 1 期。

[21] 陈美衍：《市场化收入差距：变化机理与政策含义》，《经济学家》2006 年第 6 期。

[22] 陈玮任：《城乡教育不平等对城乡收入分配差距扩大的动态效应研究》，硕士学位论文，浙江财经大学，2014 年。

[23] 陈锡文：《创新经营主体不是另起炉灶》，《人民日报》2013 年 2 月 1 日。

[24] 陈宇翔、余清、李晓培：《农村老人养老保障体系重构与运行中的政府责任——以湖南省为例》，《吉首大学学报》2016 年第 5 期。

[25] 陈钊：《面向和谐发展的城乡融合：目标、难点与突破》，《国际经济评论》2015 年第 3 期。

[26] 陈钊、陆铭：《从分割到融合：城乡经济增长与社会和谐的政治经济学》，《经济研究》2008 年第 1 期。

[27] 陈宗胜：《关于收入差别倒 U 曲线及两极分化研究中几个方法问题的建议》，《中国社会科学》2002 年第 5 期。

[28] 陈宗胜、曹桂全：《中国地区差别研究与西部大开发》，《环渤海经济瞭望》2000 年第 2 期。

[29] 程开明、李金昌：《城市偏向、城市化与城乡收入差距的作用机制及动态分析》，《数量经济技术经济研究》2007 年第 7 期。

[30] 程莉：《1978—2011 年中国产业结构变迁对城乡收入差距的影响研究》，博士学位论文，西南财经大学，2014 年。

[31] 程叶青、邓吉祥：《吉林省中部粮食主产区城乡综合发展水平格局特征》，《地理学报》2010 年第 12 期。

[32] 仇童伟、李宁、邹宝玲等：《产权实施如何影响农户的土地知觉控制——一个认知平衡理论的分析视角》，《上海财经大学学报》2016 年第 6 期。

[33] 董志勇、秦范：《实现共同富裕的基本问题和实践路径探究》，《西北大学学报》(哲学社会科学版)2022 年第 2 期。

[34] 都阳:《就业政策的阶段特征与调整方向》，《劳动经济研究》2016 年第 4 期。

［35］范爱军、王丽丽：《我国城镇化发展与农民收入增长的实证分析》，《山东社会科学》2007 年第 3 期。

［36］范从来：《功能性收入与规模性收入结构：思想演进、内在联系与研究趋向》，《经济学家》2014 年第 9 期。

［37］范剑勇、朱国林：《中国地区差距演变及其结构分解》，《管理世界》2002 年第 7 期。

［38］方创琳、赵文杰：《新型城镇化及城乡融合发展促进中国式现代化建设》，《经济地理》2023 年第 1 期。

［39］费舒澜：《中国城乡收入差距的度量改进及分解研究》，博士学位论文，浙江大学，2014 年。

［40］盖茨：《盖茨认为未来以教育论贫富》，《领导决策信息》1998 年第 30 期。

［41］高帆：《大历史观视域下的中国农业农村发展》，《复旦学报》（社会科学版）2021 年第 5 期。

［42］高远东、张娜：《人力资本、城镇化与城乡居民收入差距》，《现代财经》（天津财经大学学报）2016 年第 36 卷第 1 期。

［43］葛继红、王猛、汤颖梅：《农村三产融合、城乡居民消费与收入差距——效率与公平能否兼得？》，《中国农村经济》2022 年第 3 期。

［44］龚勤林、邹冬寒：《乡村振兴背景下工农城乡耦合协调水平测度及提升研究》，《软科学》2020 年第 6 期。

［45］顾海良：《新发展理念与当代中国马克思主义"系统化的经济学说"的发展》，《经济学家》2016 年第 3 期。

［46］郭彩琴：《马克思主义城乡融合思想与我国城乡教育一体化发展》，《马克思主义研究》2010 年第 3 期。

［47］郭道虎：《经济增长与城乡收入差距的动态效应研究》，《数学理论与应用》2015 年第 35 卷第 2 期。

［48］郭建雄：《人力资本、生育率与城乡收入差距的收敛》，《中国社会科学》2005 年第 3 期。

［49］郭经延、邓伟根：《城乡基本公共服务均等化制度变迁路径及特征考察》，《现代经济探索》2016 年第 1 期。

［50］郭爽：《经济增长与城乡收入差距对中国城镇化的影响研究》，《广西

社会科学》2016 年第 3 期。

[51] 国家发展和改革委员会宏观经济研究院：《促进形成合理的居民收入分配机制》，《宏观经济研究》2009 年第 5 期。

[52] 国家统计局农调总队课题组：《城乡居民收入差距研究》，《经济研究》1994 年第 12 期。

[53] 韩长赋：《"十三五"时期推进农业现代化的重点任务》，《上海农村经济》2016 年第 5 期。

[54] 韩建民：《乡村振兴战略背景下城乡融合水平测度研究——以甘肃为例》，《开发研究》2020 年第 3 期。

[55] 韩金华、李忠华、白子芳：《改革开放以来劳动报酬占初次分配比重演变轨迹、原因及对策研究》，《中央财经大学学报》2009 年第 12 期。

[56] 韩俊：《中国城乡关系演变 60 年：回顾与展望》，《改革》2009 年第 11 期。

[57] 韩文龙：《在中国式现代化新道路中实现共同富裕》，《思想理论教育导刊》2021 年第 11 期。

[58] 和云：《城乡居民收入差距缩小的现实困境与制度创新思考》，《区域经济评论》2014 年第 1 期。

[59] 贺文华：《农业现代化进程中农民群体分化与新型职业农民培育》，《新疆农垦经济》2016 年第 5 期。

[60] 胡锦涛：《在中央政治局第十一次集体学习时的讲话》，《人民日报》2004 年 3 月 31 日。

[61] 胡霞、贾晓薇：《我国农民合作经济组织发展的改革思路——基于偏离"规范化"发展的现状》，《现代经济探讨》2016 年第 2 期。

[62] 胡学勤、沽泊：《由经济增长型改革向国民福利提升型改革转变研究》，《经济体制改革》2016 年第 1 期。

[63] 黄天弘：《城乡融合发展视域下户籍制度改革与农民职业分化互动探析》，《中州学刊》2020 年第 9 期。

[64] 黄小明：《收入差距、农村人力资本深化与城乡融合》，《经济学家》2014 年第 1 期。

[65] 黄永春等：《数字经济、要素配置效率与城乡融合发展》，《中国人口·资源与环境》2022 年第 10 期。

[66] 黄禹铭：《东北三省城乡协调发展格局及影响因素》，《地理科学》2019年第8期。

[67] 姜长云：《农户家庭经营与发展现代农业》，《江淮论坛》2013年第6期。

[68] 姜作培：《城乡统筹发展的科学内涵与实践要求》，《经济问题》2004年第6期。

[69] 金三林、曹丹丘、林晓莉：《从城乡二元到城乡融合——新中国成立70年来城乡关系的演进及启示》，《经济纵横》2019年第8期。

[70] 靳贞来：《城乡居民收入差距变动及其影响因素的实证研究——以安徽省为例》，博士学位论文，南京农业大学，2006年。

[71] 景跃军、李雪：《我国城乡居民收入区域差异分析与对策》，《经济与管理》2014年第2期。

[72] 康永超：《从"八个着力"上加快转变经济发展方式》，《中共贵州省委党校学报》2012年第1期。

[73] 孔祥智、谢东东：《缩小差距、城乡融合与共同富裕》，《南京农业大学学报》(社会科学版)2022年第1期。

[74] 匡远凤、詹万明：《选择性转移、转移成本与中国城乡收入差距变动》，《中国人口·资源与环境》2016年第8期。

[75] 匡远配、汪三贵：《政府政策对农民收入的影响分析》，《新疆农垦经济》2006年第3期。

[76] 黎德福、陈宗胜：《改革以来中国经济是否存在快速的效率改进?》，《经济学》(季刊)2006年第6卷第1期。

[77] 李爱民：《我国城乡融合发展的进程、问题与路径》，《宏观经济管理》2019年第2期。

[78] 李飞龙、赖小琼：《人的发展与中国城乡收入差距——基于马克思城乡交换理论的分析》，《经济学动态》2016年第7期。

[79] 李谷成、李崇光：《十字路口的农户家庭经营：何去何从》，《经济学家》2012年第1期。

[80] 李华胤：《论现代化中后期的城乡关系与乡村振兴》，《西安财经大学学报》2020年第6期。

[81] 李江、李涵：《城乡收入差距与居民消费结构：基于相对收入理论的视

角》，《数量经济技术经济研究》2016 年第 8 期。

［82］李京：《河南省新型城镇化测度及发展路径研究》，《现代商业》2019 年第 14 期。

［83］李丽忍、陈云：《我国城镇化与城乡居民收入差距关系研究》，《数学的实践与认识》2016 年第 46 卷第 5 期。

［84］李明、邵挺、刘守英：《城乡一体化的国际经验及其对中国的启示》，《中国农村经济》2014 年第 6 期。

［85］李木元：《孙建方委员指出我国失独家庭的三个"不明确"》人民政协网，http：//www. rmzxb. com. cn/c/2016-03-04/719919. shtml，2016 年 3 月 4 日。

［86］李普亮：《财政农业支出、农民增收与城乡居民收入差距——基于省级面板数据的实证》，《南方经济》2012 年第 8 期。

［87］李琼：《基于新农保视角的缩小城乡居民收入差距探讨》，《求实》2015 年第 5 期。

［88］李群峰：《农地市场化营销城乡收入差距的门槛效应分析》，《农村经济》2014 年第 9 期。

［89］李实：《充分认识实现共同富裕的长期性》，《治理研究》2022 年第 4 期。

［90］李实：《我国居民收入差距的短期变动与长期趋势》，《经济社会体制比较》2012 年第 4 期。

［91］李实：《正确看待我国收入分配问题》，《第一资源》2011 年第 4 期。

［92］李实、罗楚亮：《对中国城乡居民收入差距的重新估价》，《北京大学学报》(哲学社会科学版)2007 年第 3 期。

［93］李实、岳希明：《中国城乡收入差距》，《绿色中国》2004 年第 Z1 期。

［94］李实、赵人伟：《中国居民收入分配再研究》，《经济研究》1999 年第 4 期。

［95］李实、赵人伟、张平：《中国经济改革中的收入分配变动》，《管理世界》1998 年第 1 期。

［96］李实、赵人伟、张平：《中国经济转型与收入分配变动》，《经济研究》1998 年第 4 期。

［97］李昕、关会娟：《各级教育投入、劳动力转移与城乡居民收入差距》，《统计研究》2018 年第 35 卷第 3 期。

［98］李永友、王超：《集权式财政改革能够缩小城乡差距吗？——基于"乡财县管"准自然实验的证据》，《管理世界》2020 年第 36 卷第 4 期。

［99］李政、杨思莹：《创新强度、产业结构升级与城乡收入差距——基于2007-2013 年省级面板数据的空间杜宾模型分析》，《社会科学研究》2016 年第2 期。

［100］李子叶：《中国城市化进程扩大了城乡收入差距——基于中国省级面板数据的经验分析》，《经济学家》2016 年第 2 期。

［101］李子叶、韩先锋、冯根福：《中国城市化进程扩大了城乡收入差距吗——基于中国省级面板数据的经验分析》，《经济学家》2016 年第 2 期。

［102］厉以宁：《收入分配制度改革应以初次分配改革为重点》，《经济研究》2013 年第 48 卷第 3 期。

［103］梁永郭、胡亚囡：《习近平乡村经济振兴思想的理论渊源和时代意义》，《山东农业工程学院学报》2019 年第 5 期。

［104］林万龙：《中国农村公共服务供求的结构性失衡：表现及成因》，《管理世界》2007 年第 9 期。

［105］林毅夫：《开展新农村运动》，《经济与信息》1999 年第 9 期。

［106］林毅夫、蔡昉、李周：《中国经济转型时期的地区差距分析》，《经济研究》1998 年第 6 期。

［107］刘爱梅、陈宝生：《协调推进新型城镇化与乡村振兴战略的体制对策——基于城乡共享体制建设的视角》，《学习与探索》2019 年第 11 期。

［108］刘翠霄：《中国农民的社会保障问题》，《法学研究》2001 年第 6 期。

［109］刘凤义：《论和谐劳动关系与经济的可持续发展——以日本、瑞典的劳资关系变化为例》，《毛泽东邓小平理论研究》2012 年的 7 期。

［110］刘凤义：《中国特色社会主义政治经济学原则与供给侧结构性改革指向》，《政治经济学评论》2016 年第 2 期。

［111］刘凤义、李臻：《共享发展的政治经济学解读》，《中国特色社会主义研究》2016 年第 2 期。

［112］刘洪森：《新时代共同富裕的生成逻辑、科学内涵和实践路径》，《思想理论教育》2022 年第 3 期。

［113］刘乐山：《居民和收入差距致因：〈资本论〉的解读》，《河北经贸大学学报》2015 年第 2 期。

［114］刘乐山、胡灵莹：《建国以来城乡居民收入差距演变及调节的基本经验》，《湖南商学院学报》2014 年第 2 期。

［115］刘利：《中国城乡居民收入差距：理论分解·现状评判·对策思考》，博士学位论文，吉林大学，2010 年。

［116］刘利仄：《马克思主义经典作家关于农民地位的认识及启示》，《农业考古》2009 年第 3 期。

［117］刘强：《对牟定县农村留守儿童问题的调研》，《云南农村经济》2012 年第 6 期。

［118］刘清春、刘淑芳、马永欢：《创新水平对中国城乡收入差距的影响研究——基于工具变量回归模型》，《软科学》2016 年第 9 期。

［119］刘荣增、赵亮、陈娜等：《中国城乡高质量融合的水平测度》，《区域经济评论》2020 年第 5 期。

［120］刘伟：《缩小中国城乡居民收入差距的制度研究》，博士学位论文，北京邮电大学，2014 年。

［121］刘彦随：《中国新时代城乡融合与乡村振兴》，《地理学报》2018 年第 4 期。

［122］刘耀森：《重庆市农村居民收入状况的预测及因素分析》，《江苏农业科学》2013 年第 41 卷第 2 期。

［123］刘志强、谢家智：《户籍制度改革与城乡收入差距缩小：来自重庆的经验证据》，《农业技术经济》2014 年第 11 期。

［124］陆铭、陈钊：《城市化、城市倾向的经济政策与城乡收入差距》，《经济研究》2004 年第 4 期。

［125］陆铭、陈钊：《因患寡，而患不均——中国的收入差距、投资、教育和增长的相互影响》，《经济研究》2005 年第 12 期。

［126］吕珊珊：《中国居民收入差距的影响及改革对策研究》，博士学位论文，东北财经大学，2012 年。

［127］吕炜、许宏伟：《土地财政、城市偏向与中国城乡收入差距》，《财贸经济》2015 年第 6 期。

［128］罗楚亮：《教育、收入与主观幸福感》，《理工高教研究》2006 年第 1 期。

［129］马九杰、崔卫杰、朱信凯：《农业自然灾害风险对粮食综合生产能力

的影响分析》，《农业经济问题》2005 年第 4 期。

［130］马磊：《人力资本结构、技术进步与城乡收入差距——基于中国 2002-2013 年 30 个省区面板数据的分析》，《华东经济管理》2016 年第 30 卷第 2 期。

［131］马晓河：《对低收入者和高收入者之间的收入不平等程度分析》，《管理世界》2003 年第 9 期。

［132］穆红梅：《城镇化水平与城乡收入差距关系研究——基于收入结构视角》，《经济问题》2019 年第 8 期。

［133］年猛：《中国城乡关系演变历程、融合障碍与支持政策》，《经济学家》2020 年第 8 期。

［134］宁志中、张琦：《乡村优先发展背景下城乡要素流动与优化配置》，《地理研究》2020 年第 10 期。

［135］潘和平：《"十一五"期间缩小我国居民收入差距对策研究》，《技术经济》2006 年第 4 期。

［136］逄锦聚：《"十三五"经济发展的新动力》，《中国高校社会科学》2016 年第 1 期。

［137］逄锦聚：《关于价值论、劳动价值论与分配理论的一些思考》，《南开经济研究》2001 年第 5 期。

［138］逄锦聚：《经济发展新常态中的主要矛盾和供给侧结构性改革》，《政治经济学评论》2016 年第 2 期。

［139］逄锦聚：《科学把握共同富裕与高质量发展的关系》，《理论导报》2021 年第 9 期。

［140］逄锦聚：《论中国中长期经济发展的决定因素及基本趋势》，《南开经济研究》2003 年第 1 期。

［141］逄锦聚：《马克思经济学在经济新常态下的现实意义》，《社会科学文摘》2016 年第 4 期。

［142］逄锦聚：《为什么和怎么样学好用好政治经济学》，《政治经济学评论》2015 年第 1 期。

［143］彭代彦、吴宝新：《农村内部的收入差距与农民的生活满意度》，《世界经济》2008 年第 4 期。

［144］彭克、谢地：《非农就业转移能缩小城乡收入差距吗?》，《财经问题

研究》2014 年第 9 期。

　　[145] 彭文慧：《有效培训、有效转移与农村转移人口市民化》，《经济研究导刊》2014 年第 25 期。

　　[146] 彭文生、林暾、赵扬等：《"新"城镇化有新意》，《金融发展评论》2013 年第 1 期。

　　[147] 彭俞超、张雷声：《正确认识和处理政府与市场关系的创新与发展》，《山东社会科学》2014 年第 1 期。

　　[148] 彭真善：《中国转型期城乡收入差距问题研究》，博士学位论文，华中科技大学，2007 年。

　　[149] 钱忠好：《农村土地承包经营权产权残缺与市场流转困境：理论与政策分析》，《管理世界》2002 年第 6 期。

　　[150] 邱晓华：《缩小城乡差距促进协调发展》，《金融与经济》2006 年第 1 期。

　　[151] 权衡：《中国城乡居民收入流动性与长期不平等：实证与比较》，《上海财经大学学报》2015 年第 2 期。

　　[152] 任柏强、黄焕文、许经勇：《城镇化严重滞后与农民收入增幅趋缓》，《宏观经济研究》2001 年第 3 期。

　　[153] 任路：《城乡融合发展中第三空间的崛起》，《学海》2020 年第 4 期。

　　[154] 任太增：《城市偏向制度下的城乡收入差距研究》，博士学位论文，华中科技大学，2008 年。

　　[155] 尚娟、王璐、刘延平：《中国城乡居民收入流动性的实证研究》，《统计与决策》2015 年第 4 期。

　　[156] 邵贝贝、陈盟、薛金礼：《河南省城乡融合发展的影响因素研究》，《中国集体经济》2021 年第 31 期。

　　[157] 沈坤荣、张璟：《中国农村公共支出及其绩效分析——基于农民收入增长和城乡收入差距的经验研究》，《管理世界》2007 年第 1 期。

　　[158] 沈琼：《用发展新理念引领农业现代化：挑战、引领、重点与对策》，《江西财经大学学报》2016 年第 3 期。

　　[159] 宋洪远：《同步推进工业化、城镇化和农业现代化面临的挑战与选择》，《经济社会体制比较》2012 年第 2 期。

　　[160] 宋建、王静：《人口迁移、户籍城市化与城乡收入差距的动态收敛性

分析——来自 262 个地级市的证据》，《人口学刊》2018 年第 40 卷第 5 期。

　　［161］宋锦、李实：《小城镇户籍制度改革对劳动力市场职业分割的影响》，《中国农村经济》2013 年第 10 期。

　　［162］宋元梁、肖卫东：《中国城镇化发展与农民收入增长关系的动态计量经济分析》，《数量经济技术经济研究》2005 年第 9 期。

　　［163］苏春红、李真：《财政分权、支出偏向与城乡融合发展》，《经济问题探索》2022 年第 6 期。

　　［164］孙博文：《坚持城乡融合发展，持续缩小城乡差距，促进实现共同富裕——学习阐释党的二十大精神》，《生态经济》2023 年第 2 期。

　　［165］孙殿明、韩金华：《建国 60 年来我国居民收入分配差距演变轨迹及原因研究》，《中央财经大学学报》2010 年第 5 期。

　　［166］孙计领：《收入不平等、分配公平感与幸福》，《经济学家》2016 年第 1 期。

　　［167］孙健夫、李晓鹏、温彩璇：《中国的城乡经济关系：逻辑、演进、问题与对策》，《云南社会科学》2019 年第 1 期。

　　［168］孙宁华、堵溢、洪永淼：《劳动力市场扭曲、效率差异与城乡收入差距》，《管理世界》2009 年第 9 期。

　　［169］孙秋鹏：《财富与收入分配的理论与政策——"中国经济社会发展智库第 7 届高层论坛"综述》，《当代经济研究》2014 年第 4 期。

　　［170］孙学涛：《农业机械化能否缩小城乡收入差距?》，《首都经济贸易大学学报》2021 年第 23 卷第 1 期。

　　［171］谭飞燕、李孟刚：《金融发展失衡与城乡收入差距的实证检验》，《统计与决策》2015 年第 14 期。

　　［172］汤文华、唐沿源、段艳丰等：《新常态下财政农业支出对城乡收入差距的影响研究》，《东华理工大学学报》(社会科学版)2016 年第 1 期。

　　［173］唐重振：《论农民的隐性负担》，《行政与法》(吉林省行政学院学报)2005 年第 7 期。

　　［174］田卫民：《财政收入增长与农民收入份额减少悖论》，《农村经济》2014 年第 9 期。

　　［175］田新民、王少国、杨永恒：《城乡收入差距变动及其对经济效率的影响》，《经济研究》2009 年第 7 期。

［176］田野、叶依婷、黄进等：《数字经济驱动乡村产业振兴的内在机理及实证检验——基于城乡融合发展的中介效应》，《农业经济问题》2022 年第 10 期。

［177］托尼·赛奇、周凤华：《中国社会福利政策：迈向社会公民权》，《华中师范大学学报》(人文社会科学版)2012 年第 4 期。

［178］万广华、江葳蕤、赵梦雪：《城镇化的共同富裕效应》，《中国农村经济》2022 年第 4 期。

［179］万晓萌：《农村劳动力转移对城乡收入差距影响的空间计量研究》，《山西财经大学学报》2016 年第 3 期。

［180］王大超、赵红：《中国城乡融合发展效率评价及其影响因素研究》，《财经问题研究》2022 年第 10 期。

［181］王丰、张鑫：《城乡二元金融结构对财产性收入差距的影响及对策》，《农村经济》2016 年第 1 期。

［182］王国敏：《农业自然灾害的风险管理与防范体系建设》，《社会科学研究》2007 年第 4 期。

［183］王佳宁、宋永永、薛东前：《中国自然灾害时空变化及其社会经济效应》，《浙江大学学报》(理学版)2021 年第 6 期。

［184］王金伟：《加强新型农村合作医疗管理工作的建议》，《企业论坛》2016 年第 2 期。

［185］王明华、张健：《城乡教育差别对城乡收入差距的影响——基于山西省的调研数据》，《理论探索》2012 年第 7 期。

［186］王乔乔、孙鹏举、李晓丹等：《兰州市县域城乡融合发展水平测度研究》，《上海国土资源》2020 年第 4 期。

［187］王少国、王镇：《中国城乡收入差距适度水平的经济效率分析》，《南开经济研究》2009 年第 6 期。

［188］王伟光：《马克思主义政治经济学是坚持和发展马克思主义的必修课》，《经济研究》2016 年第 3 期。

［189］王振坡、韩祁祺、王丽艳：《习近平新时代中国特色社会主义城乡融合发展思想研究》，《现代财经》(天津财经大学学报)2019 年第 9 期。

［190］韦向阳、钱方圆：《马克思土地产权理论对我国农村土地制度改革的启示》，《阜阳师范学院学报》(社会科学版)2016 年第 2 期。

［191］卫兴华：《中国特色社会主义政治经济学研究——为什么要搞社会主

义，怎样搞好社会主义》，《河北经贸大学学报》2016 年第 3 期。

[192] 卫兴华、胡玫：《缓解贫富分化促进分配公平》，《华南理工大学学报》(社会科学版)2014 年第 5 期。

[193] 卫兴华、张宇：《构建效率与公平相统一的收入分配体制研究》，《现代财经》2008 年第 4 期。

[194] 魏后凯：《推进县域城乡融合发展的战略路径》，《农村工作通讯》2023 年第 5 期。

[195] 温娇秀：《我国城乡教育不平等与收入差距扩大的动态研究》，《当代经济科学》2007 年第 5 期。

[196] 文建东、潘亚柳：《异质劳动、收入分配与产品质量——对中国产品质量问题成因的一个解释》，教育部学位管理与研究生教育司、国务院学位委员会，《全国博士生学术论坛暨宏观经济青年学者论坛——"中国经济增长与结构变迁"论文集》2011 年版。

[197] 吴志强：《江西省脱贫攻坚成果与接续推进乡村振兴的政策建议》，《山东农业工程学院学报》2021 年第 9 期。

[198] 吴忠民：《从平均到公正：中国社会政策的演进》，《社会学研究》2004 年第 1 期。

[199] 兀晶、卢海霞：《城镇化、城市偏向对城乡收入差距的影响》，《经济问题》2015 年第 9 期。

[200] 谢冬水、周灵灵：《农地转让权权能与城乡居民收入差距——基于劳动力转移中介机制的经验研究》，《上海经济研究》2016 年第 6 期。

[201] 谢金楼：《农村金融发展对城乡收入差距的影响：机制模拟与实证检验》，《经济问题》2016 年第 2 期。

[202] 辛翔飞、张怡、王济民：《我国粮食补贴政策效果评价》，《经济问题》2016 年第 2 期。

[203] 熊建生、张振华：《马克思的分配正义观及其现实启示》，《马克思主义研究》2014 年第 5 期。

[204] 徐晓红：《中国城乡居民收入差距代际传递变动趋势》，《中国工业经济》2015 年第 3 期。

[205] 徐雪、王永瑜：《城乡融合的逻辑机理、多维测度及区域协调发展研究——基于新型城镇化与乡村振兴协调推进视角》，《农业经济问题》2023 年第

3 期。

[206] 徐则荣：《区域协同创新理论述评》，《外国经济学说与中国研究报告》2015 年第 9 期。

[207] 徐则荣、宋秀娜：《供给侧结构性改革力促企业"走出去"化解过剩产能》，《海外投资与出口信贷》2016 年第 2 期。

[208] 徐志文、王礼力、谢方：《农村公共投资影响城乡收入差距研究——基于农村内生发展视角的实证分析》，《农村经济》2016 年第 1 期。

[209] 许彩玲、李建建：《城乡融合发展的科学内涵与实现路径——基于马克思主义城乡关系理论的思考》，《经济学家》2019 年第 1 期。

[210] 许芳：《城市化和城乡收入差距的时空演变》，《上海经济研究》2015 年第 10 期。

[211] 许静、王林旭、许坤：《南京市城乡收入差距适度性研究》，《当代经济》2015 年第 18 期。

[212] 薛宝贵、何炼成：《市场竞争、金融排斥与城乡收入差距》，《财贸研究》2016 年第 1 期。

[213] 薛晴、孙怀安：《国外城乡一体化发展成功经验举隅》，《农业经济》2014 年第 1 期。

[214] 阎虹、韩静轩：《自然灾害对山东农业经济影响的实证分析》，《山东农业大学学报》(社会科学版)2006 年第 2 期。

[215] 杨宾：《中国社科院调查：中国城乡收入差距世界最高》，《新西部》2004 年第 4 期。

[216] 杨灿明：《城乡收入差距研究述评》，《财政研究》2004 年第 6 期。

[217] 杨发祥、杨发萍：《乡村振兴视野下的新型城乡关系研究——一个社会学的分析视角》，《人文杂志》2020 年第 3 期。

[218] 杨晶、邓大松、申云：《产业结构升级、财政支农与城乡居民收入差距》，《经济问题探索》2018 年第 7 期。

[219] 杨静：《坚持马克思主义经济思想的指导地位》，《经济研究》2016 年第 3 期。

[220] 杨静：《社会主义市场经济条件下政府和市场关系的新定位——习近平相关思想的解读》，《河北师范大学学报》(哲学社会科学版)2015 年第 6 期。

［221］杨娟：《分配正义：马克思主义经济哲学的追问》，《马克思主义研究》2014 年第 4 期。

［222］杨文圣、李旭东：《共有、共建、共享：共同富裕的本质内涵》，《西安交通大学学报》(社会科学版)2022 年第 1 期。

［223］杨晓军：《农民工对经济增长贡献与成果分享》，《中国人口科学》2012 年第 6 期。

［224］杨宜勇、池振合：《中国居民收入差距变化及其未来发展趋势》，《经济研究参考》2014 年第 72 期。

［225］姚旭兵、罗光强、吴振顺等：《城镇化对城乡收入差距影响的区域异质性研究》，《经济体制改革》2016 年第 1 期。

［226］姚洋：《集体决策下的诱导性制度变迁——中国农村地权稳定性演化的实证分析》，《中国农村观察》2000 年第 2 期。

［227］姚耀军：《金融发展、城市化与城乡收入差距——协整分析及其Granger 因果检验》，《中国农村观察》2005 年第 2 期。

［228］叶超、庄良、吴佩瑾：《长三角地区城乡融合发展的时空格局》，《苏州大学学报》(哲学社会科学版)2021 年第 4 期。

［229］叶普万：《贫困经济学研究》，博士学位论文，西北大学，2003 年。

［230］于祖尧、毛立言、钱梁等：《我国当前收入分配问题研究》，《管理世界》1997 年第 2 期。

［231］郁建兴、任杰：《共同富裕的理论内涵与政策议程》，《政治学研究》2021 年第 3 期。

［232］贠菲菲、薛蒙林：《中国城乡收入差距问题分析》，《河南社会科学》2014 第 22 卷第 3 期。

［233］曾国安、胡晶晶：《中国城乡居民收入差距演变趋势及原因研究述评》，《当代经济研究》2007 年第 6 期。

［234］曾国平、王韧：《二元结构、经济开放与中国收入差距的变动趋势》，《数量经济技术经济研究》2006 年第 10 期。

［235］张贵先、胡宝娣：《城乡差距、农民非农就业与农民增收——基于中国的理论分析与实证检验》，《财经问题研究》2006 年第 1 期。

［236］张桂文：《推进以人为核心的城镇化促进城乡二元结构转型》，《当代经济研究》2014 年第 3 期。

［237］张海朋等：《环首都地区城乡融合水平时空分异及乡村振兴路径》，《自然资源学报》2021 年第 10 期。

［238］张海鹏、曲婷婷：《农业现代化与农业家庭经营模式创新》，《经济学家》2014 年第 8 期。

［239］张红宇：《城乡居民收入差距的平抑机制：工业化中期阶段的经济增长与政府行为选择》，《管理世界》2004 年第 4 期。

［240］张建辉、靳涛：《转型式经济增长与城乡收入差距：中国的经验（1978-2008）》，《学术月刊》2011 年第 7 期。

［241］张俊山：《关于当前我国收入分配理论研究的若干问题思考》，《经济学家》2012 年第 12 期。

［242］张克俊：《我国城乡居民收入差距的影响因素分析》，《人口与经济》2005 年第 6 期。

［243］张克俊、杜婵：《从城乡统筹、城乡一体化到城乡融合发展：继承与升华》，《农村经济》2019 年第 11 期。

［244］张雷声：《经济全球化视阈中马克思主义经济学的发展》，《马克思主义研究》2016 年第 1 期。

［245］张雷声：《论中国特色社会主义的理论逻辑和历史逻辑》，《马克思主义研究》2014 年第 2 期。

［246］张琳、汪军能、郭凯：《小城镇城乡融合的发展道路——以盐城大丰市新丰镇城乡统筹规划为例》，《2012 中国城市规划年会论文集》2012 年 9 月。

［247］张明皓、叶敬忠：《城乡融合发展推动共同富裕的内在机理与实现路径》，《农村经济》2022 年第 11 期。

［248］张慎霞、耿国华、朱艳红：《经济新常态下收入分配改革的挑战、机遇与对策》，《经济纵横》2016 年第 2 期。

［249］张帅、王文利：《乡村振兴背景下金融发展改善城乡收入差距的时空差异研究》，《北方金融》2021 年第 11 期。

［250］张晓山、崔红志：《"三农"问题根在扭曲的国民收入分配格局》，《中国改革》2001 年第 8 期。

［251］张延群、万海远：《我国城乡居民收入差距的决定因素和趋势预测》，《数量经济技术经济研究》2019 年第 3 期。

［252］张宇：《坚持马克思主义在我国经济理论和实践中的指导地位》，《红

旗文稿》2013 年第 18 期。

[253] 张宇：《社会主义制度下的市场经济——关于中国特色社会主义政治经济学的若干问题》(下)，《经济导刊》2016 年第 7 期。

[254] 张宇：《中国特色社会主义政治经济学需要深入研究的若干问题》，《政治经济学评论》2016 年第 4 期。

[255] 张宇雄、邵喜武：《吉林省城乡融合发展水平测度评价及发展路径研究》，《农业经济》2022 年第 2 期。

[256] 张占斌、吴正海：《共同富裕的发展逻辑、科学内涵与实践进路》，《新疆师范大学学报》(哲学社会科学版)2022 年第 1 期。

[257] 张照侠、龚敏：《收入不平等，经济增长与财政支出偏向》，《经济问题》2015 年第 7 期。

[258] 张卓元：《发展当代中国马克思主义政治经济学三题》，《经济研究》2016 年第 1 期。

[259] 张子珍、邢赵婷：《数字经济下城乡融合系统高质量协调发展核心内涵及动态演化研究》，《统计与信息论坛》2023 年第 3 期。

[260] 赵鲲：《牢记初心使命处理好农民与土地的关系——中国共产党农村土地政策百年回顾与启示》，《农民日报》2021 年 10 月 23 日。

[261] 赵满华、窦文章：《我国农村居民收入变化的几个特征》，《生产力研究》1997 年第 6 期。

[262] 赵强、朱雅玲：《要素视角下的人力资本和城乡收入差距》，《现代经济探讨》2021 年第 4 期。

[263] 赵人伟、李实：《中国居民收入差距的扩大及其原因》，《经济研究》1997 年第 9 期。

[264] 赵永平：《家庭经营如何走向现代化》，《人民日报》2010 年 10 月 17 日。

[265] 郑功成：《中国社会福利的现状与发展取向》，《中国人民大学学报》2013 年第 2 期。

[266] 郑吉伟：《论中国共产党对马克思主义经济理论的重要发展》，《高校理论战线》2011 年第 7 期。

[267] 郑吉伟：《全面深化改革必须坚持公有制的主体地位》，《思想理论教育导刊》2015 年第 3 期。

［268］郑万吉、叶阿忠：《城乡收入差距、产业结构升级与经济增长——基于半参数空间面板 VAR 模型的研究》，《经济学家》2015 年第 10 期。

［269］周加来：《城市化·城镇化·农村城市化·城乡一体化——城市化概念辩析》，《中国农村经济》2001 年第 5 期。

［270］周加来、周慧、周泽林：《新中国 70 年城镇化发展：回顾·反思·展望》，《财贸研究》2019 年第 12 期。

［271］周心怡、李南、龚锋：《新型城镇化、公共服务受益均等与城乡收入差距》，《经济评论》2021 年第 2 期。

［272］周新城：《必须牢牢把握社会主义的基本原则》，《中共石家庄市委党校学报》2016 年第 7 期。

［273］周新城：《关于分配问题的若干思考》，《贵州师范大学》（社会科学版）2012 年第 1 期。

［274］周新城：《关于两极分化和共同富裕的思考》，《学习论坛》2012 年第 1 期。

［275］周新城：《我国社会主义初级阶段分配问题研究》，《政治经济学评论》2013 年第 3 期。

［276］周云波：《城市化、城乡差距以及全国居民总体收入差距的变动——收入差距倒 U 形假说的实证检验》，《经济学》（季刊）2009 年第 4 期。

［277］周子健：《国内马克思主义产权理论研究综述》，《人力资源管理》2016 年第 1 期。

［278］祝卫东：《2015 年中央一号文件解读之三 中国要富 农民必须富》，《农村工作通讯》2015 年第 6 期。

［279］祝卫东、杨尚勤：《中央一号文件提出保持城乡居民收入差距持续缩小势头 中国要富，农民必须富》，《农村·农业·农民》2015 年第 2 期。

［280］邹辉：《农村数字经济发展的困境及解决方略》，《农业经济》2021 年第 2 期。

［281］邹一南：《从二元对立到城乡融合：中国工农城乡关系的制度性重构》，《科学社会主义》2020 年第 3 期。

五、外文资料

[1] Albert Park, Kaja Sehrt. Tests of Financial Intermediation and Banking Reform in China[J]. Journal of Comparative Economics, 2001, 29(4).

[2] Alberto Alesina, Dani Rodrik. Distributive Politics and Economic Growth[J]. The Quarterly Journal of Economics, 1994, 109(2).

[3] Atinc, Tamar Manuelyan. Sharing Rising Incomes-Disparities in China[R]. Washington, D. C. : World Bank Group, 1997.

[4] Baek J, Gweisah G. Does income inequality harm the environment? Empirical evidence from the United States[J]. Energy Policy, 2013, 62(5).

[5] Barro R J. Inequality and Growth in A Panel of Countries [J]. Journal of Economic Growth, 2000, 5(1).

[6] Cain J S, Hasan R, Magsombol R. Accounting for Inequality in India: Evidence from Household Expenditures[J]. World Development, 2001, 38(3).

[7] Carr D, Markusen J R, Maskus K E. Estimating the Knowledge-Capital Model of the Multinational Enterprise[J]. American Economic Review, 2001, 91(3).

[8] Ceroni, Berti C. Poverty Traps and Human Capital Accumulation[J]. Economica, 2001, 68(270).

[9] Chan K W. Urbanization and Rural-Urban Migration in China since 1982: A New Baseline[J]. Modern China, 1994, 20 (3).

[10] Chen, Aimin. Urbanization and Disparities in China: Challenges of Growth and Development [J]. China Economic Review, 2002, 13.

[11] Ciutacu C, Chivu L, Andrei J V. Similarities and dissimilarities between the EU agricultural and rural development model and Romanian agriculture. Challenges and perspectives. Land Use Policy, 2015, 44.

[12] Cohn L D, Becker B J. How meta-analysis increases statistical power[J]. Psychological Methods, 2003, 8(3).

[13] David, Dollar. Globalization, Poverty and Inequality since 1980[R]. World Bank, 2004.

[14] Davis J C, Herderson J V. Evidence on the Political Economy of the Urbani-

zation Process[J]. Journal of Urban Economics, 2003, 53(1).

[15] Donald J Treiman. The "difference between heaven and earth": Urban-rural disparities in well-being in China[J]. Research in Social Stratification and Mobility, 2012, 30(1).

[16] Douglas Guthrie. The Declining Significance of Guanxi in China's Economic Transition[J]. The China Quarterly, 1998, 154.

[17] Fei Rains. Development of the Labor: Surplus Economy[M]. Richard D. Irwin, Homewood, Ⅲ, 1964.

[18] Frank R H. Progressive Consumption Taxation as A Remedy for the U. S. Savings Shortfall[J]. The Economists, 2005, 3(2).

[19] Gao Y. Urban Bias, Rural-Urban Income Gap and Agricultural Growth: The Resource-Diverting Effect of Rural-Urban Income Gap in China[R]. Monash Ecomomics Working Papers No. 2010.

[20] Greenwood J, Jovanovic B. Financial Development, Growth, and the Distribution of Income[J]. The Journal of Political Economy, 1990, 98(5).

[21] Hayami Y. An Emerging Agriculture Problem in High-performing Asian Economies[R]. World Bank Policy Research Working Paper No. 4312, 2007.

[22] Hussain, Arthur, Peter Lanjouw, Nicholas Stern. Income Inequalities in China: Evidence from Household Survey Data[J]. World Development, 1994, 2.

[23] J C H Fei, G Ranis, Development of the Labor Surplus Economy: Theory and Policy. A Publication of The Economic Growth Center, Yale University, 1964.

[24] Jalilian H, Kirkpatrick C. Financial development and poverty reduction in developing countries[J]. International Journal of Finance & Economics, 2002, 7(2).

[25] John Knight, Lina Song, Jia Huaibin. Chinese rural migrants in urban enterprises: Three perspectives[J]. Journal of Development Studies, 1999, 35(3).

[26] John McMillan, John Whalley, Lijing Zhu. The Impact of China's Economic Reforms on Agricultural Productivity Growth [J]. Journal of Political Economy, 1989, 97(4).

[27] John Whalley, Shunming Zhang. VAT base broadening when the location of some consumption is mobile[J]. Economics Letters, 2005, 87(2).

[28] Johnson D G. The urban-rural disparities in China: Implications for the fu-

ture of Rural China[R]. Stanford University, 2001.

[29] Kanbur R, Zhuang J. Urbanization and Inequality in Asia[J]. Asian Development Review, 2013, 30(1).

[30] Kanbur R, Zhang X. Fifty Years of Regional Inequality in China: A Journey Through Central Planning, Reform, and Openness[J]. Review of Development Economics, 2005, 9(1).

[31] Khan, Azizur R, Carl Riskin. Income and Inequality in China: Composition, Distribution and Growth of Household Income, 1988 to 1995[J]. The China Quarterly, 1998, 6(2).

[32] Knight J, Song L. The Urban-Rural Divide: Economic Disparities and Interactions in China[M]. New York: Oxford University Press, 1999.

[33] Kuznets S. Economic Growth and Income Inequality[J]. American Economic Review 1955, 45(8).

[34] Lewis W A. Economic Development with Unlimited Supplies of Labor[J]. The Manchester School, 1954, 22(9).

[35] Li S, Luo C. Re-Estimating the Income Gap between Urban and Rural Household in China[J]. Procedia Social and Behavioral Sciences, 2010(2).

[36] Lin J Y, Wang G, Zhao Y. Regional Inequality and Labor Transfers in China[J]. Economic Development and Cultural Change, 2004, 52(3).

[37] Lipton M. Why Poor People Stay Poor. Urban Bias World Development[M]. Cambrige: Harvard University Press, 1977.

[38] Lu Ding, Rural-Urban Income Disparity: Impact of Growth, Allocative Efficiency and Local Growth Welfare, China Economic Review, 2002, 13(4).

[39] Lu M, Chen Z. Urbanization, Urban-biased Policies, and Urban-Rural Inequality in China, 1987-2000[J]. Chinese Economy, 2006, 39(3).

[40] Majumdar S, Mani A, Mukand S W. Politics, Information and the Urban Bias[J]. Journal of Development Economics, 2004, 75(1).

[41] Matsuyama, Kiminori. Endogenous Inequality[J]. Review of Economic Studies, 2000, 67.

[42] Mitch D. The Role of Agriculture in Economic Development[J]. American Economic Review, 1961, 51(4).

[43] Panudulkitti P. How does the Level of Urbanization Matter for Poverty Reduction[J]. Working Paper, Georgia State University, 2007, 22(6).

[44] Peter Alexander, Anita Chan. Does China have an apartheid pass system? [J]. Journal of Ethnic and Migration Studies, 2004, 30(4).

[45] Qian Y. Federalism As a Commitment to Preserving Market Incentives[J]. The Journal of Economic Perspectives. 1997, 11(4).

[46] Ravallion M, Chen S. China's (Uneven) Progress Against Poverty[J]. Journal of Development Economics. 2007, 82(1).

[47] Renee G, John C H. A Theory of Economic Development[J]. American Economic Review, 2014, 12(3).

[48] Ricardo D. On the Principles of Political Economy and Taxation, Cambridge University Press, 1951.

[49] Rob D. An Empirical test of Economic Growth, Industrial Structure and the Urban-Rural Income Gap-Based on the data of 1978-2014 years in Tibet, Proceedings of 2016 4th International Conference on Management Science, Education Technology, Arts, Social Science and Economics(MSETASSE 2016). Atlantis Press, 2016.

[50] Sandra Poncet. Provincial migration dynamics in China: Borders, costs and economic motivations[J]. Regional Science and Urban Economics, 2006, 36(3).

[51] Shankar R, Shah A. Bridging the Economic Divide Within Countries: A Scorecard on the Performance of Regional Policies in Reducing Regional Income Disparities[J]. World Development, 2003, 31(8).

[52] Sicular T, Ximing Y, Gustafsson B, et al. The urban-rural income gap and inequality in China[J]. Review of Income and Wealth, 2007, 53(1).

[53] Sicular, et al. The Urban-Rural Income Gap and Inequality in China[J]. Review of Income and Wealth, 2007, 53(1).

[54] Terry Sicular, Yue Ximing, Björn Gustafsson, et al. The Urban-Rural Income Gap And Inequality In China[J]. Review of Income and Wealth, 2007, 53(1).

[55] Theil H, Uribe P. The Information Approach to the Aggregation of Input-output Tables[J]. The Review of Economics and Statistics, 1967.

[56] Todaro M P. A Model of Labor Migration and Urban Unemployment in Less Developed Countries[R]. American Economic Review, 1969.

[57] Torras M, Boyce J K. Income, Inequality, and Pollution: A Reassessment of the Environmental Kuznetscurve[J]. Ecological Economics, 1998, 25(2).

[58] Waleed V, Selod H. Rural-urban Migration in Developing Countries: A Survey of Theoretical Predictions and Empirical Findings[J]. World Bank Policy Research Working Paper, 2017, 15(3).

[59] Whalley J, Zhang S M. Inequality change in China and labour mobility restrictions[J]. NBER Working Paper No. 10683, 2004.

[60] Yang Yihong. Is Excessive Distribution a Good Thing or a Bad Thing[J]. Chinese Economic Studies, 1996(296).

[61] Yang, Dennis Tao. Urban-Biased Policies and Rising Income Inequality in China[J]. American Economic Review Papers and Proceedings, 1999, 89(2).

[62] Yao Shujie, Zhu Liwei. Understanding Income Inequality in China: A Multi-Angle Perspective[J]. Economics of Planning, 1998(31).

[63] Yitzhaki S. Economic Distance and Overlapping of Distribution[J]. Journal of Econometrics, 1994, 61(1).

[64] Zhang C, Zhao W. Panelestimationforin Come Inequality and CO_2 Emissions: A regional analysis in China[J]. Applied Energy, 2014(136).

[65] Zhao Y. Labor Migration and Earnings Differences: The Case of Rutal China[J]. Economic Development and Cultural Change, 1999, 47(4).

[66] Zhou X. Economic Transformation and Income Inequality in Urban China: Evidence from Panel Data[J]. American Journal of Sociology, 2000, 105(4).